交通职业教育教学指导委员会推荐教材
高职高专院校公路工程造价专业教学用书

高等职业教育规划教材

Gonglu Gongcheng Caiwu

公路工程财务

主　编　贾春雷
副主编　吴新红
主　审　蔡　彬

人民交通出版社

内 容 提 要

本书是高等职业教育规划教材，由交通职业教育教学指导委员会路桥工程专业指导委员会组织编写。内容包括：总论，货币资金，应收款项和预付款项，存货，固定资产和临时设施，无形资产和其他资产的核算，投资，负债，所有者权益，收入，工程成本和费用，利润和利润分配，非货币性交换，债务重组，会计调整，财务会计报告。

本书是高职高专院校公路工程造价专业教学用书，也可供相关专业教学使用，或供有关人员学习参考。

图书在版编目（CIP）数据

公路工程财务 / 贾春雷主编 .—北京：人民交通出版社，2009.3

ISBN 978-7-114-07560-5

Ⅰ.公… Ⅱ.贾… Ⅲ.道路工程—施工单位—财务管理
Ⅳ.F540.58

中国版本图书馆 CIP 数据核字（2009）第 006807 号

书　　名：公路工程财务
著 作 者：贾春雷
责任编辑：郝瑞苹
出版发行：人民交通出版社股份有限公司
地　　址：（100011）北京市朝阳区安定门外外馆斜街 3 号
网　　址：http://www.ccpress.com.cn
销售电话：（010） 59757973
总 经 销：人民交通出版社股份有限公司发行部
经　　销：各地新华书店
印　　刷：北京市密东印刷有限公司
开　　本：787×1092　1/16
印　　张：18.25
字　　数：424 千
版　　次：2009 年 3 月　第 1 版
印　　次：2016 年 7 月　第 2 次印刷
书　　号：ISBN 978-7-114-07560-5
印　　数：3001－4000 册
定　　价：37.00 元

前言

QIAN YAN

为深入贯彻落实《高等教育面向21世纪教学内容和课程体系改革计划》,按照教育部"以教育思想、观念改革为先导,以教学改革为核心,以教学基本建设为重点,注重提高质量,努力办出特色"的基本思路,交通职业教育教学指导委员会路桥工程专业指导委员会在总结道路桥梁工程技术专业教学文件编制及其教材编写工作经验的基础上,又组织开发了相关专业的教学指导方案及部分专业教材,其中包括三年制高职高专院校公路工程造价专业教学指导方案及7门课程的规划教材。

公路工程造价专业教材,依据教育部对高职高专人才培养目标、培养规格、培养模式及与之相适应的知识、技能、能力和素质结构的要求,进行编写,并融入了全国交通类高职高专院校公路工程造价专业的教学改革成果,紧密跟踪我国工程造价管理方面的政策和技术发展,采用了最新的技术标准、规范,具有较强的针对性。教材编写中较好地贯彻了素质教育的思想,力求体现以人为本、注重知识实用性的现代职业教育理念,从交通行业岗位群对人才的知识结构和技能要求出发,结合对培养学生创新能力、职业道德方面的要求,提出教学目标和教学内容,在教材的理论体系、组织结构、内容描述上与传统教材有了明显的区别。

《公路工程财务》是高职高专院校公路工程造价专业规划教材之一,内容包括:总论,货币资金,应收款项及预付款项,存货,固定资产和临时设施,无形资产和其他资产的核算,投资,负债,所有者权益,收入,工程成本和费用,利润和利润分配,非货币性交换,债务重组,会计调整,财务会计报告。

参加本书编写工作的有:四川交通职业技术学院钟锐(编写第一、四、八章),内蒙古大学交通学院贾春雷(编写第二、三、五、六、七、十三、十四、十五、十六章),重庆交通大学吴新红(编写第九、十、十一、十二章)。全书由贾春雷担任主编,吴新红担任副主编,中交第三公路工程局蔡彬担任主审。

本套教材是路桥工程专业指导委员会委员及长期从事公路工程造价专业教学与工程实践的教师们工作经验的总结。但是,随着各项改革的逐步深入,书中难免有不妥之处,敬请广大读者批评指正。

本套教材在编写过程中得到了交通职业教育教学指导委员会的关心与指导,全国各交通职业技术学院的领导也给予了大力支持,在此,向他们表示诚挚的谢意。

交通职业教育教学指导委员会
路桥工程专业指导委员会
2008年12月

前言

目 录
—MULU

第一章 总　论

知识目标

1. 会计的概念、职能、方法、特点和分类；
2. 会计的基本要素和会计等式；
3. 会计核算的基本前提；
4. 会计科目和账户的概念，账户的基本结构和分类；
5. 复式记账法和借贷记账法的概念，复式记账法的理论依据，借贷记账法的特点；
6. 会计凭证和账簿的概念、种类和填制方法；
7. 公路施工企业会计核算的特点。

能力目标

1. 对发生的经济业务运用借贷记账法进行会计处理的能力；
2. 对发生的经济业务运用复式记账原理进行会计凭证填制和账簿登记的能力。

●第一节　会 计 概 述●

一、会计的概念

会计是由于生产的发展和人们管理经济活动的需要而产生、发展并不断完善起来的。人类社会最基本的实践活动是生产活动，只有通过生产活动才能取得人们所必需的物质资料，以满足自身生活及社会发展的需要。生产活动一方面创造物质财富，另一方面又要发生劳动耗费。人们在进行生产活动时，总是力求以尽可能少的劳动耗费，创造出尽可能多的物质财富，取得尽可能大的经济效益。为此，就必须采用一定的方法对生产活动进行管理，而这种管理的一个重要方面，则是通过会计管理进行的。随着社会经济的发展和生产过程的日趋复杂，会计管理也就越来越重要。在社会主义市场经济条件下，会计管理是经济管理的重要组成部分。

所谓会计，是指以货币为主要计量尺度，运用专门的技术方法，从数量方面为人们管理再生产过程提供经济活动的信息系统，同时，其本身也是人们为管理再生产过程而从事的一项管理活动。

二、会计的职能

会计的职能是指会计在经济管理中所具有的功能。会计对经济活动的管理,是通过反映与监督这两个基本职能实现的。

1. 反映的职能

反映的职能是指会计如实地计量、记录经济活动过程及结果,并对大量零星的数据进行计算、整理、分类和汇总,使之转换为系统的会计信息,然后以财务会计报告的形式传递给信息使用者。

2. 监督的职能

监督的职能是指会计严格按照国家的财务会计法规、制度,以及各经济组织的计划或预算,对经济活动过程进行控制和检查,以维护财经纪律和公共财产的安全与完整。

三、会计的方法

会计的方法是用来反映和监督会计对象、完成会计目标的手段。会计方法一般包括会计核算方法、会计分析方法和会计检查方法等。会计核算是会计的基本环节,会计分析是会计的重要环节,会计检查是会计的最终环节。会计分析和会计检查都是在会计核算的基础上,利用会计核算资料进行的。通过这些方法共同完成会计反映与监督的职能。

1. 会计核算方法

会计核算方法是指对各类经济活动所进行的记录、计算、分类和汇总,借以取得有关经济活动过程和结果的数据资料。它包括设置账户、复式记账、填制与审核凭证、登记账簿、成本计算、财产清查和编制会计报表等专门方法。

2. 会计分析方法

会计分析方法是指利用会计核算资料,对各种经济活动过程和结果进行分析和考核,借以评价其工作业绩。

3. 会计检查方法

会计检查方法是指根据会计核算提供的资料,对各类经济活动的合理性、合法性和有效性以及核算资料的可靠性所进行的审核与检查,以维护国家的有关政策法令,保护投资人的合法权益,保证各单位经济活动的正确方向。

四、会计的基本特点

会计具有以下基本特点:

(1)以货币作为主要计量尺度,对各类经济活动过程和结果进行综合计量,从而取得经济管理所必需的各种数据资料。

(2)对各类经济活动的综合反映是全面的、系统的和连续的。

具有一套完整、严密的会计方法,这些方法相互配合,就构成了反映和监督各类经济活动的方法体系。

五、会计的分类

由于国民经济各部门、各企业、各单位的经济活动具有不同的特点,因而在运用会计进行经济管理时,也就形成了如工业会计、商业会计、银行会计、行政事业单位会计等各种专业会计。这些专业会计按其反映的经济活动的共同性,又可划分为企业会计和预算会计两大类别。企业会计是指各种从事生产经营活动或直接为生产经营活动服务的企业中的会计,它主要反映企业生产资金循环情况及其结果;预算会计是指不从事生产经营活动,而只是执行国家预算任务的行政事业单位中的会计,它主要反映行政事业单位预算资金的收支情况及其结果。企业会计按其反映和监督的具体内容不同,可分为财务会计、成本会计和管理会计。财务会计是指通过财务报表为企业及企业以外的投资人、主要债权人等提供决策所需财务信息的会计;成本会计是指对企业生产过程中的资金耗费进行反映和监督,并为企业经营者提供生产决策所需的成本信息的会计;管理会计是指为企业经营者提供决策所需未来信息的会计。

财务会计、成本会计和管理会计之间存在着密切的联系。一是它们的最终目的都是为了决策;二是它们之间相互提供信息。由此可见,它们是各有侧重但又有联系,从而构成了企业会计学科体系的三大分支。工程成本会计学属于成本会计的组成部分。

•第二节 会计要素与会计等式•

一、会计要素

会计要素是会计提供的信息系统的具体内容,是财务报表反映的基本指标。会计工作就是围绕着会计要素的确认、计量、记录和报告来开展的。所以,明确会计要素的具体内容,既是做好会计核算工作的需要,也是理解财务报表的需要。

1. 建立会计要素的客观理论依据

在社会主义市场经济条件下,价值规律仍然在发生作用,社会产品仍然是使用价值和价值的统一体。因此,社会主义企业的生产资料、劳动产品和劳动耗费,都具有一定量的价值,且可以采用货币的价值形态来反映和表现。社会主义企业再生产过程中拥有的财产物资价值的货币表现,称为资金。

在企业的生产经营活动中,从购买和组织材料供应、产品生产,到将产品销售给购买单位,财产物资不断地运动,由一种实物形态转化为另一种实物形态,这就是企业的再生产活动。与之相适应,财产物资的价值形态也不断地发生变化,由一种价值形态转化为另一种价值形态,这就是企业的资金运动。企业资金周而复始不断地运动(循环),一方面实现生产经营的目标,另一方面获得利润,使资金得以增值,从而既能发展企业的生产经营业务、扩大再生产,又能为国家提供积累。

企业的资金运动可分为静态运动与动态运动。静态运动是指从某一时点(如月末、年末)去观察企业的资金运动状况,包括资金的分布状况和资金的来源渠道。资金的分布状况表现为各种资产占用在企业生产经营的各个环节,按其性质分为流动资产、长期投资、固定资产、无形资产和其他资产;资金的来源渠道,包括投资人投入的资本和向银行等金融机构借入及结算过程中形成的负债两个方面的内容。动态运动是指从某一时期(如月份、年度)去观察企业的资金运动状况,包括:供应阶段企业在物资采购及固定资产购建过程中发生的物资采购成本及固定资产购建成本;生产阶段企业在产品生产过程中发生的生产成本;销售阶段企业因办理产品的销售所取得的收入;行政及资金管理过程中所发生的管理费用与财务费用。以企业的收入补偿成本和费用后的差额即为利润。

企业会计作为企业管理的组成部分,主要是反映企业的经济活动状况及其结果,也就是反映企业资金运动状况及其结果。而由上述企业资金运动可知,企业资金无论在运动中作何种形态变化,总离不开资产、负债、所有者权益(企业净资产)、收入、费用(生产经营中的各种耗费)和利润六方面的内容,因此这六个方面即称为企业会计的会计要素。企业会计要素的具体经济内容就构成了企业会计的对象。

2. 会计要素的具体内容

1)资产

资产是指由过去交易或经济业务形成为企业拥有或者控制的资源,该资源预期会给企业带来经济利益。按其经济内容可分为:

(1)流动资产　指可以在一年内或超过一年的一个营业周期内变现或者运用的资产。包括货币资金(如现金、银行存款)、应收及预付款项(如应收账款、应收票据、预付账款和其他应收款)、存货(如库存材料、周转材料和低值易耗品)等。

(2)固定资产　指使用时间较长、单位价值较高,并且在使用过程中保持原有实物形态的资产。包括房屋及建筑物、施工机械、机器设备和运输工具等。

(3)无形资产　指企业持有的、没有实物形态的非货币性长期资产。包括专利权、非专利技术、商标权、土地使用权等。

(4)其他资产　指除以上各项目以外的资产,如长期待摊费用及特准储备物资等。

2)负债

负债是指企业过去的交易或事项形成的、预期会导致经济利益流出企业的现时义务。现时义务是指企业在现行条件下已承担的义务。企业的负债按其偿还期限的长短可分为:

(1)流动负债　指将在一年或超过一年的一个营业周期内偿还的债务,包括短期借款、应付票据、应付账款、应付工资、应付福利费、预提费用等。

(2)长期负债　指偿还期在一年或者超过一年的一个营业周期以上的债务,包括长期借款、应付债券、长期应付款等。

3)所有者权益

所有者权益是指企业资产扣除负债后由所有者享有的剩余权益。其数额为资产减去负债后的余额,因而所有者权益亦是指投资人对企业净资产的权利。所有者权益包括:

(1)实收资本　指投资者按照企业章程或合同、协议的约定,实际投入企业的资本。

(2)资本公积　指由投资者投入但不能构成实收资本,或从其他来源取得的由所有投资人共同享有的资金,包括股本(资本)溢价、接受捐赠资产、拨款转入、外币资本折算差额等内容。

(3)盈余公积　指企业按照规定,从净利润中提取的各种积累资金,包括法定盈余公积、任意盈余公积和法定公益金等。

(4)未分配利润　指尚未分配的结存利润,其数额等于期初未分配利润,加上本期实现的净利润,减去提取的各种盈余公积和分出利润后的余额。

4)收入

收入是指企业在日常活动中所形成的、会导致所有者权益增加的与所有者投入资本无关的经济利益的总流入。

企业的收入,按其形成的原因分为商品销售收入、劳务提供收入和让渡资产使用权收入。企业的收入,按企业经营业务的主次可分为:

(1)主营业务收入 指企业日常经营活动的主要业务活动所取得的收入。如工业企业的产品销售收入、工业性作业提供收入等;商品流通企业的商品销售收入;施工企业的工程价款结算收入等。

(2)其他业务收入 指企业除主营业务以外的其他日常业务活动所取得的收入。如施工企业的材料销售及提供其他劳务等的收入。

5)成本和费用

成本是指企业为生产产品、提供劳务而发生的各项耗费,包括物化劳动的耗费和活劳动的耗费。如施工企业在施工生产过程中的材料耗用、计提的固定资产折旧费、支付的施工生产工人工资和其他生产费用等,构成施工产品的生产成本。

费用是指企业在日常活动所发生的、会导致所有者权益减少的、与所有者分配利润无关的经济利益的流出。包括:

(1)销售费用 指企业在销售商品过程中发生的费用,包括商品的运输费、装卸费、包装费、广告费等。

(2)管理费用 指企业为组织和管理企业生产经营所发生的各项费用,包括公司经费、工会经费、劳动保险费、财产税等。

(3)财务费用 指企业为筹集生产经营所需资金等而发生的费用,包括利息支出、银行手续费等。

(4)产品(劳务)销售成本 指已销产品或已提供劳务的实际成本。商品流通企业的产品(劳务)销售成本为已销商品的成本。

6)利润

利润是指企业在一定会计期间的经营成果。是收入与支出的差额。按其构成内容,包括:

(1)营业利润 指企业在一定时期内从事经营活动取得的利润,包括主营业务利润、其他业务利润。

(2)投资净收益 指企业对外投资收入与对外投资损失的差额。

(3)营业外收支净额 指与企业施工生产经营没有直接关系的各种其他收入和支出相抵后的差额。

为了保证企业生产经营活动的顺利进行,必须对上述六个会计要素逐项予以反映和监督。因而会计反映和监督的具体内容包括以下几个方面:资产的构成及其在生产经营过程中的增减变动情况;负债的形成及偿还情况;所有者权益的构成及其增减变动情况;成本、费用的形成情况;收入的取得、利润的形成及分配情况。

二、会计等式

会计等式又称会计方程或会计平衡公式。它是会计要素之间相互关系的代数方式的一种表达式。它揭示了会计要素之间的内在联系，是会计核算中设置会计科目和账户、复式记账和编制财务会计报表的理论依据。

资产和权益各自具有特定的含义，它们分别反映公路施工企业经济活动的不同现象。资产表明企业拥有什么经济资源和拥有多少经济资源；权益则体现由不同渠道取得这些经济资源所形成的经济关系。会计上把对企业资产所拥有的权力，称为权益。其中属于债权人的部分称为债权人权益，即负债；属于投资人的部分称为业主权益，即所有者权益。

资产和权益是对同一企业的经济资源从两个不同角度进行观察，前者表明进入企业的经济资源具体分布在哪些方面，后者表明企业的这些经济资源的所有权和运用这些资源所产生的利益归谁所有。

显然，在任何时候任何情况下，资产和权益总是相等的。没有资产，就没有对这些资产的要求权，就不可能存在权益；反之，没有资金的投入，也就不可能存在资产；也就是说，有一定数量的资产必然有一定数量的权益，在任何一个时点来说，资产和权益之间永远保持一种数量上平衡相等的关系，同时，资产和权益的关系是相互依存、互为前提的，其关系可用下式表示。即：

资产 = 权益 = 债权人权益 + 业主权益 = 负债 + 所有者权益

【例 1-1】 某新建公路施工企业，投资者投入 2 000 万元，向银行借入 500 万元；用这些资金购入施工机械设备 1 800 万元、材料 100 万元，银行存款 600 万元。

资产（1800 + 100 + 600）= 负债（500）+ 所有者权益（2000）

从以上公式可以看出，作为对企业资产拥有的权力，表现为两种权益，即负债和所有者权益，而占主导地位的是所有者权益，它是企业经济活动的动力和源泉。所有者权益在数量上表现的是资产减去负债的净额。

以上是从一个时点上来看，但公路施工企业通过施工生产经营活动的变化来影响所有者权益的变动。即通过经营成果来影响其变动。利润 = 收入 - 费用，从这一等式上看，收入是利润增加的因素，而费用是利润减少的因素。因此，企业取得收入可使所有者权益增加，企业发生费用则使所有者权益减少。若收入大于费用，所有者权益将按确定的净利润额增加；若收入小于费用，所有者权益将按确定的净亏损额减少。也就是说企业所有者要承担企业的盈亏。因为一定时期的经营成果必然影响一定时期的财务状况，所以会计等式可据此扩充为：

资产 = 负债 + 所有者权益 + 利润 = 负债 + 所有者权益 + 收入 - 费用

【例 1-2】 某公路施工企业某月份取得工程收入 200 万元，已存入开户银行，取得该项收入而支付的工程成本费用为 160 万元。

资产（2500）+ 银行存款（200）- 成本费用（160）= 负债（500）+ 所有者权益（2000）
+ 收入（200）- 成本费用（160）

由此可见，在期初这个特定时点上，收入、费用为零，会计等式的扩充形式实际上与前述的会计等式是一致的。在期末收入和费用经过结算转入所有者权益之中，使会计等式的扩充形式（资产 = 负债 + 所有者权益 + 收入 - 费用）转化为会计等式（资产 = 负债 + 所有者权益）。因为收入、费用、利润是构成利润表的三个会计要素，将会计等式与扩充的会计等式联系起来，有利于揭示资产负债表和利润表要素内部及其相互之间的内在联系和数量上的依存关系。

•第三节 会计核算的基本前提和会计信息的质量要求•

一、会计核算的基本前提

会计核算的基本前提，是会计核算工作中赖以存在的一些前提条件，它是企业确定会计核算对象、选择会计方法的重要依据。会计核算的前提包括会计主体、持续经营、会计分期和货币计量。

1. 会计主体

会计主体是指会计工作为其服务的特定单位，亦即财务会计报告所要反映的具体单位。

划清会计主体，通过核算会计主体范围内的经济活动，才能正确反映会计主体的财务状况和经营成果。会计主体可以是法人，如企业；也可以是非法人，如合伙经营单位；可以是一个企业，也可以是企业中的内部单位，如企业的分公司或设立的事业部；可以是单个企业，也可以是几个企业组成的企业集团，如由若干个子公司和母公司组成的企业集团等。

2. 持续经营

持续经营是指在可以预见的将来，企业或会计主体将按当前的规模和状态继续经营下去，不会停业。

持续经营对企业会计方法的选择有着很大的影响，企业会计核算上所采用的一系列会计方法，如固定资产在使用年限逐步计提折旧，无形资产在有效期内按期摊销，企业负担的债务按照规定的条件偿还，按照权责发生制原则进行收入和费用的确认等，都是建立在持续经营前提下的。当企业停业后，在清算的情况下，会计核算就不能采用建立在持续经营前提下的会计处理方法，而应执行企业清算的会计处理方法。

3. 会计分期

会计分期是指将一个企业持续经营的生产经营活动，划分为长短相同的期间，在连续反映的基础上，分期结算账目、计算盈亏，并编制财务会计报告。

根据《企业会计制度》的规定，企业会计分期有年度、半年度、季度、月度几种，其起讫日期均采用公历日期。一般来说，年度为一个完整的会计分期，其他则称为会计中期。

会计分期对会计理论和实务均有重大影响。如权责发生制原则，就是建立在会计分期这个前提下的。

4. 货币计量

货币计量是指采用货币作为计量尺度，记录和反映企业的生产经营活动。

在市场经济条件下，货币是一般等价物，只有采用货币计量，才能综合、全面地反映企业的生产经营活动。

根据货币计量这一前提，企业会计核算必须选用一种货币作为记账本位币。我国会计制度规定，人民币为企业的记账本位币。业务收支以人民币以外的货币为主的企业，可以选定其中一种货币作为记账本位币，但是编制的财务会计报告应当折算为人民币。会计的计量单位为人民币元。

二、会计信息的质量要求

由于企业会计信息代表的是一定的经济利益关系，涉及会计信息利益的各个方面，为了各自的经济利益，必然会对企业会计信息提出相关要求。因此，会计信息的使用者对会计信息的质量要求按企业会计准则——基本准则的规定主要有以下几个方面。

1. 真实可靠与内容完整性

真实可靠与内容完整性，是指企业会计核算应当以实际发生的交易或者事项为依据进行会计确认、计量和报告，应如实反映企业的财务状况、经营成果和现金流量。此项原则是对会计工作最基本的要求。企业提供的会计信息是为了满足会计信息使用者的决策需要，因此，企业要做到内容真实、数字准确、反映完整、资料可靠。

2. 相关性

相关性原则是指企业会计信息应当符合国家宏观经济管理的要求，满足会计信息使用者了解企业财务状况和经营成果的需要，满足企业加强内部经营管理的需要。因此，企业在会计核算中要坚持相关性原则，充分考虑会计信息使用者的需求，这样就有助于会计信息使用者对企业过去、现在或者未来的情况作出评价或者预测。

3. 明晰性

明晰性原则是指企业会计核算和财务报告应当清晰明了，便于会计信息使用者理解和使用。因此企业在会计核算中要坚持明晰性原则，会计记录应当准确、清晰，账户对应关系应清楚，文字摘要应完整；编制的财务报告，项目关系应清楚、内容完整、数字准确。对于财务报表中难以用数字明确的问题，应当用文字加以说明。

4. 可比性

可比性原则要求企业会计核算应当按照规定的会计处理方法和会计政策进行，会计指标应当口径一致，相互具有可比性。因此，同一企业的会计政策和会计处理方法前后各期应当保持一致，不得随意改变。如有变更，应当将变更的内容和理由等，在财务会计报表附注中予以说明。

5. 实质重于形式

实质重于形式原则，要求企业应当按照交易或者事项的经济实质进行会计确认、计量和报告，不应仅以交易或者事项的形式为依据。因此，在实际会计工作中，企业会计信息要想反映其所拟反映的交易或事项，就必须根据交易或事项的实质和经济现实，而不能仅仅根据它们的法律形式进行核算和反映。

6. 重要性

重要性原则是指在会计核算过程中，对交易或事项应当区别其重要程度，采用不同的核算方法。对于企业资产、负债、所有者权益等有较大影响，进而影响会计信息使用者作出合理判断的重要会计事项，应当按规定的方法和程序进行处理，并在财务报表中予以充分、准确的披露。

7. 谨慎性

谨慎性原则是指企业对交易或者事项进行会计确认、计量和报告应当保持应有的谨慎，不应高估资产或者收益，低估负债或者费用。由于企业的经营活动充满着风险和不确定性，因此，在企业会计工作中，要求企业在面临不确定因素的情况下作出职业判断时，应当保持必要的谨慎，充分估计到各种风险和损失，既不高估资产或收益，也不低估负债或费用。

8. 及时性

及时性原则是指企业对于已经发生的交易或者事项，应当及时进行会计确认、计量和报告，不得提前或者延后。由于会计信息的价值具有时效性，因此，要求企业及时收集会计信息并及时进行加工处理，及时进行会计信息的传递，促使会计信息使用者有效地利用会计信息，作出评价、预测或决策。

●第四节　会计科目与账户●

设置会计科目与账户是对会计要素具体内容进行分类反映和监督的一种专门方法。这是因为，会计要素的内容，即需提供的会计信息是复杂多样的，要对各项内容进行系统地反映和监督，就需要对它们进行适当地分类（设置会计科目），并据以开设账户，以取得各种不同性质的会计信息指标。

一、会计科目

会计科目是对会计要素具体内容进行分类的项目，整个会计科目体系也就是会计所应提供的会计信息体系。为了系统地反映企业会计的具体内容，必须设置和运用会计科目。正确设置和运用会计科目，对于正确、及时、系统地反映企业的经济活动状况，以及为设置账户、编制凭证、登记账簿和编制财务会计报告，都有着十分重要的作用。

1. 会计科目的设置

企业会计科目的设置，应能全面反映会计要素的内容，满足会计核算的要求，并符合企业会计管理的需要。根据《企业会计制度》的规定，施工企业会计核算的主要会计科目如表 1-1 所示。

施工会计科目表　　表 1-1

序号	编　号	科目名称	序号	编　号	科目名称
1. 资产类			11	1131	坏账准备
1	1001	库存现金	12	1321	代理业务资产
2	1002	银行存款	13	1401	材料采购
3	1012	其他货币资金	14	1402	在途物资
4	1101	交易性金融资产	15	1403	原材料
5	1121	应收票据	16	1404	材料成本差异
6	1122	应收账款	17	1405	库存商品
7	1123	预付账款	18	1406	发出商品
8	1131	应收股利	19	1407	商品进销差价
9	1132	应收利息	20	1408	委托加工物资
10	11221	其他应收款	21	1411	周转材料

续上表

序号	编　号	科目名称	序号	编　号	科目名称
22	1421	消耗性生物资产	56	2221	应交税费
23	1461	融资租赁资产	57	2231	应付利息
24	1471	存货跌价准备	58	2232	应付股利
25	1501	持有至到期投资	59	2241	其他应付款
26	1502	持有至到期投资减值准备	60	2314	代理业为负债
27	1503	可供出售金融资产	61	2401	递延收益
28	1511	长期股权投资	62	2501	长期借款
29	1512	长期股权减值准备	63	2502	应付债券
30	1521	投资性房地产	64	2701	长期应付款
31	1531	长期应收款	65	2702	未确认融资费用
32	1532	未实现融资收益	66	2711	专项应付款
33	1601	固定资产	67	2801	预计负债
34	1602	累计折旧	68	2901	递延所得税负债
35	1603	固定资产减值准备	3. 共同类		
36	1604	在建工程	69	3101	衍生工具
37	1605	工程物资	70	3201	套期工具
38	1606	固定资产清理	71	3202	被套期项目
39	1611	未担保余值	4. 所有者权益		
40	1621	生产性生物资产	72	4001	实收资本(股本)
41	1622	生产性生物资产累计折旧	73	4002	资本公积
42	1623	公益性生物资产	74	4101	盈余公积
43	1701	无形资产	75	4103	本年利润
44	1702	累计摊销	76	4104	利润分配
45	1703	无形资产减值准备	77	4201	库存股
46	1711	商誉	5. 成本类		
47	1801	长期待摊费用	78	5001	生产成本
48	1811	递延所得税资产	79	5101	制造费用
49	1901	待处理财产损益	80	5201	劳务成本
2. 负债类			81	5301	研发支出
50	2001	短期借款	82	5401	工程施工
51	2101	交易性金融负债	83	5402	工程结算
52	2201	应付票据	84	5403	机械作业
53	2202	应付账款	6. 损益类		
54	2203	预付账款	85	6001	主营业务收入
55	2211	应付职工薪酬	86	6051	其他业务收入

续上表

序号	编　号	科目名称	序号	编　号	科目名称
87	6101	公允价值变动损益	94	6602	管理费用
88	6111	投资收益	95	6603	财务费用
89	6301	营业外收入	96	6701	资产减值损失
90	6401	主营业务成本	97	6711	营业外支出
91	6402	其他业务支出	98	6801	所得税费用
92	6403	营业税金及附加	99	6901	以前年度损益调整
93	6601	销售费用			

表1-1中各会计科目之间相互联系、相互补充，构成了一个完整的会计信息系统，通过这个信息系统，就可以全面反映企业的财务状况、经营成果和现金流量，从而为各有关方面提供一系列管理所需的会计核算指标。

2. 会计科目的分类

(1)按会计科目所反映的经济内容，可分为资产类科目、负债类科目、所有者权益类科目、共同类、成本类科目和损益类科目。资产类科目按资金流动性质的不同，又可分为流动资产类科目(如“现金”、“原材料”等科目)和固定资产类科目(如“固定资产”、“累计折旧”等科目)；负债类科目分为借入资金科目(如“短期借款”科目)和结算中债务科目(如“应付账款”、“应付工资”等科目)；所有者权益类科目包括投资人投入资金科目(如“实收资本”科目)和经营过程中形成的未分配利润科目(如“本年利润”、“利润分配”科目)；成本类科目按照生产内容的不同，分为施工生产成本(如“工程施工”科目)和机械作业成本(如“机械作业”科目)；损益类科目又分为收入类科目(如“主营业务收入”科目)和支出类科目(如“主营业务成本”科目)。

(2)按会计科目所提供核算指标的详简程度，可分为总分类科目和明细分类科目。总分类科目又称总账科目或一级科目，是对经济活动具体内容进行总括分类、提供总括核算指标的科目。上述会计科目表中所列示的会计科目，就是总分类科目。明细分类科目是在总分类科目基础上对会计对象具体内容所作的进一步分类，包括二级科目和明细科目。二级科目是在总分类科目之下，对该科目所反映的经济内容再分类而设置的会计科目；明细科目是在二级科目或直接在总分类科目之下，按其所反映的经济内容的性质而再细分所设置的会计科目。明细分类科目提供详细、具体的会计核算指标。

上述总分类科目和明细分类科目之间，在性质上是从属关系。例如，为了总括反映企业原材料的情况，需要设置“原材料”总分类科目，而为了详细反映各类材料或各种材料的情况，就需要在“原材料”总分类科目下，按材料类别设置二级科目，并按材料品种设置明细科目。

二、账　户

账户是具有一定结构、能反映某一会计科目的核算内容，并能连续登记经济业务数量变化及结果的记账实体。它是按会计科目所确定的经济内容，分类记录经济业务的工具。账户是按照会计科目设置的，会计科目的名称就是相应账户的名称。

1. 账户的基本结构

为了在账户中记录每项经济业务，每个账户既要有明确的经济内容，又要有便于记账的结构。在企业的生产活动过程中，各项经济业所引起的会计要素具体内容的变化虽然是错综复杂的，但从数据方面看，不外乎增加和减少两种情况。所以，要把账户划分为两部分，一部分记录增加数，另一部分记录减少数。通常把账户划分为左、右两方，用于记录经济业务所引起的会计要素具体内容的增加数和减少数，这就是账户的基本结构。账户的基本结构在教学中常简化为“丁”字形账户，如图1-1所示。

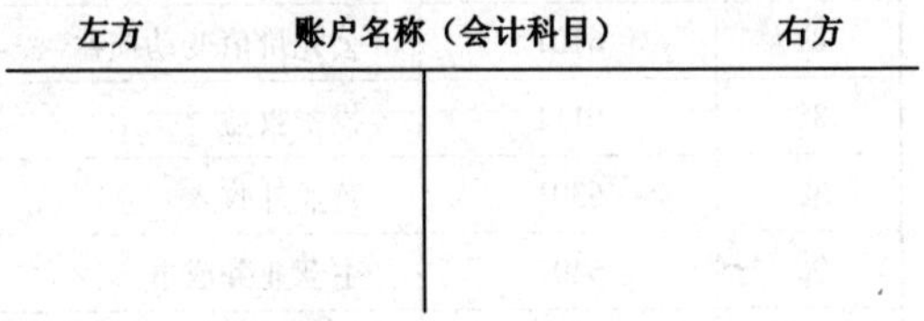

图1-1　账户基本结构图

账户分为左、右两方，用于记录经济业务所引起的会计要素具体内容的增加与减少，但究竟哪一方记录增加数、哪一方记录减少数，这要根据各个账户所反映的经济内容，即它的性质和采用的记账方法的要求来确定。为了反映资产与负债和所有者权益的平衡关系，对资产与负债和所有者权益的增减变动，应在有关账户中作相反方向的记录。

每个账户在一定时期内所记录的金额合计数称为本期发生额，增加方金额合计数称为增加方本期发生额，减少方金额合计数称为减少方本期发生额。每个账户的增加方合计数与减少方合计数相抵后的差额称为余额，本期期初余额是上期期末余额，本期期末余额是下期期初余额。

在会计实务中，账户的结构还受到记账方法的制约。如采用借贷记账法时，账户的左方规定为“借方”，右方规定为“贷方”。为了便于考查，账户结构中还应包括日期、凭证号和摘要等内容。账户的一般格式如表1-2所示。

账户的基本格式　　表1-2

账户名称（会计科目）：

年		凭证字号	摘　要	借　方	贷　方	余　额
月	日					

2. 账户的分类

由于账户是根据会计科目设置的，因而账户与会计科目的分类是一致的。账户按其记录的经济内容可分为资产类账户、负债类账户、所有者权益类账户、成本类账户和损益类账户。按其记录会计要素具体内容的详简程度可分为总分类账户和明细分类账户，即一级账户、二级账户以及三级（明细）账户。

● 第五节　借贷记账法 ●

一、复式记账的理论依据

借贷记账法是一种复式记账方法。为了便于对借贷记账法的理解，必须先介绍复式记账的理论依据。

企业根据会计科目开设账户后,还要运用一定的记账方法才能把发生的经济业务在账户中进行连续、系统地登记。所谓记账方法,是指根据一定的原理和规则,采用一定的记账符号,在账户中登记经济业务的一种专门方法。记账方法有单式记账法和复式记账法两种,现代会计一般采用复式记账法。复式记账法也称复式记账,是指对发生的每一项经济业务,要求按相等的金额同时记入两个或两个以上相互联系的账户的记账方法。采用这种方法,可以全面地、相互联系地反映一项经济业务所引起的会计要素具体内容的变化情况,可以了解有关账户之间的对应关系和平衡关系,便于检查账户记录的正确性,从而保证会计工作的质量。

复式记账的理论依据是资产与负债和所有者权益的平衡关系。因为资产与负债和所有者权益是同一资金的两个方面,负债和所有者权益说明资金从哪里来,资产说明资金用到哪里去了,所以资产与负债和所有者权益在数量上必须相等。用等式表示就是:

资产 = 负债 + 所有者权益

任何一项经济业务的发生,都会引起资金的运动变化,尽管这种变化是错综复杂的,但不外乎以下几种情况:从各种渠道取得资金时,资产与负债或所有者权益同时增加;当资金退出时,资产与负债或所有者权益同时减少;当资金在内部运动时,只能引起资产、负债或所有者权益内部有关项目之间的增减变化。因此,任何经济业务的发生,都不会打破资产与负债和所有者权益之间的平衡关系。

由于企业在生产过程中发生的成本费用,在尚未从收入中获得补偿前,实际上仍是一种资产的占用形态;在经营过程中取得的收入,在尚未补偿支出之前,实质上是一种新的资金来源。因而前述会计等式可扩充为:

资产 + 成本费用 = 负债 + 所有者权益 + 收入

上述扩充后的会计等式的经济内容和数学上的等量关系,全面地反映了企业资金运动的内容和实际联系。因此,它是建立复式记账方法的客观理论依据。

国际上通行的复式记账法是借贷记账法,我国《企业会计制度》亦规定会计记账采用借贷记账法,因而本教材对各类经济业务的会计处理,均按借贷记账法阐述。

二、借贷记账法的基本要点

借贷记账法是以“借”和“贷”作为记账符号,用来反映会计要素具体内容增减变动及其结果的一种复式记账方法。其基本要点为:

(1)以“借”和“贷”作为记账符号,反映资金的增减变动及其结果。借贷记账法把每一账户的左方规定为“借方”,右方规定为“贷方”,因而账户的基本结构就划分为借方、贷方和余额三部分。至于哪一方记录增加、哪一方记录减少,则要根据账户(会计科目)的性质来决定,具体规定如表1-3所示。

借贷记账法 表1-3

借 方	贷 方
资产增加	资产减少
负债减少	负债增加
所有者权益减少	所有者权益增加
成本费用增加	成本费用减少
收入转销	收入增加

(2)以“有借必有贷,借贷必相等”作为记账规则。记账规则是指采用复式记账方法在账户中记录经济业务的基本规律,它是会计账务处理必须遵循的依据。在采用借贷记账法时,对

于每一项经济业务，都要以相等的金额，按借贷相反的方向，在两个或两个以上相互联系的账户中进行连续、分类地记录。现举例说明如下：

【例1-3】 以银行存款10 000元购入材料一批，已验收入库。

这项经济业务发生后，引起一项资产“银行存款”减少，应记入该账户的贷方；另一项资产“原材料”增加，应以相等的金额记入该账户的借方。账户中登记结果如图1-2所示。

【例1-4】 向某业主单位预收工程款500 000元，款已存入银行。

这项经济业务发生后，引起负债“预收账款”增加，应记入该账户的贷方；同时引起资产“银行存款”增加，应以相等金额记入该账户的借方。登记结果如图1-3所示。

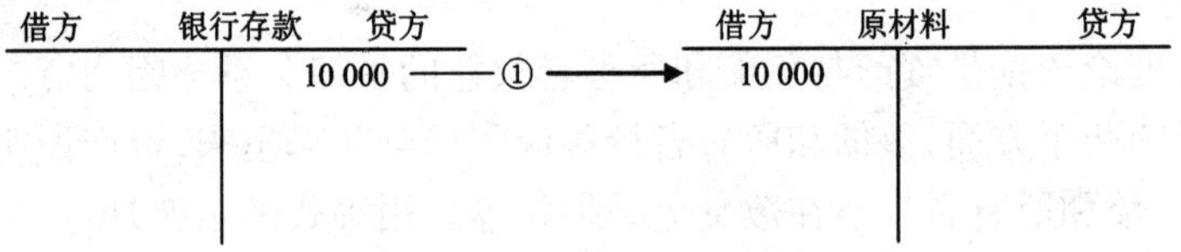

图1-2 账户登记结果图①

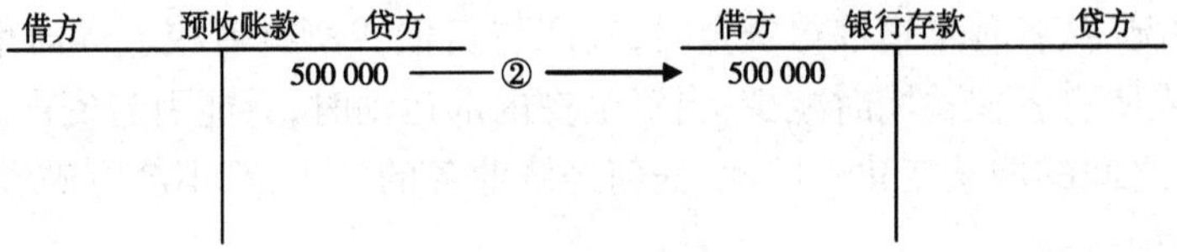

图1-3 账户登记结果图②

【例1-5】 收到投资人拨入全新机械设备一批，计60 000元，作为对本企业的投资。

这项经济业务发生后，引起所有者权益“实收资本”增加，应记入该账户的贷方；同时引起资产“固定资产”增加，应以相等金额记入该账户借方。登记结果如图1-4所示。

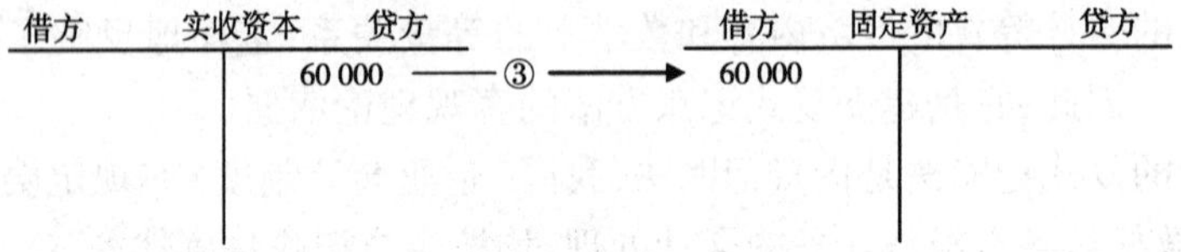

图1-4 账户登记结果图③

【例1-6】 工程施工生产领用材料700 000元。

这项经济业务发生后，引起资产“原材料”减少，应记入该账户贷方；同时引起成本“工程施工”增加，应以相等金额记入该账户借方。登记结果如图1-5所示。

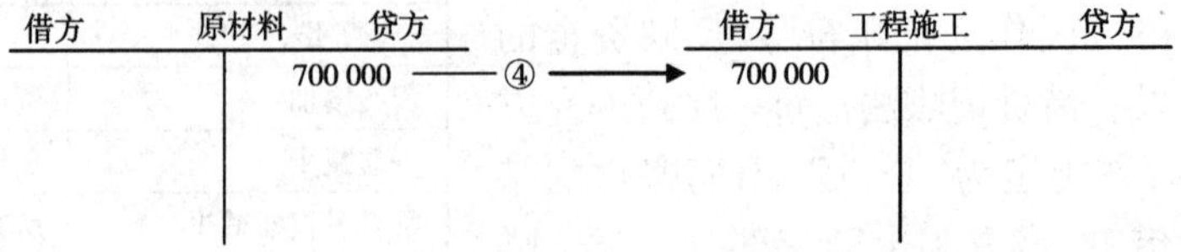

图1-5 账户登记结果图④

【例1-7】 根据工程结算凭证，确认本月工程结算收入1 500 000元。

这项经济业务发生后，引起“主营业务收入”增加，应记入该账户贷方；同时引起资产“应收账款”增加，应以相等的金额记入该账户的借方。登记结果如图1-6所示。

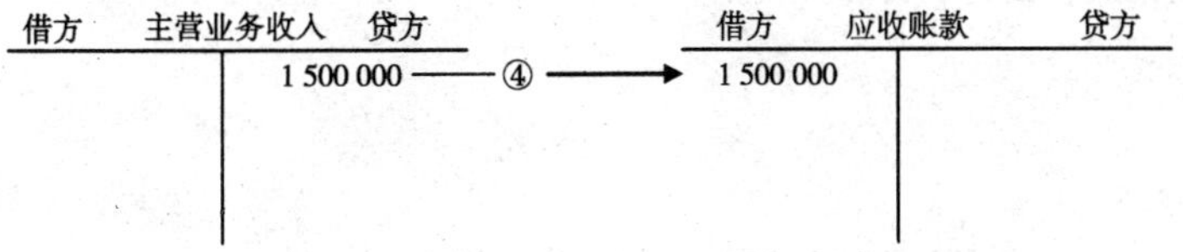

图 1-6 账户登记结果图⑤

由上可见,任何一项经济业务的发生,其账务处理都是遵循“有借必有贷,借贷必相等”的记账规则。也就是说,在记入一个账户借方的同时,记入另一个或几个账户的贷方;或在记入一个账户贷方的同时,记入另一个或几个账户的借方;记入借方账户的金额和记入贷方账户的金额必然相等。

(3)以借方金额和贷方金额相等的关系,作为会计记录试算平衡的依据。试算平衡是指根据平衡公式来检查各类账户的登记是否正确的一种会计处理方法。在采用借贷记账法的条件下,由于根据其记账规则记账,其结果必然是:每一项经济业务是借方金额等于贷方金额;定期汇总是所有账户借方本期发生额等于贷方本期发生额;期末结账是所有账户的借方余额合计等于贷方余额合计。用等式表示为:

借方金额 = 贷方金额

通过上述等式,就可以检查每一项会计记录及其一定会计期间所有会计记录及期末会计账户余额的正确性。

三、会计分录

有了记账规则就可以对发生的业务进行记录,记录时首先要编制会计分录。

会计分录是指对每项经济业务按照复式记账的原理要求,确定应借应贷账户名称和金额的一种记录

企业日常发生的经济业务十分频繁,会计需要设置许多账户进行记录反映,为避免账户记录时可能产生的多记、少记或漏记等差错,会计在发生经济业务后,要根据收到的证明经济业务发生的原始凭证在记账凭证中编制会计分录。

因此,会计分录应具备三项基本内容:记账符号、账户名称和应计金额。如:从银行提取现金 5 000 元,会计分录为:

借:现金 5 000

贷:银行存款 5 000

编制分录的要求是先借后贷,上下排列,借前贷后。即编制分录时,先反映借方的变化,后反映贷方的变化,所涉及的账户纵向排列。完整的分录还应包括日期、业务、编号、摘要。

会计分录按其反映业务的复杂程度分为简单会计分录和复合会计分录。一借一贷的会计分录称为简单分录;由两个以上账户组成的一借多贷、一贷多借和多借多贷的分录称为复合分录。复合分录是由几个简单分录组成的。会计分录必须能够清晰反映账户的对应关系。

【例 1-8】 某公路施工企业以银行存款购入复印机一台,价款 30 000 元;购入材料一批,

价款6 000元。作如下会计分录：

借:固定资产　　30 000

　原材料　　6 000

　贷:银行存款　　36 000

以上的复合会计分录可以编制成以下的简单会计分录：

借:固定资产　　30 000

　贷:银行存款　　30 000

借:原材料　　6 000

　贷:银行存款　　6 000

●第六节　会计凭证与账簿●

为了使会计核算提供的会计信息能如实地反映企业的生产经营状况和经营成果,必须取得和填制可供事后验证的会计凭证,并根据会计凭证和规定的记账程序,在账簿中记录实际发生的经济业务,从而保证会计记录的正确性和真实性。为此,施工企业会计必须填制和审核会计凭证,设置和登记会计账簿。

一、会计凭证

1. 会计凭证的作用与种类

会计凭证是指在会计核算中,为记载经济业务,明确经济责任,而使用的具有一定格式并作为记账依据的书面证明。在施工企业的经济活动过程中所发生的各项经济业务,都必须取得和填制各种会计凭证,并进行严格的审核才能作为登记账簿的依据。正确填制和严格审核会计凭证,可以正确反映经济业务的完成情况,保证账簿记录的正确性;可以检查各项经济业务是否合法合理,并便于明确经济责任。

会计凭证按其用途的不同,分为原始凭证和记账凭证两类。

原始凭证是在经济业务发生时取得或填制的,用以记录或证明经济业务发生或完成情况的书面凭据,如各种发票、收据、领料单等。原始凭证的种类和格式很多,但都要求说明经济业务的发生和完成情况,明确经办业务部门和人员的责任。一般来说,应具备以下基本内容:原始凭证名称,填制日期和编号,接受凭证单位的名称,经济业务的内容,实物数量、单价和金额,填制凭证单位名称及有关人员签章。原始凭证按其来源不同,可分为外来原始凭证和自制原始凭证。外来原始凭证是在经济业务发生时从其他单位取得的凭证,如购入材料的发票等;自制原始凭证是指本单位经办业务人的人员在执行或完成经济业务时填制的凭证,如领料单等。

记账凭证是会计人员根据原始凭证编制的,用以确定会计分录,作为登记账簿的书面证明。一般应具备下列内容:凭证的名称,填制凭证的日期与编号,经济业务内容摘要,会计分录,所附原始凭证张数,有关人员签章。记账凭证按其反映的经济业务与货币资金的关系,可分为收款凭证、付款凭证和转账凭证。其格式如表1-4~表1-6所示。

收 款 凭 证

表 1-4

借方科目：　　　　年　　月　　日　　　　字第　号

对方单位（交款人）	摘　要	贷方科目		金　额	记　账
		总账科目	明细科目		
附件　张		合计金额（大写）			

会计主管　　记账　　审核　　出纳　　制单

付 款 凭 证

表 1-5

贷方科目：　　　　年　　月　　日　　　　字第　号

对方单位（交款人）	摘　要	借方科目		金　额	记　账
		总账科目	明细科目		
附件　张		合计金额（大写）			

会计主管　　记账　　审核　　出纳　　制单

转 账 凭 证

表 1-6

年　月　日　　　　字第　号

摘　要	总 账 科 目	明 细 科 目	借 方 金 额	贷 方 金 额	记　账	
附件　张	合计					

会计主管　　记账　　审核　　制单

2. 会计凭证的填制与审核

1)原始凭证的填制与审核

为了保证原始凭证能正确、真实地反映经济业务的完成情况,使其具有合法凭证的条件,填制原始凭证时应注意以下几点:凭证的内容必须填写齐全;书写正确、字迹清楚,属于复写的凭证必须写透;凭证填错要按规定方法更正,不得随意涂改。

对于接受的原始凭证,必须进行严格的审核,只有审核无误的原始凭证,才能作为会计处理的依据。原始凭证的审核,也是会计监督的重要内容。原始凭证审核的基本方法为:一是真实性、正确性审核,主要审核应填写的项目是否填写齐全,数字计算是否正确,有关经办单位和人员的签章是否完备;二是合理性、合法性审核,主要审核经济业务内容是否符合国家的政策、法令和制度规定及合同和计划的规定,有无违反制度及合同、扩大开支标准和浪费现象等。只有经过审核正确无误的原始凭证,才能办理会计手续,否则应退还给经办人员重新补办或拒绝办理。

2)记账凭证的填制和审核

填制记账凭证,除了要遵守填制原始凭证的要求外,还应做到:以简明扼要的文字,概括地写清经济业务的内容,以便记账;根据原始凭证所反映的经济业务的内容,作出正确的会计分录;每张凭证要按规定的要求编号,并写明所附原始凭证的张数,以便日后查考。

为了保证账簿记录的正确性,对记账凭证也应进行审核。审核记账凭证的要点是:反映的经济业务是否同所附经过审核的原始凭证的内容相一致;记账凭证所确定的会计分录是否正确;填列的项目是否填写齐全,有关人员是否签章等。通过审核发现有错误的记账凭证,应查明原因后及时更正。

二、会计账簿

会计账簿是指由一定格式和相互联系的账页组成的,用于全面、系统、连续地记录和反映各项经济业务的簿籍。簿籍是账簿的外表形式,而账页(账户记录)则是账簿的内容。正确地设置和登记会计账簿,可以全面、系统、连续地反映经济业务所引起的会计要素具体内容的增减变化及其结果,为编制财务报告和进行财务分析提供资料。

1. 会计账簿的设置

为了满足会计核算的需要,企业一般应设置以下几类账簿。

1)日记账

日记账也称序时账,是按照经济业务发生的时间先后顺序、逐日逐笔进行登记的账簿。日记账有现金日记账和银行存款日记账两种,分别按"现金"和"银行存款"科目设置。日记账一般采用订本式账簿,其账页为三栏式。其账页一般格式如表1-7所示。

现 金 日 记 账 表1-7

年		凭证字号	摘 要	收入(借方)	支出(贷方)	余 额
月	日					

2)总分类账

总分类账又称总账,它是按照总账科目设置账户(账页),用于分类登记经济业务的账簿。总账一般采用三栏式的订本账,其格式基本与上述日记账相同。

3)明细分类账

明细分类账又称明细账,它是根据总账科目所属的二级或明细科目设置账户(账页),用于详细登记某类资金的增减变化情况及其结果的账簿。明细账一般采用活页式或卡片式账簿,其账页的格式有三栏式、多栏式和数量金额式几种。三栏式账页格式同上,数量金额式和多栏式账页举例见表1-8、表1-9所示。

数量金额式明细账 表1-8

品种: 计量单位:

规格: 存放地点:

年		凭证字号	摘要	收入			发出			结存		
月	日			数量	单价	金额	数量	单价	金额	数量	单价	金额

多 栏 式 明 细 账 表1-9

年		凭证字号	摘要	明细项目借方发生额			
月	日			直接人工	直接材料	机械使用费	合计

2. 会计账簿的登记

为了保证记账工作的质量,会计账簿登记的方法和要求是:

(1)启用账簿时应填制"账簿启用表",并编制账户目录;调转记账人员时应办理交接手续并签章。

(2)账簿记录应用蓝、黑墨水书写,要求书写工整、摘要清楚、数字准确。

(3)各种账簿要按编定的页次顺序连续记载,每记完一张账页需登记新账页时,应在其最后一行加计本月份的发生额并结出余额,在摘要栏内注明"过次页",同时将上述发生额和余额记入新账页的第一行,在摘要栏内注明"承前页"。

(4)账簿记录发生错误,不准涂改、挖补、刮擦或用褪色药水消除字迹,不准重新抄写,应采用画线更正法或更正的记账凭证进行更正。

(5)当将本期内所发生的各项经济业务全部登记入账后,应当办理结账手续。结账时,应当结出每个账户的本期发生额和余额,并画出结账线。

(6)为了保证账簿记录真实可靠,应当定期对账簿记录的有关数字与库存实物、货币资金、往来单位或者个人等进行相互核对,保证账证相符、账账相符、账实相符。

三、记 账 程 序

记账程序是指从填制与审核原始凭证开始，到填制记账凭证、登记账簿，直至编制财务会计报告的会计处理全过程。选择适用、合理的记账程序，对于保证会计核算工作的顺利进行，提高工作效率都有着重要的作用。目前常用的记账程序有：记账凭证记账程序、科目汇总表记账程序和汇总记账凭证记账程序等。由于科目汇总表记账程序记账手续简便，登记总分类账工作量小，因而在企业应用较广。科目汇总表记账程序的账务处理程序为：

(1) 根据原始凭证（或原始凭证汇总表）编制记账凭证；

(2) 根据记账凭证登记明细分类账和日记账；

(3) 根据记账凭证编制科目汇总表；

(4) 根据科目汇总表登记总分类账；

(5) 在日记账、总分类账和明细分类账核对相符后编制财务会计报告。

其账务处理程序如图 1-7 所示。

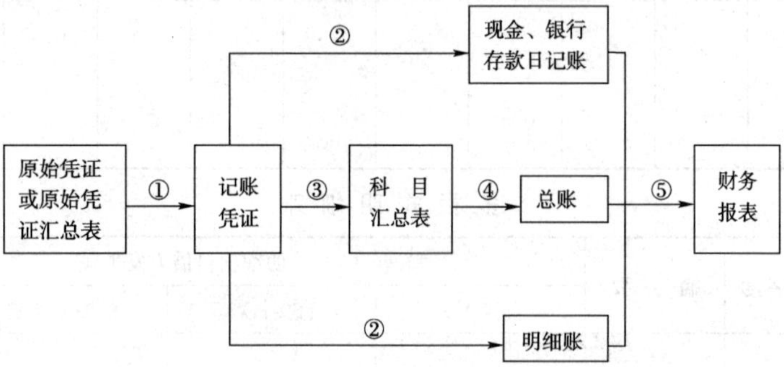

图 1-7　科目汇总表记账程序图

科目汇总表的编制方法为：根据一定会计期的全部记账凭证，按照相同会计科目归类，定期（如每旬、半月或一月）汇总每一会计科目的借方和贷方发生额，填写在“科目汇总表”相应栏内，然后加计合计数。其格式举例如表 1-10 所示。

科 目 汇 总 表　　表 1-10

20××年6月1日至6月30日　　汇字第　号

会计科目	账　页	借方金额	贷方金额	记账凭证起讫号数
现金		5 000	8 200	现字第　号至第　号
银行存款		121 000	136 400	银字第　号至第　号
原材料		150 000	170 000	转字第　号至第　号
低值易耗品			6 000	
固定资产		8 000		
·				
·				
·				
合　计		850 000	850 000	

采用科目汇总表登记总分类账,可以简化记账工作,同时记账前通过科目汇总表可以进行试算平衡,因而可以保证记账工作的正确性。

第七节 公路施工企业会计核算的特点

公路施工企业会计的特点取决于公路施工企业的经营特点。公路施工企业的主要生产任务是进行公路和桥梁建设工程和其他专门工程的施工。公路和桥梁建设工程的施工不同于一般工业生产。它具有流动性、产品生产单件性和产品生产周期长的特点。公路和桥梁建设工程施工生产的特点,必然会影响公路施工企业会计的各个方面,致使公路施工企业会计表现出以下特点。

1. 工程价格的形成方面

由于公路桥梁建设工程各有不同的功能和结构,即使是根据同一标准设计进行施工的同类型、同规模的工程,也会因自然条件、交通条件、气候条件、材料要求和物价水平的不同,造成施工过程中工料的不同。因此,公路施工企业的产品不可能像工业产品那样,按照每种产品确定一个统一的价格,而是必须逐个地通过施工图预算来确定其造价,并以此为基础,在招投标后签订工程承包合同,确定承包工程合同收入。工程合同收入就是公路桥梁工程产品的价格,它是公路施工企业实行经济核算的一个工具。

2. 工程成本的考核方面

由于公路桥梁工程施工具有单件性的特点,成本的核算应实行订单法,按照每一单项合同工程计算成本。在计算工程成本降低额和考核降低成本实绩时,不能像工业企业生产的可比产品那样,用上年实际平均成本进行对比和考核,而必须以预算成本为依据来计算降低成本额,以预算成本与实际成本相对比来考核成本是否节约或超支。

3. 工程产品和在产品的划分方面

由于公路桥梁工程施工具有周期长的特点,工程产品和在产品的划分就不能采取工业企业的划分方法,如果按照工业企业的划分方法,就会在长期的施工过程中,不能对工程进度、工程质量和工程成本进行有效的监督。所以,对公路桥梁产品,需要人为地划分工程产品和在产品,即根据合同完工进度确认合同收入和费用,将合同收入与合同成本分配计入实施工程的各个年度,以便公路施工企业及时统计工程进度,考核工程成本,计算财务成果。

4. 工程价款的结算方式方面

由于公路桥梁工程施工周期长,资金占用量大,国家为了合理地解决工程资金的供给,制订了工程结算的特殊办法和结算方式。一般工程价款结算采用按已完分部、分项工程实行按旬或按工程进度预支,月末结算的办法。对于工程建设期短或工程承包价值低的建设项目,可实行分次预支、竣工后结算或竣工后一次性结算的办法。此外,公路施工企业还可以根据工程承包合同的规定,向发包单位预收工程备料款,以解决工程储备材料所需资金。

5. 会计核算的组织形式方面

公路施工企业的生产除预制厂和拌和料厂可以工厂化生产外,其余都必须在露天进行施工生产,而且随着施工工地的转移,整个施工队伍和所有施工设备也必须转移。由于公路桥梁施工的流动性,会计核算应实行分级核算的组织形式,一般分为总公司、分公司(工程处)和项目部(施工队)。总公司实行独立核算,是汇总核算单位;分公司实行内部独立核算,单独计算工程成本和盈亏;项目部是基层核算单位,核算施工的工程量、工日和材料消耗、机械使用费等直接成本指标,并检查这些指标计划的执行和完成情况。

思考与练习

一、思考题

1. 什么是会计?会计有哪些职能?会计的特点是什么?
2. 会计要素由哪些内容组成?
3. 什么是会计等式?会计等式有何意义?
4. 什么是会计科目?什么是账户?两者有何关系?
5. 什么是复式记账法?什么是借贷记账法?借贷记账法的基本要点有哪些?
6. 什么是会计凭证?会计凭证如何分类?
7. 什么是账簿?账簿如何分类?
8. 公路施工企业会计核算有哪些特点?

二、练习题

资料:某公路施工企业2005年1月1日有关资产、负债、所有者权益资料如下:

(1)办公楼一栋,价值6 000 000元,实验楼一栋,价值4 000 000元;
(2)各种施工机械、运输设备价值12 000 000元;
(3)国家投入10 000 000元;
(4)法人投入8 000 000元;
(5)外商投入6 000 000元;
(6)企业库存各种施工材料和一般材料价值5 000 000元;
(7)银行存款4 000 000元,现金40 000元;
(8)向银行借款6 000 000元;
(9)应收账款2 100 000元;
(10)应付账款1 800 000元;
(11)以前年度未分配利润1 340 000元。

要求:根据上述资料划分资产、负债、所有者权益的项目;汇总各要素,检查其平衡关系。

第二章 货币资金

知识目标

1. 货币资金的概念、性质,持有货币资金的目的和管理的目标;
2. 现金的管理与核算,银行存款的管理与核算及银行结算方式;
3. 其他货币资金的核算,货币资金的清查与核对。

能力目标

对现金、银行存款、其他货币资金进行核算与管理的能力。

•第一节　货币资金概述•

一、货币资金的概念与性质

货币资金是指公路施工企业在生产经营过程中,停留在货币形态上,直接以货币形态存在的那部分经营资金,包括现金、银行存款和其他货币资金。它是公路施工企业流动资产的重要组成部分。

货币资金是公路施工企业资产中流动性最强的资产。因此,无论是投资人、债权人还是公路施工企业的管理者都非常重视它。因为公路施工企业在从事生产经营活动中都离不开货币资金的支持,比如购买原材料、支付人员工资、偿还企业各种债务等。所以,公路施工企业要进行生产经营活动都必须拥有货币资金,持有货币资金是进行生产经营活动的基本条件,货币资金的核算在企业会计核算中应有重要的位置。如果没有一定数量的货币资金储备,就无法保证公路施工企业生产经营活动的正常进行。

二、货币资金持有的目的与管理目标

公路施工企业货币资金使用是否合理和恰当,对企业的资金周转和经营成败影响极大。货币资金的管理与控制是企业内部管理与控制的重要内容,其基本要点是建立处理货币资金收支业务的常规管理、日常规程、合理分工、有序操作和相互牵制与监督。

1. 货币资金持有的目的

公路施工企业持有一定数量的货币资金,主要是为了满足以下目的。

一是满足支付的目的。公路施工企业为组织日常的施工生产经营活动,必须拥有一定数

量的货币资金,以满足公路施工企业在进行生产经营活动中的各种材料购置、生产与管理等活动必须支付货币资金的需要。二是满足预防的目的。公路施工企业在其施工生产经营过程中,由于对企业未来货币资金的流入量与流出量难以作出准确的估计和预测,一旦预测与实际发生较大偏差,对企业正常的生产经营活动必然会产生不利影响。为此,企业在货币资金储备量上要考虑到应付意外情况的发生,追加一定数量的货币资金。三是满足投机的目的。公路施工企业为了抓住证券市场证券市价大幅度跌落的有利机遇,利用暂时闲置的货币资金,购入有价证券,以期在价格反弹时卖出,以获取较大的利益,这时就必须保持有一定数量的货币资金的支付能力。

2. 货币资金管理的目标

货币资金是公路施工企业资产的重要组成部分,是企业资产中流动性较强的一种资产。任何企业要进行生产经营活动都必须拥有货币资金。持有货币资金是进行生产经营活动的基本条件。因此,公路施工企业必须加强对货币资金的管理,确定对货币资金管理的目标,只有这样,才能保证货币资金在企业生产经营活动中既能满足正常使用和有效使用,又能确保货币资金的安全和完整。为此,公路施工企业货币资金管理的目标有以下几个方面。

1)确保货币资金的正常使用和有效使用

公路施工企业需要用货币资金来支付其施工生产经营活动中所发生的各项支出,如果企业货币资金不能满足施工生产经营活动的正常有效使用,就会导致企业资金周转不灵,影响企业对货币资金的需求,从而无法实现对债务的偿还,严重时会导致公路施工企业破产。由于货币资金的获利能力较差,企业货币资金存储量过大也会降低资产的利用效果。所以,公路施工企业货币资金管理的目标就是要在其流动性和盈利水平之间进行合理的选择,既要确保货币资金在公路施工企业施工生产经营活动中的正常有效使用,又要尽可能地降低其存储量,同时还要利用企业暂时闲置的货币资金去获取额外的收益。

2)确保货币资金的安全和完整

货币资金是公路施工企业中流动性较强的一项重要的资产,而且它的日常流动量也较大,因此,要想保证货币资金的安全与完整,一方面要加强对货币资金的监管力度,另一方面要加强货币资金的核算与保管,即:要通过有关货币资金的账簿如实记录反映其增减变化和结存情况,并通过采用适当的清查与核对方法,以保证货币资金账证、账账、账实相符。

第二节 现金的核算

现金是指存放在公路施工企业,由企业按照国家规定的使用范围直接收支的货币资金。国家为了严格管理货币发行,调节货币流通,节约现金使用,规定了现金管理制度,对现金收付作出了严格规定。

一、现 金 管 理

1. 现金开支范围的规定

公路施工企业与其他单位的业务往来,应当通过开户银行进行转账结算。按照《现金管理暂行条例》规定，企业可以在下列范围内使用现金：

(1)职工工资、津贴、奖金；

(2)个人劳动报酬；

(3)根据国家规定颁发个人的科学技术、文化艺术、体育等各种奖金；

(4)各种劳保、福利费用以及国家规定的对个人的其他支出；

(5)向个人收购农副产品和其他物资的价款；

(6)出差人员必须随身携带的差旅费；

(7)结算起点以下的零星支出；

(8)中国人民银行确定需要支付现金的其他支出。

2. 核定库存现金限额

为了加强现金管理，满足公路施工企业日常零星开支的需要，由企业开户银行根据企业单位的业务经营情况为开户单位核定3～5天日常零用开支所需要的库存现金限额。边远地区和交通不便地区的限额可以多于5天，但不得超过15天的日常零星开支。各企业单位必须严格遵守核定的库存现金限额，超过限额的部分要及时送存银行。

3. 现金收支的日常管理

(1)公路施工企业应当按照《中华人民共和国会计法》的具体规定，实行不相容职务分离，做到钱账分管，会计与出纳分开。

(2)企业现金收入应于当日送存银行，当日送存有困难或不便的，应由开户银行决定送存时间。

(3)不得坐支现金。企业一般不能以自己的现金收入直接支付自己的支出。因特殊情况需要坐支现金的，应事先报请开户银行审查批准，由其核定坐支范围和限额。

(4)企业从开户银行支取现金，应当写明用途，由本单位财会部门负责人盖章，经开户银行审核后予以支付现金。

(5)企业日常的现金收支，应严格按规定程序和审批手续办理，不得用白条抵充库存现金；不准挪用现金；不准套取现金；不准将企业现金以个人名义存储；不准保留账外现金；不准以任何票证代替人民币。

(6)企业之间的交易往来，必须通过银行进行转账结算，不得用现金支付。如因特殊原因必须使用现金的，应向开户银行提出申请，经开户银行审核后可以支付现金。

(7)企业应健全现金收付票据的复核制度，坚持现金的查库制度，做到每日清查库存现金，保证现金安全。

二、现金的核算

现金核算包括总分类核算和序时核算两个方面。

1. 现金的总分类核算

为了核算现金的收入、付出及结存情况，企业应设置“现金”科目，该科目属于资产类科目。借方登记现金的收入数，贷方登记现金的付出数，余额在借方，表示库存现金的结存数。

现举例说明现金的总分类核算方法。

【例2-1】 某公路施工企业从银行提取现金1 000元备用。作如下会计分录：

借:库存现金　　1 000

　贷:银行存款　　1 000

【例 2-2】 某公路施工企业办公室报销购买办公用品费用 200 元,用现金支付。作如下会计分录:

借:管理费用　　200

　贷:库存现金　　200

【例 2-3】 某公路施工企业将现金 8 000 元送存开户银行。作如下会计分录:

借:银行存款　　8 000

　贷:库存现金　　8 000

2. 现金的序时核算

为了加强对现金的管理,及时反映现金的收入、付出和结存情况,应设置"现金日记账"进行明细核算。现金日记账一般采用"三栏式"账页格式,并由出纳人员根据现金收付凭证按照业务发生的顺序逐日逐笔登记。

"现金日记账"的一般格式见表 2-1。

现 金 日 记 账　　表 2-1

2005 年 6 月

2005 年		凭　证		摘　要	借　方	贷　方	余　额
月	日	种类	号数				
6	1			期初余额	800		800
	2	银付	1	从银行提取现金	1 000		1 800
	3	现收	1	收到出租压路机租赁收入	600		2 400
	3	现付	1	支付购买办公用品		200	2 200
	3	现付	2	支付差旅费		600	1 600
				……			
				本月合计	2 400	800	1 600

三、现金的清查

公路施工企业为了加强对现金的管理,随时了解现金的动态和库存余额,每日终了,都应对库存现金进行清查核对,做到账款相符。若账款不符,应及时查明原因,并进行会计处理。

对现金短缺的,按短缺金额计入"待处理财产损益"科目的借方和计入"现金"科目的贷方;查明原因后,属于过失人责任的部分计入"其他应收款"科目的借方;属于无法查明的部分,报经批准后计入"管理费用"科目的借方,并同时计入"待处理财产损溢"科目的贷方。

对现金溢余的,按溢余金额计入"现金"科目的借方和计入"待处理财产损溢"科目的贷方;查明原因后,属于应支付给个人或单位的应计入"其他应付款"科目的贷方,属于无法查明的,报经批准后计入"营业外收入"科目的贷方,并同时计入"待处理财产损溢"科目的借方。

•第三节 银行存款的核算•

银行存款是指公路施工企业存放在银行或其他金融机构的货币资金。

一、银行存款的核算

1. 银行存款的管理

根据国家有关规定，凡是独立核算的单位都必须在当地银行或其他金融机构开设银行账户，以办理银行存款的存、取款和转账结算业务。一个公路施工企业只能选择一家银行的一个营业机构开立一个基本存款账户，不得在多家银行机构开立基本存款账户；也不得在同一家银行的几个分支机构开立一般存款账户。

公路施工企业收入的款项，应当在规定的时间内送存到开户银行；支取的各种款项，除按规定可以用现金支付的以外，应当通过银行办理转账结算。公路施工企业支付款项时，开户的银行存款账户内必须有足够的资金。

公路施工企业通过银行进行各项业务结算时，必须遵守银行的结算纪律，定期与银行核对账目，保证企业货币资金的安全。按照中国人民银行颁布的《支付结算办法》的规定，单位或个人办理支付结算，不准签发没有资金保证的票据或远期支票，套用银行信用；不准签发、取得和转让没有真实交易和债权债务的票据，套取银行和他人资金；不准无理拒绝付款，任意占用他人资金；不准违反规定开立和使用账户。

2. 银行存款的总分类核算

公路施工企业为了核算银行存款的收入、支出及结存情况，应设置“银行存款”科目，该科目借方登记存入银行或其他金融机构的各种款项，贷方登记银行存款的支出数、余额在借方，表示银行存款的结存数。企业将款项存入银行时，借记‘银行存款’科目，贷记“现金”科目或其他科目；提取或支用在银行的存款时，借记“现金”或其他科目，贷记“银行存款”科目。

3. 银行存款的序时核算

企业为了加强对银行存款的管理，随时掌握银行存款收付的动态和结存的情况，必须设置“银行存款日记账”，按照银行存款收付凭证和业务发生的先后顺序逐日逐笔进行登记，每日终了结出余额。“银行存款日记账”的格式及登记方法与“现金日记账”基本相同，这里就不再阐述。

4. 银行存款的清查

为了保证企业银行存款的账目正确，要定期与开户银行进行核对。一般采用的方法是企业的“银行存款日记账”与银行送来的“银行对账单”进行核对，至少每月一次。如果发现两者不一致，除记账错误外，可能是发生未达账项造成的。未达账项有以下几种情况：

(1)企业已收款入账，银行尚未入账；

(2)企业已付款入账，银行尚未入账；

(3)银行已收款入账，企业尚未入账；

(4)银行已付款入账，企业尚未入账。

为了消除未达账项的影响,企业应编制“银行存款余额调节表”,其编制方法举例如下:

【例2-4】 某公路施工企业2005年6月30日“银行存款日记账”的余额为236 400元,当日“银行对账单”的余额为255 900元,经逐笔核对,发现有如下未达账项:

(1)6月25日,企业委托银行收款50 000元,银行已于29日收到,未通知企业;

(2)6月26日,银行代划企业本月电话费1 000元,企业未接到付款通知;

(3)6月29日,企业送存银行转账支票一张,金额30 000元,银行尚未入账;

(4)6月30日,企业开出转账支票500元购买办公用品,银行尚未入账。

根据以上未达账项编制的“银行存款余额调节表”如表2-2所示。

银行存款余额调节表　　表2-2

2005年6月30日　　单位:元

项　目	金　额	项　目	金　额
企业银行存款账户余额	236 400	银行对账单企业存款余额	255 900
加:银行已收,企业未收	5 000	加:企业已收,银行未收	30 000
减:银行已付,企业未付	1 000	减:企业已付,银行未付	500
调节后的余额	285 400	调节后的余额	285 400

二、银行结算方式

银行结算是公路施工企业在经济活动中通过银行结算方式进行的货币给付及资金结算行为。根据有关规定,在公路施工企业经营过程中所发生的货币收支业务,除在规定范围内可以直接用现金支付款项外,都必须通过银行进行转账结算。

目前,根据中国人民银行《支付结算办法》的规定,银行结算方式可分为以下几种。

1. 银行汇票

银行汇票是出票银行签发的,由其在见票时按照实际结算金额无条件支付给收款人或者持票人的票据。

汇款人申请办理银行汇票时,应填写“银行汇票申请书”,签发银行受理银行汇票委托书并收妥款项后,据以签发银行汇票,将汇票和解讫通知连同汇票申请书的回单交给汇款人。汇款人持银行汇票和解讫通知可以向收款人办理结算。银行汇票一律记名,允许背书转让;付款期限为一个月,逾期的汇票兑付银行不予受理。

2. 商业汇票

商业汇票是由出票人签发的,委托付款人在指定日期无条件支付确定的金额给收款人或持票人的票据。商业汇票按承兑人的不同分为商业承兑汇票和银行承兑汇票。商业承兑汇票是由收款人出票,由付款人承兑,或由付款人出票并承兑的票据。银行承兑汇票是由收款人或付款人出票并由付款人向银行申请,经银行审核同意承兑的票据。使用商业汇票必须是在银行开立存款账户的法人及其他经济组织,必须有真实的交易关系或债务关系。商业汇票的承兑期限,由买卖双方商定,最多不超过6个月。

3. 银行本票

银行本票是由出票人签发的,承诺自己在见票是无条件支付确定金额给收款人或持票人的票据。银行本票分为不定额和定额两种。不定额本票的金额起点为100元;定额本票的面额为500元、1 000元、5 000元和10 000元。定额本票的付款期不超过两个月。逾期后,兑付银行不予受理,但签发银行可以办理退款手续。

4. 支票

支票是出票人签发的委托办理支票存款业务的银行在见票时无条件支付确定金额给收款人或持票人的票据。支票分为现金支票、转账支票。现金支票可以提取现金也可以转账,转账支票只能转账。

5. 汇兑

汇兑是付款人委托银行将款项汇给外地收款人的结算方式。汇兑分为信汇和电汇两种,汇兑方式没有金额起点限制,适用于异地各单位和个人各种款项的结算。

6. 委托收款

委托收款是收款人委托银行向付款人收取款项的结算方式。它分为邮寄和电划两种方式。适用于在银行或其他金融机构开立存款账户的单位和个体经营者的商品交易、劳务款项、到期票据款项和其他应收款项的结算。同城、异地均可办理,不受金额起点限制。

7. 异地托收承付

异地托收承付是收款单位按照经济合同发货后,委托开户银行向异地付款单位收取货款,付款单位根据经济合同,核对单证或验货后承认付款的一种结算方式。它适用于异地企业之间签订有经济合同的商品交易等的结算。承付货款分为验单付款和验货付款两种,验单付款承付期为3天,验货付款承付期为10天。

8. 信用卡

信用卡是商业银行向个人和单位发行的、凭此向特约单位购物、消费和向银行提取现金,且具有消费信用的特制载体卡片。

信用卡按使用对象的不同分为个人和单位卡。单位卡账户的资金一律从企业基本存款账户转账存入,不得交存现金,不得将企业各种收入的款项存入该账户。单位卡一律不得用于10万元以上的商品交易、劳务供应款项的结算,不得支取现金。

使用信用卡可以在规定的限额和期限内允许善意透支,透支期限最长为60天。使用信用卡不得发生恶意透支,严禁将单位的款项存入个人卡账户中。

9. 信用证

信用证是国际结算的一种方式。经中国人民银行批准交易结算业务的商业银行总行以及经商业银行总行批准开办信用证业务的分支机构,也可以办理国内公路施工企业之间商品交易的信用证结算业务。

采用此种结算方法的,收款单位收到信用证后,即可以备货装运,签发有关发票账单,连同运输单据和信用证,送交银行,根据退还的信用证等有关凭证编制收款凭证;付款单位在接到开证银行的通知时,根据付款的有关单据编制付款凭证。

• 第四节 其他货币资金的核算 •

其他货币资金是指公路施工企业除现金和银行存款以外的货币资金。主要包括外埠存款、银行汇票存款、银行本票存款、信用卡存款、信用证保证金存款、在途货币资金等。

公路施工企业对其他货币资金的管理要注重根据业务需要合理选择结算方式;及时办理结算,对逾期尚未办理结算的银行汇票、银行本票等,应按规定及时转回;要严格按照规定核算其他货币资金的各项收支。

为了反映其他货币资金的增减变动及结余情况,企业应设置“其他货币资金”科目。本科目借方反映其他货币资金的增加数,贷方反映其他货币资金的减少数,余额在借方,表示企业其他货币资金的结余数。在本科目下设“外埠存款”、“银行汇票存款”、“银行本票存款”和“在途货币资金”等明细科目,进行明细核算。现举例说明其他货币资金的账务处理方法。

【例 2-5】 某公路施工企业从开户银行向异地开设的采购专户汇出临时采购物资款 30 000元,采购员刘华通过采购专户支付购入钢材款 29 000 元,剩余采购资金退回企业开户银行。其会计处理如下。

(1)企业汇出采购资金时,作如下会计分录:

借:其他货币资金——外埠存款 30 000

贷:银行存款 30 000

(2)收到刘华交来的发票等报销凭证时,作如下会计分录:

借:材料采购 29 000

贷:其他货币资金——外埠存款 29 000

(3)接开户银行通知,余款已退回时,作如下会计分录:

借:银行存款 1 000

贷:其他货币资金——外埠存款 1 000

【例 2-6】 某公路施工企业向银行申请办理银行汇票 50 000 元至外地采购水泥,采购时用银行汇票支付水泥款 50 000 元。其会计处理如下。

(1)根据银行退回的“银行汇票委托书”存根,作如下会计分录:

借:其他货币资金——银行汇票 50 000

贷:银行存款 50 000

(2)根据用银行汇票支付的水泥款 50 000 元和有关凭证,作如下会计分录:

借:原材料 50 000

贷:其他货币资金——银行汇票 50 000

思考与练习

一、思考题

1. 货币资金指什么?包括哪些内容?
2. 公路施工企业持有货币资金的目的是什么?管理目标有哪些?
3. 现金支付范围有哪些?现金收支有哪些基本规定?
4. 银行结算方式有哪几种?

二、练习题

1. 某公路施工企业 2003 年 6 月发生下列经济业务:

(1)6月2日从银行提取现金5 000元备用;

(2)6月3日用现金600元支付企业本部办公用品购置费用;

(3)6月6日用银行存款支付本月人员工资36 000元;

(4)6月10日将现金4 000元存入银行;

(5)6月15日从开户银行向本企业在异地开立的采购专户汇出临时采购沥青款200 000元;

(6)6月18日采购人员通过采购专户支付购买沥青款192 000元,并回企业报账,剩余采购资金已退回企业开户银行;

(7)6月22日企业向银行申请办理银行汇票120 000元,购买钢材;

(8)6月26日采购人员采购时,用银行汇票支付钢材款120 000元,钢材已验收入库。

要求:根据上述资料,编制会计分录。

2. 某公路施工企业2003年5月30日"银行存款日记账"的余额为234 500元,当日"银行对账单"的余额为240 000元,经逐笔核对,发现有如下未达账项:

(1)6月25日,企业委托银行代收工程款30 000元,银行已于29日收到,未通知企业;

(2)6月26日,银行代付企业本月电费6 500元,企业未接到付款通知;

(3)6月29日,企业送存银行转账支票一张,金额20 000元,银行尚未入账;

(4)6月30日,企业开出转账支票2 000元购买办公用品,银行尚未入账。

要求:根据以上未达账项,编制"银行存款余额调节表"。

第三章

应收款项和预付款项

知识目标

1. 应收款项和预付款项的概念、内容和特点；
2. 应收账款、坏账损失的概念和账务处理方法；
3. 应收票据的内容、应收票据贴现的计算和账务处理方法；
4. 预付账款和其他应收款的概念和账务处理方法；
5. 拨付所属资金和内部往来款项的概念和账务处理方法。

能力目标

1. 进行坏账损失和票据贴现计算的能力；
2. 对应收账款、坏账损失、应收票据、预付账款、其他应收款、拨付所属资金和内部往来进行有关的会计处理的能力。

●第一节　应收款项和预付款项概述●

一、应收款项和预付款项的性质

应收款项和预付款项是公路施工企业资产的一项重要组成部分，也就是公路施工企业在日常的施工生产经营活动中发生的各种债权，它属于结算中的资产，同时也是会计核算的重要内容。对于这部分资产公路施工企业应该经常进行清查和核对，以减少其占有量和对企业带来的不利影响，保证企业资金的正常周转。应收款项的收取对象一般应该是货币资金，预付款项的收取对象一般应该是有关货物。应收款项主要包括应收账款、应收票据、其他应收款和预付账款等。

二、应收款项和预付款项的特点

1. 具有结算性

由于公路施工企业的应收款项和预付款项是在施工生产经营活动的结算中产生的各种债权，需要在一定的时间内通过一定的结算方式进行结算，因此它具有结算性质，形成的资产即是结算资产。结算资产是商品经济高度发达的产物，是以商业信用为前提的。

2. 具有风险性

公路施工企业对应收款项和预付款项虽然具有所有权，但是在市场经济条件下，由于存在如企业破产清算等各种不可预见的情况,而且这部分债权的主动权往往由债务人控制,因此,这项资产就存在着一定的不确定性和不稳定性,这样该项资产就给公路施工企业带来了一定的财务风险。

• 第二节 应收款项的核算 •

一、应收账款的核算

应收账款是指公路施工企业因承建工程、销售产品和提供劳务的业务,应向发包单位或建设单位、购买单位、接受劳务单位收取的款项。

为了反映应收账款的增减变动及其结存情况,企业应设置“应收账款”科目,核算应收账款的发生和收回。该科目借方登记应收账款的发生额,贷方登记应收账款的收回和核销额,余额在借方,表示期末实际拥有的应收账款数额。该科目下应设“应收工程款”等明细科目进行明细核算。

现举例说明应收账款的会计处理方法。

【例 3-1】 2005 年 6 月末,某公路施工企业向建设单位开出“工程价款结算单”,结算本月已完工程价款为 500 000 元,款项尚未收到,作如下分录:

借:应收账款——应收工程款	500 000	
贷:主营业务收入		500 000

【例 3-2】 2005 年 7 月初,收到建设单位付给的工程款项 350 000 元,存入银行,其余 150 000元以银行承兑汇票抵付,作如下分录:

借:银行存款	350 000	
应收票据	150 000	
贷:应收账款——应收工程款		500 000

二、坏账的核算

坏账是指公路施工企业无法收回或收回可能性极小的应收账款。由于发生坏账而产生的损失,称为坏账损失。

1. 坏账的确认

公路施工企业在确认坏账时,应该按照企业财务报告的目标和会计核算的基本原则,具体分析各项应收账款的特性、信用期限、债务人的信誉和当时的经营情况等因素。一般是根据我国现行财务会计制度规定,凡符合下列条件之一的,就应确认为坏账。一是因债务人破产或死亡,以其破产财产或遗产清偿后,仍然不能收回的应收账款;二是因债务人逾期未履行偿债义务超过 3 年仍未收回的或者有足够的证据表明收回的可能性极小的应收账款。

2. 坏账的核算方法

1)直接转销法

直接转销法是指实际发生坏账时,作为损失计入期间费用,同时冲减应收账款。这种账务处理方法简单、实用,但不符合权责发生制和配比原则。在确认发生坏账时,借记管理费用科目,贷记应收账款。

2)备抵法

备抵法是按期估计坏账损失,计入费用,同时建立坏账准备金,待坏账实际发生时,冲销坏账准备金。

备抵法的关键是正确估计坏账损失,常用估计坏账损失的方法有:销货百分比法、账龄分析法和应收账款余额法。

销货百分比法,就是根据当前赊销货款余额的一定百分比估计坏账损失的方法。

账龄分析法,就是根据应收账款入账时间的长短来估计坏账损失的方法。

应收账款余额法,就是根据会计期末应收账款余额的一定百分比计算提取坏账准备的一种方法。

根据现行财务会计制度规定,我国公路施工企业采用应收账款余额法,统一按年末应收账款余额的一定比率计提坏账准备。

采用备抵法核算的企业应设置"坏账准备"科目,该科目贷方登记按规定提取的坏账准备或已确认并转销的坏账损失,借方登记已发生的坏账损失,期末余额在贷方,反映已提取尚未转销的坏账准备。

现举例说明备抵法会计处理方法。

【例3-3】 某公路施工企业2000年末应收账款账户的期末余额为1 000 000元;2001年5月发生坏账损失15 000元(甲公司所欠),年末应收账款余额为1 500 000元;2002年2月,上年已冲销的甲公司欠款又收回8 000元,年末应收账款余额为2 000 000元;提取坏账准备的比率为2%。

(1)2000年末,计提坏账准备,作如下会计分录:

借:管理费用——坏账损失　　20 000

　贷:坏账准备　　20 000

(2)2001年5月,核销坏账损失,作如下会计分录:

借:坏账准备　　15 000

　贷:应收账款——甲公司　　15 000

(3)2001年末,计提坏账准备(1500000元×2% =30000元),由于年末坏账准备科目有贷方 余额5 000元,年末应补提坏账准备25 000元。作如下会计分录:

借:管理费用——坏账损失　　25 000

　贷:坏账准备　　25 000

(4)2002年2月收回上年已冲销的甲公司账款8 000元。作如下会计分录:

借:应收账款——甲公司　　8 000

　贷:坏账准备　　8 000

同时作

借:银行存款　　8 000

　贷:应收账款——甲公司　　8 000

(5)2002年末,计提坏账准备(2000000元×2% =40000元),由于年末坏账准备科目有贷方余额38 000元,年末应补提坏账准备2 000元。作如下会计分录:

借:管理费用——坏账损失　　2 000

　贷:坏账准备　　2 000

第三节　应收票据的核算

一、应收票据的内容

应收票据是指企业在采用商业汇票结算方式下,因工程价款结算,对外销售产品等而收到的商业汇票。

商业汇票按是否计算利息,分为不带息票据和带息票据。不带息票据在应收票据到期时,只收取到期的票面金额。带息票据在票面上载明利率,在应收票据到期时,除了收取应收票据到期票据金额外,还要收取按票面金额和规定的利率计算的到期利息。计息票据的利息计算公式为:

利息=票面金额×利率×时间

我国现行制度规定,无论是不计息票据,还是计息票据,应收票据一律按票据面值入账。

企业应收票据到期前,如急需资金可以持未到期票据向其开户银行申请贴现。所谓贴现,就是指持有人将未到期票据在背书后送交银行,银行受理后从票据到期值中扣除按银行贴现率计算确定的贴现息后,将余额付给持票人的一种融资行为。

票据的到期值,贴现息和贴现净额的计算公式如下:

票据到期值=面值×(1+票面率×贴现期)

贴息=票据到期值×贴现率×贴现期

贴现净额=票据到期值-贴现息

公式中:　贴现期=票据有效天数-企业持有天数

二、应收票据的核算

为了进行应收票据的核算,企业应设置"应收票据"科目。该科目借方登记收到的已承兑的商业汇票面额,贷方登记商业汇票到期收款额及贴现或转让票据金额,余额在借方,表示尚未收到款项的应收票据金额。

现举例说明应收票据会计处理方法。

【例3-4】　某公路施工企业收到某建设单位用于抵付工程款的商业承兑汇票1张(不带息),面值40 000元,期限3个月。

(1)收到商业承兑汇票时,作如下会计分录:

借:应收票据　　40 000

　贷:主营业务收入　　40 000

(2)3个月到期后,收到某建设单位如期付款,作如下会计分录:

借:银行存款　　40 000

　贷:应收票据　　40 000

(3)商业承兑汇票到期,如某建设单位无力支付票据款,作如下会计分录:

借:应收账款　　40 000

　贷:应收票据　　40 000

【例3-5】 2004年9月1日,某公路施工企业将一台振动式压路机有偿转让给某市政公司,价款为150 000元,同日收到市政公司交来的商业承兑汇票一张,期限为6个月,票面年利率为5%。

(1)企业收到商业承兑汇票时,作如下会计分录:

借:应收票据　　150 000

　贷:固定资产清理　　150 000

(2)2004年12月31日,计提票据利息时,作如下会计分录:

$$票据利息 = 150000 \times 5\% \div 12 \times 4 = 2500(元)$$

借:应收票据　　2 500

　贷:财务费用　　2 500

(3)商业承兑汇票到期收回票款时,作如下会计分录:

$$收回的金额 = 150000 \times (1 + 5\% \div 12 \times 6) = 153750(元)$$

$$2005年计提的票据利息 = 150000 \times 5\% \div 12 \times 2 = 1250(元)$$

借:银行存款　　153 750

　贷:应收票据　　152 500

　　财务费用　　1 250

【例3-6】 2005年5月5日,某公路施工企业收到某建设单位用于抵付工程款的银行承兑汇票1张,面值1 000 000元,期限6个月。票面利率9%,该企业于7月5日向银行申请贴现,银行贴现率为12%。

(1)收到银行承兑汇票时,作如下会计分录:

借:应收票据　　1 000 000

　贷:主营业务收入　　1 000 000

(2)持票向银行申请贴现,收到贴现款项,作如下会计分录:

$$到期值 = 1000000 \times (1 + 9\% \div 12 \times 6) = 1045000(元)$$

$$贴现息 = 1045000 \times 12\% \div 12 \times 4 = 41800(元)$$

$$贴现净额 = 1045000 - 41800 = 1003200(元)$$

借:银行存款　　1 003 200

　贷:应收票据　　1 000 000

　　财务费用　　3 200

•第四节　预付款项和其他应收款的核算•

一、预付账款的核算

预付账款是指公路施工企业按合同规定预付给分包单位的款项和预付给供货单位的款项。预付账款是公路施工企业暂时被分包单位或供货单位占用的资金。企业预付款后,有权要求对方按照合同规定进行工程施工或发货。预付账款必须以双方签订的分包工程合同或购销合同为依据,按照规定的程序和方法进行会计核算。

为了核算预付账款,企业应设置“预付账款”科目。借方登记预付给分包单位或预付给供货单位的款项,贷方登记预付账款的结清收回数,余额在借方,表明预付给分包单位的款项或预付给供货单位的款项。该科目应设置“预付给分包单位款”和“预付给供货单位款”两个明细科目,并按分包单位和供货单位名称设置明细账进行明细核算。

现举例说明预付账款的会计处理方法。

【例3-7】 2005年6月5日,某公路施工企业按合同规定,预付给分包单位甲分公司备料款500 000元,用银行存款支付,作如下会计分录:

借:预付账款——预付给分包单位款　　500 000

　贷:银行存款　　500 000

【例3-8】 2005年6月10日,某公路施工企业预付给分包单位甲分公司工程进度款300 000元,用银行存款支付,作如下会计分录:

借:预付账款——预付给分包单位款　　300 000

　贷:银行存款　　300 000

【例3-9】 2005年6月30日,某公路施工企业根据甲分公司交来的工程价款结算单,结算本月应付分包工程款1 000 000元,作如下会计分录:

借:工程施工　　1 000 000

　贷:应付账款——应付分包单位款　　1 000 000

【例3-10】 某公路施工企业本月结算已完分包工程款1 000 000元,除扣抵预付分包单位备料款300 000元、预付给分包单位工程进度款300 000元外,余款通过银行存款结清。作如下会计分录:

借:应付账款——应付分包单位款　　1 000 000

　贷:预付账款——预付给分包单位款　　600 000

　　银行存款　　400 000

二、其他应收款的核算

其他应收款是指公路施工企业除应收账款、应收票据、预付款项以外的其他各种应收、暂付款项,包括应收的各种赔款、罚款、存出的保证金、应收股利以及应向职工收取的各种垫付款项等。

为了反映其他应收款项的增减变动及其结存情况,企业应设置“其他应收款”科目,该借方登记发生的各种其他应收款项,贷方登记收回的其他应收款项,余额在借方,反映应收未收的各种其他应收款项。该科目应按不同的债务人设置明细账进行核算。

现举例说明其他应收款项的会计处理方法。

【例3-11】 某公路施工企业存出包装物押金500元,作如下会计分录:

借:其他应收款——存出保证金　　500

　贷:银行存款　　500

【例3-12】 某公路施工企业因意外事故发生财产损失80 000元,根据财产保险协议,应

向保险公司索赔 64 000 元,作如下会计分录:

借:其他应收款——保险公司　　64 000

　贷:待处理财产损溢　　64 000

收到赔款时,作如下会计分录:

借:银行存款　　64 000

　贷:其他应收款——保险公司　　64 000

【例 3-13】 某公路施工企业以银行存款代企业机械修理工张力垫付应该由其个人负担的住院医疗费用 2 200 元,拟从张力工资中分 5 个月扣回。

(1)垫付时,作如下会计分录:

借:其他应收款——张力　　2 200

　贷:银行存款　　2 200

(2)按月扣款时,作如下会计分录:

借:应付职工薪酬　　440

　贷:其他应收款——张力　　440

•第五节　拨付所属资金和内部往来款项的核算•

一、拨付所属资金的核算

拨付所属资金是指公路施工企业拨付给所属的内部独立核算但不独立纳税的单位,用于生产经营的资金。也就是公路施工企业的总公司拨付给其下属的分公司,用于施工生产经营周转的各种资金。对于拨付所属资金的核算总公司和分公司,要分别设置"拨付所属资金"和"上级拨入资金"科目进行核算。

"拨付所属资金"属于资产类科目,反映和核算公路施工企业拨付给所属的内部独立核算单位的生产经营资金。该科目借方登记企业拨付给所属内部独立核算单位的施工生产经营周转资金;贷方登记企业从所属内部独立核算单位收回的施工生产经营周转资金;期末借方余额反映拨付给所属内部独立核算单位施工生产经营周转资金的结存数。该科目应按内部独立核算单位名称设置明细账进行明细核算。

"上级拨入资金"属于所有者权益类科目,反映和核算内部独立核算单位收到上级企业拨入的施工生产经营周转资金。该科目贷方登记内部独立核算单位收到上级企业拨入的资金;借方登记内部独立核算单位退回上级企业的资金;期末贷方余额反映上级企业拨入资金的结存数。

现举例说明拨付所属资金的会计处理方法。

【例 3-14】 2005 年 6 月 2 日,某公路施工企业从其开户银行拨付给第一分公司货币资金 600 000 元,作为施工生产经营周转资金。

(1)公路施工企业拨付资金时,作如下会计分录:

借:拨付所属资金——第一分公司　　600 000

　贷:银行存款　　600 000

(2)第一分公司收到企业拨入的资金时,作如下会计分录:

借:银行存款 600 000

　贷:上级拨入资金 600 000

【例 3-15】 2005 年 6 月 15 日,某公路施工企业拨付给第二分公司沥青 20t,实际成本 120 000元,沥青已运到第二分公司并验收入库。

(1)公路施工企业拨付沥青时,作如下会计分录:

借:拨付所属资金——第二分公司 120 000

　贷:库存材料——主要材料(沥青) 120 000

(2)第二分公司收到拨入的沥青并验收入库时,作如下会计分录:

借:库存材料——主要材料(沥青) 120 000

　贷:上级拨入资金 120 000

【例 3-16】 2005 年 6 月 20 日,某公路施工企业拨付给第二分公司挖掘机一台,其账面价值 300 000 元,已提折旧 80 000 元。该设备已运抵第二分公司。

(1)公路施工企业拨付挖掘机时,作如下会计分录:

借:拨付所属资金——第二分公司 220 000

　累计折旧 80 000

　贷:固定资产 300 000

(2)第二分公司收到拨入的挖掘机时,作如下会计分录:

借:固定资产 300 000

　贷:上级拨入资金 220 000

　　累计折旧 80 000

【例 3-17】 2005 年 11 月 28 日,某公路施工企业将拨付给第一分公司的货币资金收回 200 000 元,已存入其开户银行。

(1)公路施工企业收回拨付的货币资金时,作如下会计分录:

借:银行存款 200 000

　贷:拨付所属资金——第一分公司 200 000

(2)第一分公司退回企业拨付的货币资金时,作如下会计分录:

借:上级拨入资金 200 000

　贷:银行存款 200 000

需要注意的是:如果公路施工企业拨付给非独立核算的内部单位的零星采购或零星开支等使用的款项,应该通过“备用金”科目核算;内部独立核算单位之间发生的债权、债务和收付款项等往来,应该通过“内部往来”科目核算,不通过“拨付所属资金”科目核算。

二、内部往来款项的核算

内部往来款项是指公路施工企业与内部独立核算单位及内部独立核算单位之间发生的各种应收、暂付和应付、暂收的往来等款项。为了核算和监督内部往来款项的结算情况,公路施工企业应设置“内部往来”科目,它属于资产类科目。该科目包括借方登记企业与内部独立核算单位及内部独立核算单位之间发生的各种应收、暂付和转销的应付、暂收款项,贷方登记企业与内部独立核算单位及内部独立核算单位之间发生的各种应付、暂收和转销的应收、暂付款项。该科目应按各内部独立核算单位的名称设置明细账,进行明细分类核算。因此,该科目的期末余额应与所属内部独立核算单位各明细科目的借方余额和贷方余额合计的差额相等。

【例3-18】 2005年7月5日,某公路施工企业委托实行内部独立核算的机械与运输分公司为企业从外地运输办公设备,共发生运输等费用5 000元。已填制"内部往来记账通知单"。

(1)公路施工企业根据"内部往来记账凭单",作如下会计分录:

借:管理费用　　5 000

　贷:内部往来——机械与运输分公司　　5 000

(2)机械与运输分公司根据"内部往来记账凭单",作如下会计分录:

借:内部往来——公司　　5 000

　贷:其他业务收入　　5 000

【例3-19】 某公路施工企业内部独立核算的沥青混凝土拌和料分公司将一批水泥销售给第一分公司,价款为180 000元。按企业规定,由双方直接办理结算,月末由企业集中进行结账。沥青混凝土拌和料分公司已填制"内部往来记账通知单"。

(1)沥青混凝土拌和料分公司根据"内部往来记账通知单",作如下会计分录:

借:内部往来——第一分公司　　180 000

　贷:其他业务收入　　180 000

(2)第一分公司根据"内部往来记账通知单",作如下会计分录:

借:工程施工　　180 000

　贷:内部往来——拌和料分公司　　180 000

(3)月末,通过企业集中对账并核对相符后,依据内部往来结算清单,要分别作如下的会计处理。

①企业会计处理如下:

借:内部往来——第一分公司　　180 000

　贷:内部往来——拌和料分公司　　180 000

②拌和料分公司会计处理如下:

借:内部往来——企业　　180 000

　贷:内部往来——第一分公司　　180 000

③第一分公司作如下会计处理:

借:内部往来——拌和料分公司　　180 000

　贷:内部往来——企业　　180 000

这种会计处理方法可以减少企业与所属内部独立核算单位的转账手续。在月末汇总转账,简化了平时的转账手续。但是不利于企业随时了解所属各单位的结算情况。

思考与练习

一、思考题

1. 什么是应收账款和预付账款?各有何特点?

2. 什么是坏账？坏账如何确认？坏账核算有几种会计处理方法？

3. 什么叫备抵法？如何进行账务处理？

4. 什么是应收票据？如何计算应收票据贴现净值？

5. 什么是内部往来？什么是拨付所属资金？

二、练习题

1. 某公路施工企业于2003年6月发生下列经济业务：

(1)6月3日向建设单位开出“工程价款结算单”，结算本月已完工程价款为300 000元，款项尚未收到。

(2)6月10日收到建设单位付给的工程款项250 000元，存入银行。

(3)6月12日向甲公司采购材料4 000kg，单价200元，货款总额80万元。按合同规定甲公司以预付货款的30%，经验收材料后补付其余款项。

(4)6月15日租入包装物一批，以银行存款支付押金5 000元。

(5)6月20日租入包装物按期如数退回，收到退还押金5 000元，已存入银行。

(6)6月22日拨付给第一分公司压路机一台，其账面价值28万元，已提折旧5万元。该设备已运抵第一分公司。

(7)6月25日收回以前拨付给第一分公司的推土机，其账面价值为320 000元，已提折旧90 000元。

(8)6月28日委托实行内部独立核算的运输分公司为企业本部管理部门从外地运输办公设备，共发生运输等费用6 000元。已填制“内部往来记账通知单”。

要求：根据上述资料，编制有关会计分录。

2. 某公路施工企业2002年末应收账款账户的期末余额为900 000元；2003年8月发生坏账损失10 000元(乙公司所欠)，年末应收账款余额为1 200 000元；2004年3月，上年已冲销的乙公司欠款又收回6 000元，年末应收账款余额为1 800 000元；提取坏账准备的比率为3%。采用备抵法(应收账款余额百分比法)核算。

要求：根据上述资料，编制相关年度的会计分录。

3. 某公路施工企业于2003年4月1日将一台挖掘机销售给丙公司，价款为200 000元，同日收到丙公司交来的商业承兑汇票一张，期限为6个月，票面年利率为5%。

要求：根据上述资料，编制相关的会计分录。

4. 某公路施工企业于2003年6月5日收到某建设单位用于抵付工程款的银行承兑汇票1张，面值800 000元，期限6个月。票面利率为6%，该企业于9月5日向银行申请贴现，银行贴现率为9%。

要求：根据上述资料，计算贴现净额并编制相关的会计分录。

第四章 存货

知识目标

1. 存货的概念与分类；
2. 材料的分类、计价方法；
3. 按计划成本计价方法进行的材料收入与发出的核算；
4. 按实际成本计价方法进行的材料收入与发出的核算；
5. 周转材料和低值易耗品的核算。

能力目标

1. 按计划成本计价方法进行的材料收入与发出核算的会计处理能力；
2. 按实际成本计价方法进行的材料收入与发出核算的会计处理能力；
3. 对周转材料和低值易耗品进行核算的会计处理能力。

第一节 存货的分类

存货是指公路施工企业在施工生产和经营过程中，为耗用或销售而储存的各种资产。它在企业的流动资产中占有很大的比重。存货的特点是：它经常处于不断地被耗用和重置、销售和重置之中，具有明显的流动性。所以，存货属于流动资产范畴。

在一般情况下，存货的价值是随着耗用或销售的实现，一次得到补偿。为了施工生产的正常进行，企业储备适量的存货，对于施工生产经营具有重要的作用。在公路施工企业，存货一般分为下面几类。

1. 材料

材料是指施工企业购入、耗用的各种材料。包括主要材料、结构件、机械配件、其他材料、外购半成品等。

2. 周转材料

周转材料是指在公路工程施工过程中，为施工创造条件，能反复使用仍保持其实物形态的模板、脚手架木、跳板、支撑木等。周转材料有木质和金属料两种。

3. 低值易耗品

低值易耗品是指单位价值在国家规定的限额以下，而使用年限较短或价值较低，不作固定资产核算的各种用具物品。

4. 产成品

产成品是指企业及企业所属内部独立核算的附属工业企业的各种产成品。它已经完成全部生产过程并已验收入库,不需要任何加工即可对外销售的产品。

企业已经购买或生产的存货,其所有权归属企业所有,不论其存放地点、验收入库与否,都应视为企业的存货。包括存放在施工企业仓库、施工地点存放材料的地方、委托加工单位或委托代销点,已经到货尚未验收入库和在运输途中的物品。

企业已经调拨出去的材料、已经销售的产成品或企业受托代为加工的物品(含加工材料、结构件等),其所有权已经移交给调入单位或买方,或其所有权原不属于本企业的,不论其物品是否已经调离本企业,都不包括在公路施工企业存货之内。

● 第二节 材料的分类和计价 ●

一、材料的分类

公路施工企业在施工生产中耗用的材料品种较多,为了反映和监督材料资金的增减变化,按材料在工程施工中的用途、作用和自然属性应划分为下面几类。

1. 主要材料

主要材料是指在公路工程施工过程中,经过加工能构成公路实体的各种主要材料,如公路、桥梁、涵洞、隧道等用的砂石、石灰、沥青、渣油、水泥、钢材、木材等材料,以及修建大型桥梁、大型隧道、道班房屋用的钢材、铁件、铜、铝、木材、砖瓦等材料。

2. 结构件

结构件是指自制或向外购置的建造桥梁、涵洞、隧道用的经过吊装、拼砌和安装构成桥梁、涵洞、隧道等建筑物实体的各种结构件材料。它与主要材料的作用相同,都是构成公路实体的材料。

3. 机械配件

机械配件是指施工机械、运输设备修理或替换需要的配件。这类材料在保证机械设备和运输工具正常使用方面起着重要作用。由于它一般耗用量较多,价值较高,为了便于管理,将其单列为一类。

4. 其他材料

其他材料是指直接用于公路工程,一般不构成工程实体,但有助于工程形成,或用于服务性作业,对公路工程施工起辅助作用的各种材料,如燃料、润料、饲料、电器材料、小五金材料和各种辅助材料(包括水、电、蒸气、绳索、擦拭料、纸张等)。

5. 周转材料

周转材料是指在公路工程施工过程中,为施工创造条件,反复使用多次仍保持其原来实物形态,其价值逐渐转移入公路工程成本中的材料,如模板、脚手架木、跳板、支撑木等。

在实际工作中,许多公路施工企业的周转材料采用金属体的。由于金属周转材料价值大,使用时间长,它们采用提取折旧的方法,并将其列为固定资产一类。

6. 低值易耗品

低值易耗品是指公路施工企业使用期限较短，价值在规定限额以内的各种劳动工具，如生产工具、用具、测绘仪器、器皿等。

低值易耗品，从其使用功能来看属于劳动工具一类。但因其品种繁多、价值低、容易损坏，为了管理和增补方便，将其列为材料一类。

为了加强材料的实物管理和核算，以上各类材料在管理和核算中，还可再按其自然属性和特点进一步分类。例如，主要材料中的钢材还可分为钢板、圆钢、钢管等；木材还可分为圆木、方木等。

材料经过分类后，应由材料物资保管部门编制《材料目录》作为材料供应、保管和领用的统一依据。在《材料目录》内列明各种材料的编号、类别、规格、名称、计量单位等项目。采用按计划单价核算的，还要在《材料目录》内列明各种材料的计划单价。企业可以自行制订《材料目录》的格式，并报主管部门备查。一般企业材料目录如表 4-1 所示。

材 料 目 录　　表 4-1

材料编号	材料类别	材料名称	规 格	计量单位	计划单价			备 注
					××年	××年	××年	
10204	黑色金属类	圆钢						
10205	黑色金属类	钢板						
10206	黑色金属类	钢管						
10401	水泥类	水泥						
10402	水泥类	水泥						
10501	砂石类	碎石						
10502	砂石类	片石						
10503	砂石类	黄砂						
……	……	……						

注：目录内的"材料编号"、"材料类别"、"材料名称"是假设的。

二、材料的计价

1. 材料的计划成本

采用计划成本进行日常材料核算的单位，必须根据规定与需要，制订合理的计划单位成本。计划单位成本，一般是以建筑工程地区规定的预算价格或统一调拨价格加上一定比例的运杂费为依据确定的。确定后列入本单位的《材料目录》。对于有两个以上较大工程或者在外地施工的单位，其主要材料也可按照设计预算中规定的预算单价作为计划单位成本。《材料目录》中所列的各种材料计划单位成本，各有关部门在材料收发、保管和核算时必须统一使用，除有特殊情况（如国家调整材料价格、市场材料价格变动幅度较大，实际单位成本与计划单位成本相差过大等）外，在当年度内一般不作变动。《材料目录》中漏列的材料，应由企业根据规定确定计划单位成本，及时补充列入，并通知有关部门使用。

凡采用计划成本进行日常材料核算的单位，月终计算材料成本时，必须通过"材料成本差异"科目将计划成本调整为实际成本。

由于公路工程分散在公路沿线进行施工,它具有分散、点多、面广和单独作业的特点。因此,材料保管和核算工作必须按照材料保管责任和地点分别组织核算。

2. 材料的实际成本

1)外购材料的实际成本内容

(1)买价 包括销货单位的发票价格和供销部门的手续费。

(2)运杂费 包括从销货单位运到公路工程工地仓库,或指定的施工现场堆存材料的地方所发生的包装、运输、装卸搬运以及规定的途中运输损耗等费用。

(3)采购保管费 包括材料供应部门和仓库(包括露天堆放场)为材料采购、验收、保管、整理、收发而发生的各项费用,以及规定的保管定额损耗。

上面第(1)项支出,应直接计入各种材料采购成本。第(2)项支出,能够分清属于某种材料的,可直接分别计入各种材料的采购成本;不能分清的,可按材料的重量或买价比例分摊计入各种材料的采购成本。第(3)项支出,应通过"采购保管费"科目核算,然后采用一定比例分配计入各种材料的采购成本。

购入材料在运输途中的损耗,除定额内损耗,以及按规定应由供应单位、运输机构负责赔偿的以外,凡因遭受意外灾害发生的损失和尚待查明原因的损失,不得计入材料实际成本。此项损失,应查明原因,确定经济责任,按照规定程序经批准后另行处理。

2)自制材料的实际成本内容

(1)生产工人工资 包括计时工资、计件工资和奖金,工效挂钩采用收入分成的也包括在本项内。

(2)材料费 公路施工企业包括开山石时所耗用的炸药、雷管、绳索、架木、木柱以及劳保用品等费用。

(3)其他费用 除上述费用外所发生的其他费用,包括铁镐、铁锹、扁担、木杠、箩筐以及运输工具等费用。

由辅助生产车间加工的材料可在"辅助生产"科目组织核算,根据辅助生产车间核算的成本计入。如辅助生产车间实行内部核算,应根据其内部结算价格计入。

工人在施工现场进行的材料加工,如弯钢筋、为碎石机送料等,如工人工资已列为建筑施工工人的工资,应计入"人工费"项目内,其材料费已列入"材料费"项目内,此处不再计算。

3)委托外单位加工材料的实际成本内容

委托外单位加工材料的实际成本内容,包括被加工材料的实际成本、加工过程中支付的加工费用,以及加工材料往返所支付的运输费和搬运费等费用。

3. 材料计价方法

公路工程成本中所反映的材料价值必须是施工耗用材料的实际成本。

在公路施工过程中耗用的材料品种繁多,材料收发手续又比较频繁,若按每种材料分别计算单价,将给材料核算工作带来很多困难,也影响材料费用计算的及时性。所以,在企业日常材料核算工作中一般采用下列两种计价方法。

1)按计划成本计价方法

指每一种材料日常的收发凭证和账簿登记,是按预先制订的计划成本(或设计预算规定的预算成本)计价。实际成本与计划成本(或预算成本)之间的差异,则另按每类材料或一级材料科目所属全部材料计算材料成本差异分配率,在每月终了核算材料实际成本时,以分配价格差异的方法将材料计划成本(预算成本)调整为实际成本。

采用这种计价方法,是由于每种材料计划成本组成内容是根据材料发生的费用经过合理研究后确定的。在一般情况下,材料计划价格在年度内不宜变动,这样就便于企业编制年度材料计划,及时组织材料核算,考核材料物资采购和自制材料的业务成果,有利于加强经济核算。

2)按实际成本计价方法

指每一种材料日常的收发凭证和账簿登记是按采购(自制)材料的实际成本计价。采用这种方法,企业可以比较准确地核算工程成本,正确地计算材料资金占用额,确认材料在流动资产中所占的比例。但由于公路工程需用的材料品种较多,收发次数频繁,每批材料出厂时间、地点不同,以致材料的出厂价格、运输、装卸搬运费有所差别,这样就会产生不同的材料单价。每种材料发出就要逐笔计算单位价格,或者在每种材料收发之后材料的实际成本发生变动,又必须调整材料单价,计算材料发出实际成本。采用这种计价方法使材料收发计价增加手续,为考核和分析公路工程成本也带来许多困难,也影响成本核算工作的及时性。

由于这种原因,公路施工企业的材料收入、发出、结存和明细分类核算,一般是按计划成本计价法(计划价格或预算价格)进行材料日常核算。如果公路施工企业施工工程量较少,采购材料业务不多时,也可采用实际成本计价方法进行材料的日常核算。

采用实际成本进行材料日常核算的企业,对于发出的材料可根据情况选择使用"先进先出法"、"加权平均法"、"移动平均法"、"个别计价法"、"后进先出法"等方法计价。对不同的材料可以采用不同的计价方法。材料计价方法一经确定不可随意变更。如有变更,应在年度财务报告中加以说明。

采用计划成本进行材料日常核算的企业,应当按月结算其成本差异,将材料计划成本(预算成本)调整为实际成本。

第三节　材料收入、发出的总分类核算和明细核算

一、材料收入的凭证和手续

公路施工企业为了保证施工、生产任务的顺利完成,必须加强材料采购和入库管理工作。公路工程施工耗用的材料由于来源不同,收进材料所用的凭证也不同。不论材料从哪个渠道取得,都应该根据具体情况填制完整的材料收入凭证,建立必要的材料收入手续制度。

公路施工企业应根据年度施工生产计划结合材料消耗定额、储备定额、仓库容量等,由供应部门编制材料采购计划、自制材料计划和委托加工材料计划,并与有关单位签订供货合同,办理有关手续。会计部门要协助供应部门正确执行采购计划、用款计划和采购供应计划。

企业对于采购的材料,要根据供应单位的发票,运输单位的提货单,银行的结算凭证和运费账单等,办理货款结算和材料验收入库手续。

会计部门收到供货单位通过银行转来的发票、运单和有关结算凭证,经过审核,应及时送供应部门与合同核对,检查凭证所列的材料名称、规格、数量、单价、质量和发货日期等是否与

供应合同相符后,在结算凭证上签署意见,退还给会计部门,据以办理结算手续。材料到达后,经过验收后要填写收料单,作为材料收入核算的依据。"收料单"、"材料交库单"、"委托加工材料收料单"的格式,企业根据管理需要自行确定,这里不再列举。

露天堆放的大堆材料以及直接发往施工现场的材料,按上述方法由采购员与现场材料保管员办理验收手续。

二、材料发出的凭证和手续

公路施工企业为了健全经济责任制,正确核算和监督材料的发出和使用,各用料单位在领用材料时,必须严格办理领料手续。填制领料凭证。通常公路施工企业使用的领料凭证有以下几种。

1. 领料单

领料单是一种一次有效的领料凭证。它一般适用于没有消耗定额的材料和临时需要的材料。领料单通常采用一单一料制,一般应填制一式三联。一联由领料单位存查;一联由仓库留存作为登记明细账的依据;一联由仓库交会计部门作为登记材料账、进行材料发出核算或工程成本计算的依据。

2. 定额领料单(也称限额领料单)

定额领料单是对制订有定额的一种多次领用材料,并受定额制约的累计领料凭证。它适用于有消耗定额和规定有领料限额的材料。在工程开始前,由施工部门按照每一工程核算对象,根据当月工程施工任务核定材料消耗限额,按施工命令所需要的材料数量分别填制,每种材料填制一张,当月有效。定额领料单一般是一式三联,一联交施工部门作为据以领用材料的依据;一联由仓库留存作为据以发料和登记明细账的依据;一联由仓库在月末计算出全月实发材料数量和金额交会计部门作为登记材料账、进行材料发出核算或工程成本计算的依据。

3. 领料登记表

领料登记表是一种多次领用材料的累计领料凭证。它适用于经常领用的大堆材料(指堆放在露天或公路两旁存放的砂、石、石灰、沥青、渣油等)的凭证。领料时,由领料人在表内登记领用材料数量、并签名。月终由材料保管部门计算材料发出量,登记材料明细账后,即送会计部门进行材料发出的核算。

三、材料收入(材料采购)与发出的总分类核算和明细核算

会计部门收到购料凭证,经过认真审核无误时,即进行材料收入的总分类核算和明细核算。如上所述,材料日常核算计价方法有两种,一种是按计划成本进行的材料计价;另一种是按实际成本进行的材料计价。由于计价方法不同,在核算时应设置科目和核算方法也有不同。

1. 按计划成本计价进行的材料收入与发出的核算

1)按计划成本计价方法进行的材料收入总分类核算

企业按计划成本计价方法进行材料采购总分类核算时,企业除了应设置"原材料"科目用来反映和监督材料收入、发出业务外,还应设置"材料采购"、"采购保管费"和"材料成本差异"等科目,用以反映材料采购业务经济活动成果。现将"材料采购"、"材料成本差异"和"采购保管费"科目的核算内容分述如下:

(1)“材料采购”科目,用来反映和监督材料采购资金的支出情况,核算企业购入各种材料的实际成本和采购过程的业务成果。公路建设单位(或总承包人,下同)拨入抵作备料款的材料也通过“物资采购”科目核算。

企业采购材料,收到发票账单并据以支付货款的,不论材料是否收到均应及时入账。根据供应单位的发票账单和运输单位的运费账单支付材料价款、运杂费时,借记“材料采购”科目,贷记“银行存款”、“现金”等科目。采用商业汇票结算方式的,购入材料物资开出承兑商业汇票时,借记“材料采购”科目,贷记“应付票据”科目。材料已经收到,发票账单尚未收到,未办理结算付款手续的,在月份内可暂不记账,待办理结算付款手续后,再根据所付金额或开出承兑商业汇票金额,借记“材料采购”科目,贷记“银行存款”等科目或贷记“应付票据”科目。

企业根据材料订购合同或协议预付货款时,借记“预付账款”科目,贷记“银行存款”等科目,材料到达验收入库后,再根据发票账单的应付金额,借记“材料采购”科目,贷记“应付账款”科目或“预付账款”科目。

企业向外采购材料,由于供应单位或运输机构材料短缺,应向供应单位或运输机构收回的材料短缺款,或因其他原因应冲减材料采购成本的赔偿款项上,应根据有关的索赔凭证,借记“应付账款”、“其他应收款”等科目,贷记“材料采购”科目。需要报请批准转销或尚待查明处理的途中损耗,借记“待处理财产损溢”科目,贷记“材料采购”科目。其中,经批准应记入材料采购成本的超定额损耗,借记“材料采购”科目,贷记“待处理财产损溢”科目。月份终了,应分配计入材料成本的采购保管费,借记“材料采购”科目,贷记“采购保管费”科目。

经过以上核算,“材料采购”科目借方汇集的材料采购成本有三部分:一是材料的买价(即发票价格);二是材料的运杂费;三是所分配的材料采购保管费。

月份终了,会计部门应将仓库转来的已经验收入库的购入材料收料凭证,按照规定进行整理,根据不同的材料科目分别汇总,并登记入“原材料”科目及其有关材料明细科目。

①对于已经付款(建设单位或总承包人拨入抵作备料款的材料视同已经付款)或已经开出、承兑商业汇票的收料凭证(包括本月付款或开出、承兑商业汇票的上月收料凭证),应按实际成本和计划成本分别按材料类别汇总,按计划成本借记“原材料”科目,贷记“材料采购”科目。将实际成本大于计划成本的差额,借记“材料成本差异”科目,贷记“材料采购”科目;将实际成本小于计划成本的差额,借记“材料采购”科目,贷记“材料成本差异”科目。

②对于尚未付款或尚未开出、承兑商业汇票的收料凭证,应分别按材料类别抄列清单,按计划成本暂估入账,借记“原材料”科目,贷记“应付账款”科目。下月初,用红字作同样记录,予以冲回,以便下月付款或开出、承兑商业汇票后,按正常程序记账,借记“材料采购”科目,贷记“银行存款”、“应付票据”等科目。

经过以上记录后,“物资采购”科目月末如有余额即为借方余额,表示货款已经支付,但材料尚未到达或尚未验收入库,为在途材料。

(2)“材料成本差异”科目,用以核算企业各种材料的实际成本与计划成本的差异。材料日常核算采用实际成本的单位,不设置“材料成本差异”科目。

企业外购材料和建设单位或总承包人拨入抵作备料款的材料的成本差异,应自“材料采购”科目转入“材料成本差异”科目;自制、自采和自行加工材料的成本差异,应自“委托加工物资"科目转入"材料成本差异"科目。调整提高或降低材料计划成本时,应将调整增减的数额自"原材料"科目转入"材料成本差异"科目。调整增加计划成本的数额记入"材料成本差异"科目的贷方;调整减少计划成本的数额记入"材料成本差异"科目的借方。

月终,结转发出材料应负担的成本差异,应根据当月发出材料的计划成本和当月的材料成本差异率计算。差异率的计算公式如下:

本月材料成本差异率 = (月初结存材料的成本差异 + 本月收入材料的成本差异) ÷ (月初结存材料的计划成本 + 本月收入材料的计划成本) × 100%

上月材料成本差异率 = 月初结存材料的成本差异 ÷ 月初结存材料的计划成本 × 100%

结转发出材料应负担的成本差异,借记"工程施工"、"工业生产"、"机械作业"、"辅助生产"、"管理费用"、"采购保管费"等有关科目,贷记"材料成本差异"科目(实际成本小于计划成本的差异用红字登记)。

经过上项记录后,"材料成本差异"科目的借方余额反映各种库存材料、在库和在用低值易耗品、在库和在用周转材料实际成本大于计划成本的差异,贷方余额反映实际成本小于计划成本的差异。

(3)"采购保管费"科目,用以核算企业为采购、验收、保管和收发材料所发生的各种费用,包括企业材料供应部门及仓库(包括露天堆放场)、采购、保管、验收人员工资、工资附加费、办公费、差旅交通费、固定资产使用费、工具用具使用费、劳动保护费、检验试验费(减检验试验收入)、材料整理及零星运费、材料物资盘亏及毁损(减盘盈)等。

企业发生的采购保管费应记入"采购保管费"科目的借方,分配数记入"采购保管费"科目的贷方和"材料采购"科目的借方。发生采购保管费时,借记"采购保管费"科目,贷记"原材料"、"银行存款"、"现金"、"应付职工薪酬"等科目。

各种材料的包装物,仓库和工地应及时收回,作价入账。根据不同情况分别冲减采购保管费或工程(产品)成本,借记"原材料"科目,贷记"采购保管费"科目(冲减"其他"项目)、"工程施工"科目(冲减"材料费"项目)。由于回收包装物而支付的节约奖,应作为包装物回收收入的减少处理,借记"采购保管费"科目("其他"项目)。"工程施工"科目("材料费"项目),贷记"应付职工薪酬"科目。

月份终了,"采购保管费"科目所反映的采购保管费,应全部分摊计入各类购入材料的实际成本,借记"材料采购"科目,贷记"采购保管费"科目。

采购保管费的分配方法如下:

本月采购保管费分配率 = 本月采购保管费发生额 ÷ 本月购入材料的买价和运杂费 × 100%

某类材料本月应分配采购保管费 = 本月购入该类材料的买价和运杂费 × 本月采购保管费分配率

为了均衡年度内各月材料采购实际成本的负担,采购保管费可以采用预先确定的计划分配率(全年计划采购保管费 ÷ 全年计划采购材料计划成本 × 100%)进行分配。按计划分配率分配的采购保管费与实际发生的采购保管费的差额,平时可留在"采购保管费"科目内不予结转。该科目月末借方余额反映实际发生数大于计划分配数的差额;月末贷方余额反映实际发生数小于计划分配数的差额。在编制月份资产负债表时,借方余额应列入“待摊费用”项目,贷方余额应列入“预提费用”项目。年度终了时,“采购保管费”科目的余额应全部计入材料采购成本,不留余额。

材料收入的总分类核算一般是按期编制收入材料汇总表,月末一次登记入总账。收入材料汇总表的格式由各单位自行规定。

现将材料收入按计划成本的核算方法举例说明。

【例4-1】 某公路施工企业月初在途材料:1月28日承付甲钢厂普通钢材货款10 000元,材料未到,运杂费尚未支付,采购保管费也未分配。

(1)2月2日,收到1月28日承付的在途材料(普通钢材)一批,当即验收入库,并由银行支付运杂费1 000元。根据买价和运杂费合计,按采购保管费分配率2%计算的采购保管费为220元,材料计划价格为12 000元,根据验收入库单编制有关凭证,进行会计账务处理。

①支付运杂费时,作如下会计分录:

借:材料采购　　1 000

　贷:银行存款　　1 000

②计算应负担的采购保管费时,作如下会计分录:

借:物资采购　　220

　贷:采购保管费　　220

③按计划价格验收入库并结转差异时,作如下会计分录:

借:原材料　　12 000

　贷:材料采购　　12 000

同时结转材料成本差异780(12000－11220)

借:材料采购　　780

　贷:材料成本差异(实际成本小于计划成本)　　780

(2)2月26日,企业购买主要材料(水泥)一批,买价2 000元,运杂费100元,企业开出承兑的商业汇票一张,汇票金额2 100元,材料已验收入库。根据买价和运杂费合计,按采购保管费分配率2%计算为42元,根据发票账单,编制有关凭证,进行会计账务处理。

①支付水泥买价及运杂费时,作如下会计分录:

借:材料采购　　2 100

　贷:应付票据　　2 100

②计算应负担的采购保管费时,作如下会计分录:

借:材料采购　　42

　贷:采购保管费　　42

③按计划价格2 100元,验收入库并结转差异时,作如下会计分录:

借:原材料　　2 100

　贷:材料采购　　2 100

同时,结转材料成本差异42元(2142元－2100元)

借:材料成本差异(实际成本大于计划成本)　　42

　贷:材料采购　　42

2)按计划成本计价方法进行的材料发出总分类核算

材料日常发出按计划成本计价时,按购入材料的计划成本发出材料并调整计划成本与实际成本的差异,使计入工程成本费用的材料费用为实际成本。如实际成本大于计划成本的差异,要追加工程成本费用中的材料费用;如实际成本小于计划成本的差异,要追减工程成本费用中的材料费用(用红字作会计分录)。

现将材料发出按计划成本的核算方法举例说明。

【例4-2】 根据发出材料汇总表4-2,有关材料发出按计划成本计价的会计处理如下。

发出材料汇总表

表4-2

年 月

单位:元

材料类别 / 用途	钢材		水泥		机械配件		合计	
	计划成本	差异2%	计划成本	差异1%	计划成本	差异8%	计划成本	差异
1.工程施工	40 000	800	20 000	200			60 000	1 000
甲工程	24 000	480	12 000	120			36 000	600
乙工程	16 000	320	8 000	80			24 000	400
2.机械作业					2 000	160	2 000	160
合计	40 000	800	20 000	200	2 000	160	62 000	1 160

(1)根据发出材料汇总表的计划成本,作如下会计分录:

借:工程施工——甲工程 36 000

——乙工程 24 000

机械作业 2 000

贷:原材料——主要材料 60 000

——机械配件 2 000

(2)根据发出材料汇总表中领用材料应负担的材料成本差异,作如下会计分录:

借:工程施工——甲工程 600

——乙工程 400

机械作业 160

贷:材料成本差异——主要材料 1 000

——机械配件 160

3)按计划成本计价方法进行的材料明细核算

材料采购除了进行总分类核算以外,还必须在“材料采购”科目和“材料成本差异”科目下设置明细科目,进行材料采购和材料成本差异的明细核算,用以具体地反映各类或各种材料的采购过程,监督各类或各种材料资金的支用情况,确定各类或各种材料采购实际成本,核算各类或各种材料节约或超支金额,确定材料采购成果。

在按计划成本方法进行材料日常收发时,材料采购的明细分类核算通常是设置“材料采购明细账”和“材料成本差异明细账”两种。

(1)“材料采购明细账”应按材料类别设置账页,如果主要材料需要按品种计算成本差异时,则应按品种分设账页。并按付款或转账日期、付款凭证或转账凭证编号、发票账单编号、收料日期、收料凭证编号、供应单位名称和采购人姓名、购入材料简要说明、借方金额(实际采购成本再分“价款”、“运杂费”、“成本差异”、“其他”和“合计”)分设专栏。

“材料采购明细账”的借方记录,应按照付款或转账日期、付款凭证和转账凭证的编号顺序逐笔进行登记;贷方记录,应根据收料单和有关凭证,按照借方记录的同批购进材料,“横线登记”在同一行内;其中实际成本与计划成本的差异,在“成本差异”小栏内登记(实际成本小于计划成本的差异,用红字登记);向供应单位、运输机构收取赔偿款的转出金额,可在“其他”小栏内登记。

月终,已按发票账单付款,但尚未验收入库的在途材料,“材料采购”科目只有借方记录,没有贷方记录业务,应逐笔逐行抄转入下月的“材料采购明细账”同一材料科目或类别、品种的账页,以便继续进行明细核算。

同一批材料,在月份内一次付款分次到货的,可等收料凭证到齐后在贷方的有关栏内汇总登记。如果月份终了收料凭证还未到齐,除根据已收到的收料凭证将入库材料作上述记录外,对尚未到达的在途材料应按上面所述方法抄列清单,结转下月。已入库材料应负担的成本差异,应按比例分摊。

“材料采购明细账”是否按类别或按品种设置,应看某类材料在公路施工工程中全部储备量所占的比例,或按工程成本内材料费用所占的比例来确定。一般是对于主要材料是按照材料类别分设明细科目,进行明细核算。其他材料则按材料一级科目设立明细科目,进行明细核算。各单位应根据本单位的具体情况予以确定。

公路工程由于施工地点与材料供应之间的运距不同,往往是一个公路施工单位同时施工的有几项工程,而每项工程耗用的同一种材料其预算单价都不相同。在这种情况下,材料采购明细核算也可以在主要材料的材料类别之下,按照工程项目进行明细核算。

企业向外采购材料,如果发生上月已验收入库材料运杂费,或经过批准转入的材料超定额损耗等,不能计入某种材料实际成本时,可在“材料采购明细账”单列一行登记。月终本月发生的借方、贷方金额应按栏次结出合计。“合计”项目的借方“合计”栏金额减贷方“合计”栏金额,其借方金额则为在途材料金额。

材料采购明细核算应与“材料成本差异”科目的明细核算口径一致,以反映各类或各品种材料或材料科目的材料成本差异及其分配情况。

“材料采购明细账”的格式如表4-3所示。

(2)“材料成本差异明细账”应按“主要材料”、“结构件”、“机械配件”、“其他材料”等分别设置账页。对于占工程产品成本比重较大的材料,也可按材料类别或材料品种设置账页,组织材料成本差异的明细核算。

“材料成本差异明细账”是为了反映各类或各种材料成本差异、计算材料成本差异分配率、以及据以调整发出材料的计划成本而设置的。它的作用是反映所登记各类或各种材料计划成本和实际成本比较后的节约额或超支额。

“材料成本差异明细账”的格式如表4-4所示。

材料采购明细账

表 4-3

明细科目：主要材料

材料类别：××类

记账凭证			发票账单编号	供应单位名称或采购人员姓名	收料日期	收料凭证编号	入库数量	摘要	借方				贷方							备注
××年		编号							实际采购成本（元）				计划成本（元）	成本差异（元）	其他				合计（元）	
月	日								价款	运杂费	采购保管费	合计			日期	凭证	摘要	金额（元）		
3	1		20	甲钢厂	20	150	10t	钢材	14 000	1 000	300	15 300	16 000	−700					15 300	
				……				……	…	…	…	…	…	…					…	
				……				……	…	…	…	…	…	…					…	
				……				……	…	…	…	…	…	…					…	
				……				……	…	…	…	…	…	…					…	
								本月小计	…			…								
								转出差异	…											
								合计												
								在途材料												

注：上列购进钢材 10t，实际成本 15 300 元，计划成本 16 000 元，成本差异（计划成本大于实际成本 700 元，在物资采购明细账内同一行用红字横线登记法，使物资采购明细借贷两方保持平衡。也可以采用另一种方法，即将成本差异 700 元，按照会计分录登记在借方的次一行的合计栏内。借方合计相加与贷方 16 000 元保持平衡。

材料成本差异明细账 表4-4

明细科目:主要材料

材料类别:××类 单位:元

××年		记账凭证		摘　要	借　方	贷　方	借或贷	余　额
月	日	种类	编号					
				月初余额			贷	120
2	2	×	×	结转采购成本差异		780	贷	900
2	26	×	×	结转采购成本差异	42		贷	858

“材料成本差异明细账”的借方和贷方,应根据月份内的有关转账凭证的记录内容进行明细登记。借方登记材料实际成本大于计划成本的超支额;贷方登记材料实际成本小于计划成本的节约额。发出材料应分配的超支额用蓝字结转,节约额用红字结转。

2. 按实际成本计价进行的材料收入与发出的核算

1)按实际成本计价方法进行的材料收入总分类核算

企业采购材料按实际成本计价方法进行核算时,为了总括地反映材料资金的增减和占用情况,根据前面所述,应设置“原材料”科目,并在“原材料”科目下分别设置“主要材料”、“结构件”、“机械配件”、“其他材料”等明细科目,用以反映和监督材料收入,发出业务。由于企业是按实际成本计价方法计价,所以,企业不再设置“材料成本差异”科目。

企业规模较小,日常材料品种收发比较少,采购业务不多时,可以采用实际成本计价方法进行材料日常核算。在这种情况下,为了简化核算工作,企业也可不设置“材料采购”科目。为了反映已经付款尚未收到的在途材料经济内容,企业可以设置“在途材料”科目。

企业采购材料按实际成本计价方法核算时,企业已经付款,收到材料即根据发票账单编制付款凭证,借记“原材料”科目,贷记“银行存款”、“应付账款”、“应付票据”等科目。如果企业已经付出货款或已开出、承兑商业汇票,但材料尚未到达,或已到达材料尚未验收入库,应根据付款凭证和有关附件,借记“在途材料”科目,贷记“银行存款”、“应付账款”、“应付票据”等科目。待收到材料并验收入库后,再借记“原材料”科目,贷记“在途材料”科目。

材料采购保管费是购进材料实际成本经济内容的组成部分。采用实际成本进行材料日常核算的企业,发生的采购保管费先在所设置的“采购保管费”科目借方归集,月份终了,可直接分配计入当月的各用料对象,不再逐月分配计入材料采购实际成本。根据采购保管费分配表,借记“工程施工”、“机械作业”、“管理费用”等科目,贷记“采购保管费”科目。分配方法如下:

本月采购保管费分配率 = (采购保管费月初余额 + 采购保管费本月发生额) ÷ (月初结存材料的买价和运杂费 + 本月购入材料的买价和运杂费) × 100%

本月领用材料应分配的采购保管费 = 本月领用材料的买价和运杂费 × 本月采购保管费分配率

采用以上方法进行分配后,“采购保管费”科目的月末余额即为库存材料应负担的采购保管费。在编制资产负债表时,应按照各类库存材料的价值比例分配,列入库存材料项目。

如果企业为了要考核采购材料的实际成本，需要将采购保管费计入各材料类别内，也可参照上述分配方法，将当月所发生的采购保管费逐月分配计入材料采购实际成本，借记“原材料”科目（各材料类别或品种），贷记“采购保管费”科目。企业如果按照当月发生数进行分配后，“采购保管费”科目月末即无余额。

应该指出，在一般情况下，采购材料付出货款后几天内材料即可到达，平时可以不通过“在途材料”科目核算。企业支付货款时，若材料尚未到达，可先记入“应付账款”科目借方，待材料到达验收入库再借记“原材料”科目，贷记“应付账款”科目。只有到月份终了，材料仍尚未到达验收入库，企业方可根据已支付货款凭证，借记“在途材料”科目，贷记“应付账款”科目。下月初，用红字作同样的记录，将这笔分录冲销，待在途材料到达验收入库，即按上述程序进行账务处理。

现将材料收入按实际成本的核算方法举例说明。

【例4-3】 3月6日企业向某钢铁厂购买钢材20t，价款60 000元，运杂费3 000元，共计63 000元。以银行存款支付，材料已验收入库，作如下会计分录：

借：原材料——主要材料	63 000	
贷：银行存款		63 000

【例4-4】 3月10日企业向某水泥厂购入水泥100t，价款40 000元，运杂费2 000元，发票账单已到，材料已验收入库，货款尚未支付。作如下会计分录：

借：原材料——主要材料	42 000	
贷：应付账款——某水泥厂		42 000

【例4-5】 3月12日企业采用汇兑方式，预付某钢铁厂钢材款30 000元，根据信汇凭证回单，作如下会计分录：

借：预付账款——某钢铁厂	30 000	
贷：银行存款		30 000

【例4-6】 公路施工企业3月发生采购保管费，其中应付职工工资1 200元，用银行存款购买零星物品1 300元。根据有关凭证，作如下会计分录：

借：采购保管费	2 500	
贷：应付职工薪酬		1 200
银行存款		1 300

【例4-7】 公路施工企业3月初采购保管费余额为3 000元，本月发生采购保管费2 500元，月初结存材料190 000元，本月购入材料135 000元，本月工程施工领用材料170 000元，其中路面工程100 000元，涵洞工程70 000元，则：

$$采购保管费分配率 = (3000 + 2500) \div (19000 + 135000) \times 100\% = 2\%$$

$$路面工程应负担的采购保管费 = 100000 \times 2\% = 2000（元）$$

$$涵洞工程应负担的采购保管费 = 70000 \times 2\% = 1400（元）$$

根据采购保管费分配表，将采购保管费进行分配，作如下会计分录：

借：工程施工——路面工程	2 000	
——涵洞工程	1 400	
贷：采购保管费		3 400

2)按实际成本计价方法进行的材料发出总分类核算

材料日常发出按实际成本计价时,按购入材料的实际成本直接在材料科目进行发出核算。现将材料发出按实际成本的核算方法举例说明。

【例4-8】 某公路施工企业本月根据材料发出汇总表统计本月材料消耗如表4-5所示。

材料消耗表　　表4-5

单位:元　　年　月　日

项　目	主要材料	结构件	机械配件	其他材料	合计
1. 工程施工	340 000	90 000			430 000
路面工程	210 000	50 000			260 000
涵洞工程	130 000	40 000			170 000
2. 机械作业			20 000	10 000	30 000
3. 管理费用				20 000	20 000
合计	340 000	90 000	20 000	30 000	480 000

根据本月材料发出汇总表,作如下会计分录:

借:工程施工——路面工程　　260 000

　　　　　——涵洞工程　　170 000

　机械作业　　30 000

　管理费用　　20 000

　贷:原材料——主要材料　　340 000

　　　　　——结构件　　90 000

　　　　　——机械配件　　20 000

　　　　　——其他材料　　30 000

3)按实际成本计价方法进行的材料明细核算

按实际成本计价方法进行的材料采购明细分类核算,是通过材料明细账进行的。材料明细核算,需要按材料科目和材料类别或材料品种分别设置账页(主要材料中的重大材料应按品种设置账页),并按下列内容分设专栏:发生业务的年月日、凭证编号、摘要、收入、发出、结存等栏。并在收入、发出、结存三栏下再分设数量、单价、金额栏。材料明细账的收发数量栏,应根据材料收料凭证和发料凭证序时逐笔登记;收发金额栏,则根据按材料实际成本计价方法计价的收发料凭证逐笔序时登记。

由于各种材料来源、采购地点不同,买价和运杂费不同,材料分批购进的单价也不同;同样的材料,采购实际成本结果也不相同。所以,企业收进材料按实际成本计价方法进行核算。

企业采购材料,应按买价、运输费、装卸费、保险费和途中合理损耗、入库前的整理挑选费用与所交纳的税金作为实际成本。买价根据发票账单确定;运杂费根据运输部门和有关单位提供的收费收据来确定;采购保管费(指材料买价、运杂费以外的费用)根据分配数确定。凡能直接计入材料采购成本的可直接计入;不能直接计入材料采购成本的,应由几种材料共同负担的,可按照一定的分配比例分配计入购入的材料实际成本。

不属于采购材料的自制材料,应根据辅助生产车间的结算账单作为实际成本。委托外部加工完成的材料物资,应以实际耗用的原材料或半成品以及加工、运输、装卸和保险等费作为实际成本,或以加工前商品的进货原价、加工费用和应负担的税金作为实际成本;投资者投入的材料,按照评估并被确认的价值,即评估值确定;接受捐赠的材料,按照捐赠实物的发票账单、报关单、有关协议以及同类实物的国内或国外市场价格确定。上述这些材料虽不属购入,但对企业来说,它属于收进材料,应根据其实际成本或确认的价值登记入账。此外,盘盈材料应按同类库存材料实际成本(即重置价值)计价。

●第四节 周转材料的核算●

一、周转材料的概念

周转材料是指在公路施工生产过程中,能多次使用,并可基本保持原来的实物形态逐渐转移其价值的材料。它的价值是按损耗程度一次地、部分地或分次地摊入工程成本(材料费项目)内,构成工程材料费用的组成部分。由于它在使用过程中基本上保持原来的实物形态,报废时有残值,所以,近似于施工过程中使用的劳动资料。周转材料分为以下几种。

1. 模板

模板指浇灌混凝土用的木模、组合钢模等,包括配合模板使用的支撑材料、滑模材料等。按固定资产管理的固定钢模和工地现场大型钢模板不包括在内。

2. 挡板

挡板是指土方工程用的挡土板等,包括支撑材料在内。

3. 架料

架料是指搭脚手架用的竹杆、木杆、竹木跳板、钢管脚手架及其附件等。

4. 其他

包括塔吊使用的轻轨、枕木等(不包括附属于塔吊的钢轨)。

周转材料的特点是:单位价值低,使用期限短,更换比较频繁,占用资金少,因而其构成材料的管理范围规定属于流动资金的组成部分。

二、周转材料的核算

为了核算周转材料的收入、发出、库存和使用情况,企业在总分类核算中设置"周转材料"科目和"在库周转材料"、"在用周转材料"明细科目。同时,为了反映和监督周转材料的摊销,在账面上应能区分周转材料原价、已摊销额和摊余价值,并在"周转材料"科目下设置"周转材料摊销"明细科目。周转材料与材料一样,可以采用计划成本核算,也可以采用实际成本核算。如果采用计划成本核算,其计划成本与实际成本间的差异应通过"材料成本差异"科目核算。本节是按计划成本计价方法阐述的。

企业购入、自制、委托外单位加工完成、并验收入库的周转材料,应比照"原材料"科目有关的核算方法,在"在库周转材料"明细科目核算。在施工现场领用主要材料作为周转材料时,应按计划成本,借记"周转材料"("在库周转材料"明细科目)科目,贷记"原材料"科目。

施工单位,生产车间领用的周转材料,应根据领用凭证,先按计划成本借记“周转材料”科目(“在用周转材料”明细科目),贷记“周转材料”科目(“在库周转材料”明细科目),反映周转材料已从仓库进入使用过程。

在用周转材料的摊销方法,企业可以根据周转材料的特点、施工过程以及具体情况予以确定。根据采用的摊销方法,计算周转材料摊销时,借记“工程施工”等有关科目,贷记“周转材料”科目(“周转材料摊销”明细科目)。

采用一次摊销办法的周转材料(安全网等易腐易糟的周转材料),领用时应将其成本一次全部计入工程成本,借记“工程施工”等科目,贷记“周转材料”科目(“在库周转材料”明细科目)。采用计划成本进行周转材料日常核算的企业,应于月份终了,按规定的分配率计算应负担的成本差异,借记“工程施工”等有关科目,贷记“材料成本差异”科目(实际成本小于计划成本的差异,用红字登记)。

企业必须在工程竣工或年度终了时,对工地库存的周转材料进行实际清理盘点,根据实际损耗情况办理补提。由于有些周转材料不到预定使用期限或使用次数即行损坏或提前报废,为了保证周转材料的损耗部分全部计入工程成本或产品成本,保证成本的正确性,报废和短缺的周转材料应及时办理补提。

(1)补提摊销。补提摊销时,借记“工程施工”等科目,贷记“周转材料”科目(“周转材料摊销”明细科目)。补提摊销的计算公式如下:

周转材料应补提摊销额 = 应提摊销额 - 已提摊销额

(2)周转材料报废时,应由负责使用部门填制周转材料报废单,财会部门应根据报废单进行检查核对,并计算报废周转材料的已提摊销和应补提的摊销。对于报废周转材料按月汇总后,将已提摊销,借记“周转材料”科目(“周转材料摊销”明细科目),将应收的赔偿款,借记“其他应收款”科目,将入库的残料价值,借记“原材料”科目,将应补提的摊销额,借记“工程施工”等科目,将报废的周转材料价值,贷记“周转材料”科目(“在用周转材料”明细科目)。

(3)月份终了,按照规定的材料成本差异分配率计算本月报废或短缺周转材料应负担的成本差异,借记“工程施工”等科目,贷记“材料成本差异”科目(实际成本小于计划成本的差异用红字登记)。

年度终了或工程竣工时,施工现场的周转材料应及时办理退库或转移(转移给另一工程使用)手续。对于退库的周转材料应按计划成本,借记“周转材料”科目(“在库周转材料”明细科目),贷记“周转材料”科目(“在用周转材料”明细科目)。

对于转移到另一工程对象使用的周转材料,应根据转移凭证,按计划成本,借记“周转材料”科目(“在用周转材料——××工程”明细科目),贷记“周转材料”科目(“在用周转材料——××工程”明细科目)。借方科目的工程系新开工工程,贷方科目的工程系已完成竣工的工程。然后,在使用中再继续计提摊销。

在库周转材料的明细核算与库存材料相同。在用周转材料应按其类别和使用部门分别设置明细账,组织明细核算。

有关周转材料的领用、退库、报废凭证格式可参照库存材料的凭证格式,或由企业根据需要自行制订。

•第五节 低值易耗品的核算•

一、低值易耗品的概念

低值易耗品是指使用年限较短或价值较低,不作固定资产核算的各种用具物品。如各种用具、管理用具、劳保用品、玻璃器皿等,均称为低值易耗品。

低值易耗品在使用上多次参加公路施工生产过程,却保持原来实物形态,其价值一般是按损耗程度部分地、分次地转移到公路工程成本中去,它也是劳动手段的一部分。它的特点是品种复杂、数量多、单位价值低、使用期限较短、占用资金少,补充、更换、报废比较频繁,不便于按照固定资产管理办法解决资金来源。由于它的采购、保管、回收又与材料有许多相同之处,从而构成了材料的管理范围,成为流动资产的组成部分。其资金来源与材料一样,用流动资金解决。

二、低值易耗品的分类

公路施工企业的低值易耗品包括各种生产工具、管理用具、劳保用品、玻璃器皿等。

1. 生产工具

生产工具是指用于公路工程施工的各种工具,如铁锹、铁镐、手推车以及测绘仪具等。

2. 管理用具

管理用具是指管理部门用的家具,如桌、椅、柜以及消防器具等。

3. 劳保用品

劳保用品是指在施工、工作过程中,发给工人和管理人员使用的工作服、工作鞋、工作帽、安全带、工作眼镜以及各种防护用品等。

4. 玻璃器皿

玻璃器皿是指进行试验用的各种玻璃器皿等。

低值易耗品在使用过程中,其作用与固定资产相同,它的价值不是一次消耗掉,所以,在领用时,从在库转为在用。在库的低值易耗品则为施工企业正常的仓库储备;在用的低值易耗品则为施工企业已经领出,正在工作地使用。因此,为了加强低值易耗品的管理,低值易耗品的核算应分为在库和在用两个阶段。

在库的低值易耗品,指向外采购入库的低值易耗品。它与材料同属于流动资产范畴。因而它的采购、领发、保管的核算应与材料核算相同。

在用的低值易耗品,指已从仓库发出,正在使用过程中的低值易耗品,它是多次参加公路施工生产管理过程,在使用中虽然发生磨损,但仍然保持其原来的实物形态,所以,其磨损摊销方法应与固定资产相同。摊销价值计入成本、费用后,即从工程结算收入中得到补偿。由于低值易耗品在使用中还发生维护和修理,报废时也会有残余价值,因此,在管理和核算方法上应参照固定资产的管理与核算办法办理。

自制、委托外单位加工完成的,并验收入库的低值易耗品,应比照"原材料"科目的有关规定,在"在库低值易耗品"明细科目内进行核算。

三、低值易耗品的摊销

低值易耗品的摊销方法,企业可以根据具体情况,对于不同的低值易耗品采用不同的摊销方法。

1. 一次摊销法

一次摊销法是指价值较小的、可以在领用时一次计入成本、费用的摊销方法。玻璃器皿等易碎物品可不论其价值大小,在领用时一次计入成本。采用这种摊销方法时,企业要对低值易耗品规定限额。单位价值低于限额的,可采用一次摊销法。由于一次摊销的低值易耗品不在会计账面上反映,因此,应该建立实物管理制度,如设置低值易耗品备查登记簿、工具手册,也可以采用以旧换新办法,保证低值易耗品的合理使用,防止发生浪费损失。

2. 分期摊销法

分期摊销法指单位价值较大,超过规定标准,经过批准列入低值易耗品目录,其价值可以根据耐用期限计算,平均分期摊入成本、费用。企业应根据低值易耗品的原价、残值和预计使用年限计算每月摊销额。计算公式如下:

$$\text{低值易耗品每月摊销额} = \frac{\text{低值易耗品原价} - \text{残值}}{\text{预计使用年限}} \div 12$$

3. 五五摊销法

五五摊销法指低值易耗品在领用时,先摊销其价值的50%,报废时再摊销50%(有残值的应扣除)的一种方法。

上述第一种方法适用于价值低,使用期短,又不便于采用其他摊销方法的物品;第二种方法适用于使用期限较长,单位价值比较大,报废又不均衡,被批准列入低值易耗品目录的物品;第三种方法适用于每月领用、报废比较均衡的一切物品。

采用五五摊销法或采用一次摊销法领用的低值易耗品,如果数额较大,为了均衡工程成本负担,也可以采用待摊费用的方法。发生时先记入“待摊费用”科目,然后分期摊入成本、费用内。

以上三种摊销方法,企业可根据具体情况采用,确定之后不应随意改变。

四、低值易耗品的总分类核算

为了总括地反映和监督低值易耗品的购入、发出和库存以及其摊销情况,企业应在总分类核算中设置“低值易耗品”科目。并在本科目下设置“在库低值易耗品”、“在用低值易耗品”和“低值易耗品摊销”三个明细科目。库存低值易耗品的明细核算与原材料相同;在用低值易耗品应按各个使用部门设置明细账进行明细核算。

“低值易耗品”科目属于流动资产类科目。借方核算企业库存及在用低值易耗品的计划成本或实际成本,贷方核算低值易耗品摊销价值及盈亏、报废、毁损等减少的低值易耗品价值,期末余额反映期末所有在库低值易耗品计划成本或实际成本,以及在用低值易耗品的摊余价值。

企业应建立低值易耗品的领用、报废、以旧换新和损失赔偿制度,并按照制度规定办理凭证手续及进行会计处理。各使用部门应设置在用低值易耗品明细账(包括数量和金额),定期与实物核对，并与会计部门的账面金额进行核对，保证在用低值易耗品余额相符。

企业领用低值易耗品时，应根据不同情况进行账务处理。

采用一次摊销法，在领用时可按领用金额一次计入成本、费用，即按领用金额借记“管理费用”等科目，贷记“低值易耗品”科目（“在库低值易耗品”明细科目）。

采用分期摊销法，在领用时，按领用金额借记“低值易耗品”科目（“在用低值易耗品”明细科目），贷记“低值易耗品”科目（“在库低值易耗品”明细科目）。并将应提摊销数借记“管理费用”等科目，贷记“低值易耗品”科目（“低值易耗品摊销”明细科目）。

采用五五摊销法，其摊销方法可参照上述摊销方法办理，这里不再叙述。

企业的低值易耗品报废时，应由负责使用部门及时填制低值易耗品报废单，财会部门应根据报废单进行检查核对，并计算报废低值易耗品的已提摊销和应补提的摊销。对于报废的低值易耗品应按月汇总，将已提摊销借记“低值易耗品”科目（“低值易耗品摊销”明细科目），将应收赔偿款借记“其他应收款”科目，将入库残料价值借记“库存材料”科目，将应补提的摊销数借记“管理费用”等科目，将报废的低值易耗品的价值贷记“低值易耗品”科目（“在用低值易耗品”明细科目）。

低值易耗品与材料核算方法一样，一般是按计划成本核算的。月份终了，报废低值易耗品按规定的分配率计算其计划成本应负担的成本差异，借记“管理费用”等科目，贷记“材料成本差异”科目（实际成本小于计划成本的差异用红字登记）。

为了简化核算手续，在用低值易耗品因工程竣工或新工程开工等原因，在使用部门之间的相互转移可根据有关的原始凭证在有关的明细账内结转登记，不再进行总分类核算。

在用低值易耗品销售时，应由供应部门办理销售手续，其账务处理可参照低值易耗品报废方法处理。

会计部门为了控制和综合反映各使用部门低值易耗品的领用和摊销情况，会计部门应按照使用部门设置“在用低值易耗品明细账”，其格式和登记方法由企业自行制订。

思考与练习

一、思考题

1. 什么是存货？存货如何分类？
2. 材料通常有哪几种计价方法？
3. 材料采用计划成本计价时，怎样计算和调整材料成本差异？
4. 采购保管费包括哪些内容？如何计算分配采购保管费？
5. 什么是低值易耗品？低值易耗品摊销有哪几种方法？
6. 什么是周转材料？周转材料摊销有哪几种方法？

二、练习题

1. 资料：某公路施工企业1月8日由银行存款预付甲钢厂普通钢材货款200 000元，1月20日收到甲钢厂普通钢材一批，当即验收入库，并由银行支付运杂费2 000元。根据买价和运杂费合计，按采购保管费分配率2%计算的采购保管费为4 040元，材料计划价格为

204 000元。

要求：根据预付、验收的有关凭证，编制有关会计分录。

2. 资料：某公路施工企业本月发出材料如表4-6所示。

发出材料汇总表 表4-6

单位：元 年 月

材料类别 / 用途	钢材		水泥		机械配件		合计	
	计划成本	差异 –2%	计划成本	差异 –2%	计划成本	差异 –5%	计划成本	差异
1. 工程施工	60 000	–1 200	30 000	–600			90 000	–1 800
甲工程	40 000	–800	20 000	–400			60 000	–1 200
乙工程	20 000	–400	10 000	–200			30 000	–600
2. 机械作业					4 000	–200	4 000	–200
合计	60 000	–1 200	30 000	–600	4 000	–200	94 000	–2 000

要求：根据材料发出汇总表，编制有关会计分录。

3. 资料：某公路施工企业6月发生下列经济业务：

(1)6月8日向某钢铁厂购买钢材10t，价款50 000元，运杂费3 000元，共计53 000元，以银行存款支付，材料已验收入库。

(2)6月13日企业向某水泥厂购入水泥50t，价款30 000元，运杂费5 000元，发票账单已到，材料已验收入库，货款尚未支付。

(3)6月20日企业采用汇兑方式，预付沥青款30 000元。

(4)6月初采购保管费余额为5 000元，本月发生采购保管费3 000元，月初结存材料200 000元，本月购入材料300 000元，本月工程施工领用材料200 000元，其中路面工程120 000元，涵洞工程80 000元。

(5)本月根据材料发出汇总表统计本月材料消耗如表4-7所示。

本月材料消耗 表4-7

单位：元 年 月 日

项目	主要材料	结构件	机械配件	其他材料	合计
1. 工程施工	500 000	100 000			600 000
路面工程	350 000	60 000			410 000
涵洞工程	150 000	40 000			190 000
2. 机械作业			50 000		50 000
3. 辅助生产	60 000				60 000
4. 管理费用				40 000	40 000
合计	560 000	100 000	50 000	40 000	750 000

要求：根据以上资料，编制有关会计分录。

第五章

固定资产和临时设施

知识目标

1. 固定资产的概念、特征,固定资产确认的条件、分类和计价方法;
2. 固定资产增加的途径和固定资产增加的账务处理方法;
3. 固定资产处置的步骤和固定资产处置的账务处理方法;
4. 固定资产折旧的概念和计算方法,固定资产折旧计提和修理的账务处理方法;
5. 固定资产后续支出和减值准备的概念,后续支出、减值准备的账务处理方法;
6. 临时设施的概念和分类,临时设施账务处理方法。

能力目标

1. 对固定资产增加、处置、折旧、后续支出、减值准备进行会计处理的能力;
2. 对临时设施进行会计处理的能力。

●第一节　固定资产概述●

一、固定资产的概念和特征

1. 固定资产的概念

公路施工企业的固定资产是指同时具有下列特征的有形资产:使用寿命超过一个会计年度,为企业生产商品、提供劳务、出租或经营管理而持有的,如房屋、建筑物、机械、运输、机器设备以及其他与生产经营有关的设备工具等的有形资产。它们是公路施工企业从事建筑工程施工活动的必要的物质资料。

不属于工程施工主要设备的物品,但单位价值在2 000元以上,并且使用年限超过两年的也应当作固定资产。

2. 固定资产的特征

固定资产与流动资产相比,主要表现出以下几个方面的特征:

(1)使用期限长。固定资产使用寿命超过一个会计年度,并在施工生产过程中保持其原有的实物形态。

(2)使用寿命是有限的(土地除外)。

(3)不以出售为目的。企业的固定资产,主要是用作施工生产的劳动手段,不是为了出售,这是固定资产区别于商品等流动资产的重要标志。

(4)单位价值较高。

二、固定资产确认的条件

固定资产必须同时满足下列两个条件的,才能予以确认:

(1)该固定资产有关的经济利益很可能流入企业。

(2)该固定资产的成本能够可靠地计量。

在具体工作中,公路施工企业应依据《企业会计准则——固定资产》和《企业会计制度》的规定,结合本企业的实际情况制订固定资产目录、分类方法等,报审批机构审批。

三、固定资产的分类

公路施工企业的固定资产数量大、品种多、价值高、规格不一,用途和使用情况也有差异。为了正确组织固定资产的管理与核算,按现行制度,公路施工企业的固定资产可以按经济用途和使用情况综合地分为如下七类。

1. 生产用固定资产

生产用固定资产指直接或间接参加施工生产过程的固定资产,包括房屋、建筑物、施工机械、运输设备、生产设备、仪器等生产经营用的固定资产。

2. 非生产用固定资产

非生产用固定资产指施工生产活动以外所需的固定资产,包括职工宿舍、招待所、学校、幼儿园、俱乐部、食堂、医院等非生产用的固定资产。

3. 租出固定资产

租出固定资产指在经营租赁方式下出租给承租人使用固定资产。

4. 未使用固定资产

未使用固定资产指尚未使用的新增固定资产,无偿调入尚待安装的固定资产,交给基建部门进行改建、扩建的固定资产,以及按照程序报经批准停用的固定资产。

5. 不需用固定资产

不需用固定资产指本企业不需用,已经报主管部门批准准备处理的固定资产,以及按规定封存的固定资产。

6. 融资租入固定资产

融资租入固定资产指企业以融资租赁方式租入的固定资产。

7. 土地

土地指过去按规定已经估价单独入账的土地。应征地而支付的补偿费,应计入与土地有关的房屋、建筑物的价值内,不单独作为土地价值入账。企业取得的土地使用权不能作为固定资产进行管理。

四、固定资产的计价

1. 固定资产的计价基础

固定资产的计价基础有三种,分别用于不同的目的。

1)按原始成本计价

原始成本是指企业购建某项固定资产达到可使用状态前所发生的一切合理、必要的支出。它是固定资产基本的计价基础,也是计提折旧的依据。其特点是具有客观性和可验证性。采用原始成本计价,可以反映固定资产的原始投资,是计算折旧和考核固定资产利用效果的重要依据。

2)按重置完全价值计价

重置完全价值是指在当前的生产技术和市场状况下,重新购置同样固定资产所需的全部支出。其特点是可以比较真实地反映固定资产的现时价值,但作为普遍的计价基础会带来一系列的复杂问题。采用重置完全价值计价可以了解在目前技术、管理水平条件下,重新购置固定资产所需的全部支出。

3)按净值计价

净值是指固定资产的原始成本减去累计折旧后的余额,也叫折余价值,反映实际占用在固定资产上的资金数。采用净值计价,反映固定资产的实有价值,将其与原始成本比较,可以了解固定资产的新旧程度,以便妥善安排固定资产的更新。

2. 固定资产的初始计量

固定资产初始计量(也就是入账价值)的基本原则是按固定资产成本入账,固定资产成本是指企业为购建某项固定资产达到预定可使用状态前所发生的一切合理的、必要的支出。

1)外购的固定资产的入账价值

公路施工企业从外部购入的固定资产,按照实际支付的买价、应缴纳的相关税费,以及为使其达到预定可使用状态前所发生的可以直接归属于该项资产的如运输装卸费、包装费、安装费和技术服务费等作为入账价值。

2)自行建造的固定资产的入账价值

按该项固定资产建造过程中并使其达到预定可使用状态前所发生的必要支出作为入账价值。

3)投资者投入的固定资产的入账价值

按投资合同或协议约定的价值确定,作为入账价值。但合同协议约定价值不公允的除外。

4)融资租入的固定资产的入账价值

按租赁开始日租赁资产原账面价值与最低租赁付款额的现值两者中较低者,作为入账价值。

5)接受抵债取得的固定资产的入账价值

按应收债权的账面价值加上应支付的相关税费,作为入账价值。涉及补价的并收到对方支付补价的,按应收债权账面价值,减去补价,加上交付的相关税费,作为入账价值;向对方支付补价的,按应收债权账面价值,加上支付的补价和支付的相关税费,作为入账价值。

6)非货币性交易中换入的固定资产的入账价值

企业应该以换出资产的账面价值加上支付的相关税费,作为入账价值。在交易中涉及补价的,要分别按不同情况进行处理。一是收到补价的,应按换出资产的账面价值减去补价,加上应确认的收益和支付的相关税费,作为换入资产的入账价值;二是支付补价的,应按换出资产的账面价值加上支付的补价和相关税费,作为换入资产的入账价值。

7)接受捐赠的固定资产的入账价值

按照同类固定资产的市场价格或发票账单所列金额,加上由其负担的运输装卸费用、安装调试费用、支付的相关税费等,作为入账价值。如果接受捐赠的固定资产是旧的,应根据以上方法确定的新的固定资产价值,减去该固定资产估计的价值损耗后的余额,作为入账价值。

8)盘盈的固定资产的入账价值

按同类固定资产的重置完全价值作为入账价值。

第二节　固定资产增加的核算

一、固定资产增加的主要途径

公路施工企业固定资产的增加,主要有如下途径:

(1)由企业基建购建完成交付使用的固定资产;

(2)由企业自行建造的固定资产;

(3)从企业外部购入的固定资产;

(4)由其他单位投资转入的固定资产;

(5)融资租入的固定资产;

(6)在原有基础上改、扩建而增加的固定资产;

(7)接受投资取得的固定资产;

(8)接受抵债取得的固定资产;

(9)非货币性交易换入的固定资产;

(10)财产清查中盘盈的固定资产。

二、固定资产增加的核算

公路施工企业固定资产增加的渠道不同,其会计处理的方法也就有所不同。

1. 设置的会计科目

为了核算固定资产的原始价值以及反映它在使用过程中损耗而转移的价值和核算购建、扩建固定资产的价值,应设置以下会计科目。

1)“固定资产”科目

该科目核算固定资产原价的增减变动及结存情况。增加的固定资产原价记入借方,减少的固定资产原价记入贷方,期末借方余额反映现有固定资产的原价。

2)“累计折旧”科目

该科目核算企业固定资产的累计折旧即固定资产的损耗价值。提取的折旧、增加固定资产转入的折旧记入贷方，减少固定资产转出的折旧记入贷方，期末贷方余额反映固定资产的累计折旧即固定资产的损耗价值。

3)“在建工程”科目

该科目核算企业进行各种专项工程，包括自行建造的固定资产、购入需要安装设备的安装工程等各种专项工程所发生的实际成本。自行建造的固定资产和需要安装的固定资产达到预定使用状态所发生的费用记入借方；建造或安装完毕交付使用时，将其借方归集的全部实际支出作为固定资产价值由贷方转入“固定资产”科目。期末借方余额反映建造或安装的固定资产尚未交付使用前发生的实际成本。

2. 购入固定资产的核算

公路施工企业购入的固定资产的价值，包括买价、增值税、包装费、运杂费、装卸费、安装费用等相关税费，按其实际支付的全部价款作为固定资产的入账价值。

1)购入不需要安装的固定资产的核算

【例 5-1】 某公路施工企业购入不需要安装的压路机一台，买价 320 000 元，同时支付运杂费 3 000 元、增值税 54 400 元，以银行存款支付。根据有关凭证，作如下会计分录：

借：固定资产	377 400	
贷：银行存款		377 400

2)购入需要安装的固定资产的核算

【例 5-2】 某公路施工企业购入沥青混合料搅拌机一台，以银行存款支付买价、运杂费和增值税计 1 200 000 元。并进行安装调试，安装中领用材料实际成本 30 000 元，发生人工费用 6 000 元用银行存款支付，设备安装完毕交付生产部门使用。根据有关凭证，作如下会计分录。

(1)支付购入设备价款并交付安装时：

借：在建工程——搅拌机	1 200 000	
贷：银行存款		1 200 000

(2)安装中领用材料和发生人工费时：

借：在建工程——搅拌机	36 000	
贷：银行存款		6 000
原材料		30 000

(3)设备安装完毕，交付使用时：

借：固定资产	1 236 000	
贷：在建工程——搅拌机		1 236 000

3. 建造固定资产的核算

公路施工企业建造的固定资产，可以采用自营方式，也可以采用出包方式，其会计核算方法也不同。

1)自营方式建造固定资产

公路施工企业自营方式建造固定资产是指由企业根据工程要求自行进行固定资产的建筑安装等施工生产任务，使工程达到预计的使用状态。自营方式建造的固定资产以建造过程中发生的全部支出作为固定资产的价值。

【例 5-3】 2005 年 3 月，某公路施工企业自建实验楼一幢，发生土地征用费 200 000 元，以银行存款支付。建造中领用专项工程物资800 000元。以银行存款支付施工机械租赁费20 000元,应付施工人员工资60 000元。2005年12月,实验楼完工并交付使用。

(1)支付土地征用费时,作如下会计分录:

借:在建工程——实验楼　200 000

　贷:银行存款　200 000

(2)领用专项工程物资,作如下会计分录:

借:在建工程——实验楼　800 000

　贷:工程物资　800 000

(3)支付施工机械租赁费,作如下会计分录:

借:在建工程——实验楼　20 000

　贷:银行存款　20 000

(4)结转应付施工人员工资,作如下会计分录:

借:在建工程——实验楼　60 000

　贷:应付职工薪酬　60 000

(5)实验楼完工交付使用,结转实际建造成本,作如下会计分录:

借:固定资产　1 080 000

　贷:在建工程——实验楼　1 080 000

2)出包建造固定资产

出包建造固定资产是指固定资产的建造工程由外单位承包施工。采用出包方式建造固定资产时,需与承包单位签订承包合同,并按合同规定预付备料款和部分工程款,由承包单位组织施工。

【例5-4】 2006年5月,某公路施工企业建造办公楼一幢,发生土地征用费400 000元,以银行存款支付。工程出包给其他施工企业,合同造价为1 800 000元,按规定由本企业预付30%的工程款,其余款项待完工交付时扣除工程保修费50 000元后结清。

(1)支付土地使用费时,作如下会计分录:

借:在建工程——出包办公楼　400 000

　贷:银行存款　400 000

(2)预付承包单位30%的工程款时,作如下会计分录:

借:预付账款——预付工程款　540 000

　贷:银行存款　540 000

(3)该工程全部完工,办理工程价款结算,作如下会计分录:

借:在建工程——出包办公楼　1 800 000

　贷:应付账款——应付工程款　1 800 000

(4)从结算的已完工程价款中,扣除预付工程款540 000元,扣下50 000元的保修费,其余款用转账支票支付。作如下会计分录:

借:应付账款——应付工程款　1 800 000

　贷:银行存款　1 210 000

　　预付账款　540 000

　　其他应付款　50 000

(5)工程验收并交付使用时,作如下会计分录:

借:固定资产 2 200 000

  贷:在建工程——出包办公楼 2 200 000

4. 其他单位投资投入的固定资产

公路施工企业接受其他单位投资投入的固定资产,是企业原始资本之一,在投资者投入固定资产时,固定资产应按评估确认或合同、协议约定的价值入账。

【例5-5】 2005年6月,某公路施工企业与甲施工单位联营,公路施工企业收到甲施工单位投入的设备一台,甲施工单位的账面原值为200 000元,已提折旧20 000元,经评估确定的价值为180 000元。根据有关凭证,作如下会计分录:

借:固定资产 180 000

  贷:实收资本 180 000

5. 接受捐赠的固定资产

公路施工企业接受其他单位或个人捐赠的固定资产,如提供有关凭据的,应按凭据上标明的金额加上支付的相关税费,作为固定资产原价入账。如没有提供有关凭据的,应按照同类固定资产的市场价格估计的金额,加上支付的相关税费,作为固定资产原价入账。

【例5-6】 2005年8月,某公路施工企业接受捐赠设备一台,对方没有提供任何凭据,根据市场价格估计该设备的价值为60 000元,发生的运输包装费用为2 000元,用银行存款支付,该企业适用的所得税税率为33%。

(1)收到捐赠的设备时,作如下会计分录:

借:固定资产 62 000

  贷:银行存款 2 000

    待转资产价值——接受捐赠非货币性资产价值 60 000

(2)计算应交所得税和结转待转资产价值时,作如下会计分录:

借:待转资产价值——接受捐赠非货币性资产价值 60 000

  贷:应缴税费——应缴所得税 19 800

    资本公积——其他资本公积 40 200

6. 改、扩建增加的固定资产

公路施工企业的固定资产进行的改、扩建是指在原有的固定资产基础上增加某些设施,使其增加固定资产的价值。固定资产改、扩建工程,应按固定资产的原价加上改、扩建时发生的支出,减去改、扩建工程中的固定资产变价收入后的余额,作为改、扩建后的固定资产价值作为入账价值。

为了区分在用和未用固定资产的界限,便于计提折旧,在改、扩建前,应将使用中的固定资产转为未使用的固定资产。

【例5-7】 2005年5月,某公路施工企业将改建实验楼,其账面价值为80万元,已提折旧20万元,拆除残料作价1万元,改建过程中共支出40万元,改建工程于当年10月完工并交付使用。

(1)改建时由生产用转为未使用固定资产时,作如下会计分录:

借:固定资产——未使用固定资产 800 000

  贷:固定资产——生产用固定资产 800 000

(2)拆除残料入库时,作如下会计分录:

借:原材料——其他材料 10 000

贷:在建工程——改建实验楼工程 10 000

(3)以银行存款支付改建工程支出40万元时,作如下会计分录:

借:在建工程——改建实验楼工程 400 000

贷:银行存款 400 000

(4)改建完工交付使用,结转改建工程实际成本时,作如下会计分录:

借:固定资产——未使用固定资产 390 000

贷:在建工程——改建实验楼工程 390 000

(5)实验楼投入使用,将未使用转为生产用固定资产时,作如下会计分录:

借:固定资产——生产用固定资产 1 190 000

贷:固定资产——未使用固定资产 1 190 000

7. 盘盈的固定资产

盘盈固定资产时,应按重置完全价值或规定确认的价值作为入账价值。

【例5-8】 某公路施工企业在2005年终进行固定资产清查时,发现未入账的推土机一台,该设备的市场价为15万元,六成新。

(1)盘盈时,作如下会计分录:

借:固定资产——生产用固定资产 90 000

贷:待处理财产损溢——待处理固定资产损溢 90 000

(2)报经批准后,将盘盈设备价值转入营业外收入时,作如下会计分录:

借:待处理财产损溢——待处理固定资产损溢 90 000

贷:营业外收入——固定资产盘盈 90 000

8. 融资租入的固定资产

融资租赁方式租入的固定资产,在固定资产租赁期间虽然所有权尚未转移,但其全部的风险和报酬已全部转移到承租方。因此,从实质上看,融资租入的固定资产应作为企业资产入账,并按固定资产的核算进行处理。

公路施工企业在融资租入的固定资产,应按租赁开始日租赁资产的原账面价值与最低租赁付款额的现值两者中较低者,作为入账价值。如果融资租入资产总额小于其资产总额的30%或等于30%时,在租赁开始日,企业也可以直接采用最低租赁付款额,作为固定资产的入账价值。

融资租入的固定资产的详细核算在第八章第二节“长期负债的核算”中介绍。

第三节 固定资产减少的核算

公路施工企业在施工生产经营活动中,对一些多余、闲置不用的固定资产,可以通过对外出售、经营性租赁的方式进行处置;对于报废和毁损等原因减少的固定资产应及时进行清理;对于对外投资、抵偿债务、非货币性交易以及盘亏等原因减少的固定资产,也应属于固定资产的处置范围。对于固定资产的处置,一般应通过“固定资产清理”科目进行核算。

一、固定资产出售、报废和毁损的核算

公路施工企业因出售、报废和毁损等原因造成固定资产减少时，在会计核算上一般要根据下面几个步骤进行：

首先，固定资产转入清理。注销固定资产的原值和已提折旧额、已提取的跌价准备；按固定资产账面原值贷记“固定资产”科目，借记“累计折旧”、“固定资产减值准备”和“固定资产清理”等科目。

其次，发生清理费用。固定资产在清理过程中发生的各项费用以及应交税金计入“固定资产清理”科目的借方和“银行存款”、“应交税金”等科目的贷方。

第三，取得的各种收入、保险赔偿和过失赔偿。固定资产出售的收入、报废和毁损的变价收入以及保险赔偿和保险过失赔偿应计入“银行存款”、“原材料”、“其他应收款”等科目的借方和“固定资产清理”科目的贷方。

第四，清理净损益的处理。对于清理后的净收益，属于筹建期间的计入“长期待摊费用”科目的贷方；属于生产经营期间的计入“营业外收入”科目的贷方；同时计入“固定资产清理”科目的借方。对于清理后的净损失，属于筹建期间的计入“长期待摊费用”科目的借方；属于生产经营期间的计入“营业外支出”科目的借方；同时计入“固定资产清理”科目的贷方。

1. 出售固定资产的核算

【例 5-9】 某公路施工企业出售不需要的压路机一台，账面价值 250 000 元，已提折旧 100 000 元，双方协商作价 130 000 元，账款已通过银行存款户收讫。出售时发生的清理费用为 500 元，以银行存款支付。营业税率为 5%，该项固定资产已提取减值准备 3 000 元。

(1)注销固定资产原值和已提折旧及跌价准备，作如下会计分录：

借:固定资产清理	147 000	
累计折旧	100 000	
固定资产跌价准备	3 000	
贷:固定资产		250 000

(2)支付发生的清理费用，作如下会计分录：

借:固定资产清理	500	
贷:银行存款		500

(3)将出售固定资产取得的价款入账，作如下会计分录：

借:银行存款	130 000	
贷:固定资产清理		130 000

(4)计算应缴纳的营业税(130000 元 ×5% =6500 元)，作如下会计分录：

借:固定资产清理	6 500	
贷:应缴税费——应缴营业税		6 500

(5)结转出售固定资产的净损失，作如下会计分录：

借:营业外支出	24 000	
贷:固定资产清理		24 000

2. 报废和毁损固定资产的核算

【例5-10】 某公路施工企业报废房屋一幢,账面原值600 000元,已提折旧580 000元,已提取固定资产减值准备1 000元。对报废房屋清理时,以银行存款支付清理费用8 000元,残料变价收入6 000元,已收到并存入银行。

(1)注销房屋原值和已提折旧及跌价准备,作如下会计分录:

借:固定资产清理 19 000
　累计折旧 580 000
　固定资产跌价准备 1 000
　贷:固定资产 600 000

(2)支付清理费用时,作如下会计分录:

借:固定资产清理 8 000
　贷:银行存款 8 000

(3)收回残料等变价收入时,作如下会计分录:

借:银行存款 6 000
　贷:固定资产清理 6 000

(4)结转固定资产报废清理后的净损失时,作如下会计分录:

借:营业外支出 21 000
　贷:固定资产清理 21 000

【例5-11】 某公路施工企业一台沥青混合料搅拌设备的原值为150万元,累计折旧80万元,因故发生毁损,经保险公司确认赔偿60万元,企业过失人赔偿1万元,该设备残料变价收入6 000元,该设备已计提5万元减值准备。

(1)固定资产转入清理时,作如下会计分录:

借:固定资产清理 650 000
　累计折旧 800 000
　固定资产减值准备 50 000
　贷:固定资产 1 500 000

(2)确认保险公司和过失人赔偿金额时,作如下会计分录:

借:其他应收款——保险公司 600 000
　　　　　——过失人 10 000
　贷:固定资产清理 610 000

(3)取得残料变价收入时,作如下会计分录:

借:银行存款 6 000
　贷:固定资产清理 6 000

(4)收到保险公司和过失人赔偿款时,作如下会计分录:

借:银行存款 610 000
　贷:其他应收款——保险公司 600 000
　　　　　　——过失人 10 000

(5)结转毁损设备清理损溢时,作如下会计分录:

借:营业外支出——非常损失　　34 000
　贷:固定资产清理　　34 000

二、固定资产投资转出的核算

公路施工企业在以固定资产进行对外投资时,按评估确认价或双方确定的协议价作为固定资产对外投资的入账价值。

【例 5-12】 某公路施工企业将一台摊铺机投资于甲公司,该设备原值 80 万元,已提折旧 30 万元,未提减值准备,经评估确认,按该项设备的净值作为投资额入账。根据有关投资协议和凭证,公路施工企业作如下会计分录:

借:长期股权投资——甲公司　　500 000
　　累计折旧　　300 000
　贷:固定资产　　800 000

三、固定资产捐赠转出的核算

公路施工企业在以固定资产进行对外捐赠时,按捐赠固定资产账户的账面价值与累计折旧账户、固定资产减值准备账户的账面价值的差额计入固定资产清理账户,并按捐赠固定资产净支出计入营业外支出。

【例 5-13】 某公路施工企业将一台振动式压路机捐赠给甲中等职业学校,该设备原值 30 万元,已提折旧 8 万元,捐赠中发生的相关税费 600 元,该设备已提减值准备 5 000 元。

(1)捐赠的设备转入清理时,作如下会计分录:

借:固定资产清理　　215 000
　　累计折旧　　80 000
　　固定资产减值准备　　5 000
　贷:固定资产　　300 000

(2)支付相关税费时,作如下会计分录:

借:固定资产清理　　600
　贷:银行存款　　600

(3)结转捐赠设备的净支出时,作如下会计分录:

借:营业外支出——捐赠支出　　215 600
　贷:固定资产清理　　215 600

四、固定资产无偿转出的核算

公路施工企业将固定资产无偿转出时,按无偿转出固定资产账户的账面价值与累计折旧账户、固定资产减值准备账户的账面价值的差额计入固定资产清理账户,并按无偿转出固定资产净损失计入资本公积。

【例 5-14】 某公路施工企业将一台摊铺机无偿调拨给乙施工企业,该摊铺机的账面价值为 80 万元,已提折旧 30 万元,已提减值准备 2 万元,已办理有关无偿转出手续。

(1)无偿转出设备转入清理时,作如下会计分录:

借:固定资产清理　　480 000
　累计折旧　　300 000
　固定资产减值准备　　20 000
　贷:固定资产　　800 000

(2)办完无偿转出手续时,作如下会计分录:

借:资本公积　　480 000
　贷:固定资产清理　　480 000

五、固定资产盘亏的核算

公路施工企业在进行资产清查时,发现有盘亏固定资产,应将其账面价值转入待处理财产损溢账户,并按资产盘亏的有关处理程序进行核算。

【例 5-15】 某公路施工企业在进行资产清查时,发现盘亏发电机一台,账面价值 6 万元,已提折旧 5 万元,经报批后同意盘亏的发电机的净值转为营业外支出。

(1)发现盘亏设备时,作如下会计分录:

借:待处理财产损溢——待处理固定资产损溢　　10 000
　累计折旧　　50 000
　贷:固定资产　　60 000

(2)报经批准后,作如下会计分录:

借:营业外支出——盘亏固定资产损失　　10 000
　贷:待处理财产损溢——待处理固定资产损溢　　10 000

●第四节　固定资产折旧和修理的核算●

一、固定资产折旧的核算

1. 固定资产折旧的概念

公路施工企业的固定资产由于使用和自然力的侵蚀等原因,会发生自然损耗和使用损耗,从而减少固定资产的价值;同时,由于技术进步的原因,也会引起固定资产价值上的损失。因此把前者称作固定资产的有形损耗,后者称作固定资产的无形损耗。无论哪种损耗,都应作为固定资产使用期间的费用计入有关工程成本中去。由于固定资产损耗而逐渐转移到成本费用中去的那一部分价值叫折旧。正确计算固定资产折旧,是正确计算工程成本的需要,也是保证固定资产简单再生产的前提。

2. 固定资产计提折旧的范围

按照《企业会计制度》的规定,公路施工企业的下列固定资产都属于固定资产:因季节性或大修停用的固定资产;因施工任务不足处于半停产状态的固定资产。下列固定资产不计提折旧:除房屋、建筑物以外的各种未使用的固定资产;不需用的固定资产;经营租赁方式租入的固定资产;已提足折旧仍可继续使用的固定资产;按规定已经单独估价入账的土地。

企业计提固定资产折旧,应按月计提。当月增加的固定资产,从下月开始计提折旧;当月减少的固定资产,从下月起停止计提折旧。

3. 固定资产计提折旧的方法

公路施工企业应当根据固定资产所含经济利益预期实现的方式,来选择折旧方法。折旧方法一经选定,不得随意变更;如需要变更应报有关部门备案,并在会计报表附注中加以说明。

影响固定资产折旧额的主要因素有以下三个方面:

一是固定资产原值。即固定资产初始成本。就是指取得固定资产使之达到预计可使用状态时所发生的全部支出。如果固定资产计提了减值准备,应在扣除了减值准备后计提折旧。二是固定资产净残值。就是指预计固定资产报废时收到的残余价值扣除预计的清理费用后的数额。三是固定资产使用年限。固定资产使用年限的长短直接影响企业各期计提的折旧额。固定资产计提折旧的方法有以下几种。

1)使用年限法

使用年限法是指按固定资产使用年限平均计算折旧的一种方法。由于按照这种方法计算提取的折旧额,在各个年份或月份都是相等的,折旧的积数呈一直线上升的趋势,因此这种方法又称为直线法或年限平均法。采用这种方法,主要取决于两个基本因素,即固定资产的原值和预计使用年限。另外还应考虑固定资产的残值收入和发生的清理费用因素。使用年限法的折旧额计算可用下列公式计算:

$$固定资产年折旧额=[固定资产原值-(残值收入-清理费用)]\div 固定资产使用年限$$

$$固定资产月折旧额=固定资产年折旧额\div 12$$

在实际工作中,为了反映固定资产在一定期间的损耗程度和便于计算折旧,每月应计提的折旧额一般是根据固定资产的原值乘以月折旧率计算确定的。固定资产折旧率是指一定时间内固定资产折旧额与固定资产原值之比。其计算公式如下:

$$\begin{aligned}固定资产年折旧率&=年折旧额\div 固定资产原值\\&=(1-预计残值率)\div 固定资产预计使用年限\times 100\%\end{aligned}$$

$$固定资产月折旧率=固定资产年折旧率\div 12$$

固定资产折旧率分为个别折旧率、分类折旧率和综合折旧率。个别折旧率是指根据某项固定资产原值和预计使用年限计算确定的折旧率。分类折旧率是指按照固定资产的类别、原值和预计使用年限分别计算确定的平均折旧率。综合折旧率是指按照全部固定资产的原值和预计使用年限计算确定的平均折旧率。

2)工作量法

工作量法是按照固定资产的实际工作量计算折旧的一种方法。

(1)按台班计算折旧的公式为:

$$每台班折旧额=(固定资产原值-预计净残值)\div 预计折旧年限内的总工作台班$$

$$月折旧额=月实际工作台班\times 该机械设备每台班折旧额$$

(2)按工作小时计算折旧的公式为:

$$每工作小时折旧额=(固定资产原值-预计净残值)\div 折旧年限内规定的总工作小时$$

$$月折旧额=月实际工作小时\times 该固定资产每工作小时折旧额$$

(3)按行使里程计算折旧的公式为:

$$单位里程折旧额=(固定资产原值-预计净残值)\div 规定的总行使里程$$

$$月折旧额 = 月实际行使里程 \times 该运输设备单位里程折旧额$$

3)双倍余额递减法

双倍余额递减法是按直线折旧率计算固定资产折旧的方法,它是在不考虑固定资产残值的情况下,用固定资产账面上每期期初的折余价值乘以双倍直线折旧率来计算确定各期的折旧额的。计算公式如下:

$$年折旧率 = (2 \div 预计使用年限) \times 100\%$$

$$月折旧率 = 年折旧率 \div 12$$

$$月折旧额 = 固定资产净值 \times 月折旧率$$

实行双倍余额递减法计提折旧的固定资产,因为在计算折旧率时没有考虑残值收入,所以,应当在固定资产折旧年限到期以前两年内,将固定资产扣除净残值后的余额平均摊销。

【例5-16】 某公路施工企业某项固定资产原值为50万元,预计使用5年,预计净残值为6 000元。采用双倍余额递减法计提各年折旧额,如表5-1所示。

固定资产折旧计算表 表5-1

单位:元

年份	期初账面余额	年折旧率	年折旧额	累计折旧	期末账面余额
1	500 000	40%	200 000	200 000	300 000
2	300 000	40%	120 000	320 000	180 000
3	180 000	40%	72 000	392 000	108 000
4	108 000		51 000	443 000	57 000
5	57 000		51 000	494 000	6 000

4)年数总和法

年数总和法也叫年限合计法,是将固定资产原值减去残值后的净额乘以一个逐年递减的分数计算确定固定资产折旧额的一种方法。其折旧的计算公式如下:

$$年折旧率 = \{(折旧年限 - 已使用年限) \div [折旧年限 \times (折旧年限 + 1)]\} \times 100\%$$

$$年折旧额 = (固定资产原值 - 预计净残值) \times 年折旧率$$

$$月折旧率 = 年折旧率 \div 12$$

$$月折旧额 = (固定资产原值 - 预计净残值) \times 月折旧率$$

【例5-17】 某公路施工企业一项固定资产原值为32万元,预计使用年限为5年,预计净残值为8 000元,采用年数总和法计提各年折旧额,见表5-2所示。

固定资产折旧计算表 表5-2

单位:元

年份	原值-净残值	年折旧率	年折旧额	累计折旧额	期末账面余额
0					320 000
1	312 000	5/15	104 000	104 000	216 000
2	312 000	4/15	83 200	187 200	132 800
3	312 000	3/15	62 400	249 600	70 400
4	312 000	2/15	41 600	291 200	28 800
5	312 000	1/15	208 00	312 000	8 000

4. 固定资产折旧的核算

为了反映和监督公路施工企业固定资产折旧的增减变动以及累计折旧额，在总分类核算中应设置“累计折旧”会计科目。在实际工作中，固定资产折旧的核算，是通过编制“固定资产折旧计算表”进行的，作为固定资产折旧总分类核算的依据。

【例5-18】 某公路施工企业2005年6月“固定资产折旧计算表”见表5-3。

固定资产折旧计算表

表5-3

单位：元

2005年6月

固定资产类别	月折旧额	按使用对象分配		
		机械作业	辅助生产	管理费用
房屋	1 000			1 000
建筑物	500			500
运输设备	2 000	2 000		
生产设备	1 500		1 500	
仪器及试验设备	600		400	200
施工机械	5 000	5 000		
其他生产用固定资产	400			400
合计	11 000	7 000	1 900	2 100

根据表5-3所列固定资产折旧额，作如下会计分录：

借：机械作业　　7 000

　辅助生产　　1 900

　管理费用　　2 100

　贷：累计折旧　　11 000

二、固定资产修理的核算

1. 固定资产修理的作用

公路施工企业所拥有的固定资产可以长期在施工生产经营活动中使用，但由于自然损耗，其各个组成部分因耐用程度不同，磨损的程度也不同，因此经常会发生固定资产的某个部分损坏。为了更好地发挥固定资产的使用效能，使其经常处于良好状况，保证固定资产的正常运转和使用，企业必须对固定资产进行有计划地、及时地修理。

2. 固定资产修理的分类

固定资产的修理按照修理范围的大小、间隔时间的长短、费用支出的多少，可以分为大修理和日常修理两类。

1）大修理

固定资产大修理是对企业的固定资产设备进行局部更新。如施工机械设备、运输设备等进行全部拆卸，部分更换主要部件、配件，房屋建筑物进行翻修等。因此，固定资产大修理的特点是：修理范围大，间隔时间长，修理次数少，支出费用多。

2）日常修理

固定资产日常修理是为了维护和保持固定资产正常工作状况所进行的经常性修理。如对施工机械设备、运输设备等进行局部修理,更换个别零配件、排除故障或清洗设备,对房屋建筑物的局部修缮等。因此,固定资产日常修理的特点是:修理范围小,间隔时间短,修理次数多,支出费用少。

3. 固定资产修理的核算

公路施工企业固定资产修理的核算要根据其发生的修理费用的多少以及对各期成本的影响程度,可以采用直接、摊销和预提的方法计入各期工程成本及有关费用。

1)直接计入

企业为了简化核算手续,对日常发生一次支付修理费用较少且比较均衡的修理费用,可以直接计入当期有关的成本费用科目。

【例 5-19】 2005 年 6 月,某公路施工企业对一台压路机进行日常修理,领用配件 2 280 元,发生的修理人工费用 200 元。根据有关领用、结算凭证,作如下会计分录:

借:机械作业　　2 480

　贷:原材料　　2 280

　　应付职工薪酬　　200

2)摊销计入

企业对于一次性支出较多的修理费用,为了保证工程成本负担的均衡性,企业可以根据大修理计划采用摊销的方法分期计入各期工程成本、费用。发生修理费用时记入"累计摊销"或"长期待摊费用"科目的借方;分期摊销时,记入有关工程成本、费用科目借方,同时记入"累计摊销"或"长期待摊费用"科目的贷方。

【例 5-20】 2005 年 8 月,某公路施工企业将一台摊铺机委托某施工机械修理厂进行大修理。开出一张转账支票支付大修理费用,金额为 48 000 元,摊销期为 12 个月。

(1)大修完工,支付大修理费用时,作如下会计分录:

借:累计摊销　　48 000

　贷:银行存款　　48 000

(2)分 12 个月摊销,每月摊销 4 000 元,作如下会计分录:

借:机械作业　　4 000

　贷:累计摊销　　4 000

●第五节　固定资产后续支出和减值的核算●

一、固定资产后续支出的核算

公路施工企业的固定资产投入使用后,为了适应新技术发展的需要,或者为维护或提高固定资产的使用效能,往往需要对现有的固定资产进行维护、改建扩建或者改良,以提高固定资产的使用效能。在这一过程中发生的与固定资产有关的费用支出,如果这项支出增强了固定资产获取未来经济利益的能力,提高了固定资产的性能(如延长了固定资产的使用寿命,使产品质量实质性提高或使产品成本实质性降低),也就是说,使可能流入企业的经济利益超过了原先的估计,则应将该支出计入固定资产的账面价值,即将这部分后续支出予以资本化,但其增计金额后的固定资产账面价值不应超过该项固定资产的可回收金额。

【例 5-21】 2000 年 12 月,某公路施工企业建成一幢沥青混凝土拌和料站,建造成本为 300 万元,到 2004 年底已计提折旧 160 万元。2005 年 1 月,为了满足企业施工生产发展的需要,决定对拌和料站进行改扩建,以提高其生产能力。经过 4 个月的改扩建,完成了对拌和料站的改扩建工程,共发生支出 50 万元,全部用银行存款支付。该拌和料站改扩建达到预定可使用状态后,大大提高了生产能力,预计使用年限延长了 4 年。该项工程达到预定可使用状态后,预计能够带来的可收回金额为 200 万元。账务处理如下:

(1)将该项固定资产转入改扩建时,作如下会计分录:

借:在建工程——拌和料站 1 400 000
　　累计折旧 1 600 000
　贷:固定资产 3 000 000

(2)支付发生的改扩建工程款时,作如下会计分录:

借:在建工程——拌和料站 500 000
　贷:银行存款 500 000

(3)改扩建的拌和料站达到预定可使用状态时,作如下会计分录:

2005 年 4 月 30 日,拌和料站改扩建工程达到预定可使用状态,如将后续支出全部资本化后的固定资产账面价值为:140 + 50 = 190(万元),不超过改扩建工程达到预定可使用状态后固定资产预计能给企业带来的可收回金额为 200 万元。所以,可将后续支出全部予以资本化。

借:固定资产 1 900 000
　贷:在建工程——拌和料站 1 900 000

二、固定资产减值的核算

1. 固定资产减值的概念

由于公路施工企业施工生产经营环境的变化和科学技术的进步以及其他经济的原因,导致固定资产获取未来经济利益的能力有所下降,致使固定资产的可收回金额低于其账面价值,这种情况就称为固定资产减值。可收回金额应当根据资产的公允价值减去处置费用后的净值与资产预计未来现金流量的现值两者之间较高者确定。处置费用包括与资产处置有关的法律费用、相关税费、搬运费以及为使资产达到可销售状态所发生的直接费用等。

2. 固定资产减值的确认

公路施工企业如果对发生的固定资产价值的减值不予确认,必将导致企业虚夸固定资产的价值,这不符合会计核算一般原则中的谨慎和真实性原则。因而,在期末企业应当对固定资产进行检查,如发现存在下列迹象的,应当计算固定资产的可收回金额,以便确定固定资产可能发生的减值。

(1)固定资产的市价当期大幅度下跌,其跌幅明显高于因时间的推移或者正常使用而预计的下跌。

(2)企业经营所处的经济、技术或者法律等环境以及固定资产所处的市场在当期或者将在近期发生重大变化,从而对企业产生不利影响。

(3)市场利率或者其他市场投资报酬率在当期已经提高,从而影响企业计算固定资产预计未来现金流量现值的折现率,导致固定资产可收回金额大幅度降低。

(4)有证据表明固定资产已经陈旧过时或其实体已经损坏。

(5)固定资产已经或者将被闲置、终止使用或者计划提前处置。

(6)企业内部报告的证据表明固定资产的计价绩效已经低于或者将低于预期,如固定资产所创造的净现金流量或者实现的营业利润(或者亏损)远远低于(或者高于)预计金额等。

(7)其他表明固定资产可能发生减值的迹象。

3. 固定资产减值的转回

公路施工企业如果发现有迹象表明,以前期间据以计提固定资产减值的各种因素发生变化,使得固定资产的可收回金额大于其账面价值,则以前期间已计提的减值损失应当于当期转回,但转回的金额不应超过原已计提的固定资产减值准备。但是,在转回已确认的固定资产减值损失时,转回后固定资产的账面价值不应超过不考虑计提减值因素情况下计算确定的固定资产账面净值,即取得固定资产原值扣除正常情况下计提的累计折旧后的余额。

4. 计提或转回减值后固定资产折旧的确定

公路施工企业已经计提减值准备的固定资产,应当按该项固定资产的账面价值以及可使用寿命重新计算确定该项固定资产的折旧率和折旧额。

公路施工企业如果已计提减值准备的固定资产价值又得以恢复,应当按照固定资产价值恢复后的账面价值以及尚可使用寿命,重新计算确定其折旧率和折旧额。

公路施工企业计提或转回固定资产减值准备的应当重新复核其折旧方法、预计使用寿命和预计净残值,并区别情况采取不同的处理方法。

(1)如果固定资产所含经济利益的预期实现方法、预计的使用寿命和预计的净残值未发生重大变化,公路施工企业仍遵循原有的折旧方法、原有的预计使用寿命和原预计的净残值时,应按照固定资产的账面价值扣除预计的净残值后的余额以及可使用寿命,重新计算确定折旧率和折旧额。

(2)如果固定资产所含经济利益的预期实现方法、预计的使用寿命和预计的净残值发生重大变化,公路施工企业应当相应改变固定资产原有的折旧方法、原有的预计使用寿命和原预计的净残值,并按照《企业会计准则——会计账册、会计估计变更和会计差错更正》的规定对其进行会计处理。

5. 固定资产减值的核算

公路施工企业固定资产减值的核算应通过“固定资产减值准备”科目进行。发生固定资产减值时,记入“营业外支出”科目的借方,并记入“固定资产减值准备”科目的贷方;如果已计提减值准备的固定资产价值又得以恢复,应在原已计提的减值准备的范围内转回,记入“固定资产减值准备”科目的借方,并记入“营业外支出”科目的贷方。

【例5-22】 2000年12月,某公路施工企业购入进口摊铺机一台,人民币价值200万元,款项用银行存款支付。该设备预计使用年限为8年,预计净残值10万元。企业对该设备采用使用年限方法计提折旧。

(1)2000年12月购入设备时,作如下会计分录:

借:固定资产	2 000 000	
贷:银行存款		2 000 000

(2)每年计提固定资产折旧时,作如下会计分录:

年折旧额 =(2000000 元 - 100000 元) ÷ 8 = 237500(元)

借:机械作业 237 500

  贷:累计折旧 237 500

【例 5-23】 按上例,2004 年 12 月 31 日,公路施工企业在对固定资产进行清查时发现该设备可能发生了减值,现时的销售净价为 30 万元,未来 4 年内企业持续使用以及使用寿命到期时的处置中形成的现金流量现值为 42 万元。

截止 2004 年 12 月 31 日,该设备 4 年已提折旧为 95 万元,因而该设备账面净值为(200 万元 - 95 万元)105 万元;现时销售净价为 30 万元,企业预期从该设备的持续使用以及使用寿命到期时的处置中形成的现金流量现值为 42 万元。因此可回收的金额为 42 万元。所以,公路施工企业当期应计提该设备减值准备金额为(105 万元 - 42 万元)63 万元。

2004 年 12 月 31 日计提减值准备时,作如下会计分录:

借:营业外支出——计提固定资产减值准备 630 000

  贷:固定资产减值准备 630 000

【例 5-24】 按上例。2006 年 12 月 31 日,公路施工企业再对固定资产进行清查时发现,2004 年 12 月 31 日计提固定资产减值的各种因素发生了变化,对企业产生了有利影响,目前市场上该种设备的销售净价为 72 万元,未来两年内持续使用以及使用寿命结束时的处置中形成的现金流量现值为 84 万元。假设企业对该设备计算折旧的方法、预计的使用寿命和净残值都没有发生变化。

该公路施工企业 2005 年、2006 年两年每年计提的固定资产折旧额以及会计处理是相同的,每年计提的折旧额为(42 - 10)/4 = 8(万元)。

(1)2005 年、2006 年每年计提折旧时,所作的会计分录如下:

借:机械作业 80 000

  贷:累计折旧 80 000

(2)2006 年 12 月 31 日转回减值准备时,作如下会计分录:

借:固定资产减值准备 315 000

  贷:营业外支出——计提固定资产减值准备 315 000

2006 年 12 月 31 日,在企业没有转回已确认的固定资产减值损失情况下的该项固定资产账面净额为(42 万元 - 8 万元 × 2)26 万元;如果在不考虑计提减值准备的情况下,计算确定的该项固定资产账面净额为(2 000 000 元 - 237 500 元 × 6)57.5 万元;而可收回的金额为 84 万元。由于在转回已确认的固定资产价值损失时,转回后固定资产账面价值不应超过不考虑计提减值因素情况下计算的固定资产账面净值,所以企业应按照在不考虑计提减值准备因素情况下计算确定的固定资产账面净值 57.5 万元,与没有转回已确认的固定资产减值损失情况下的固定资产账面净值 26 万元之间的差额(575 000 元 - 260 000 元)31.5 万元予以转回。

(3)2006 年以后两年间每年计提折旧时,作如下会计分录:

借:机械作业 237 500

  贷:累计折旧 237 500

2006 年 12 月 31 日企业减值准备转回后账面价值为 57.5 万元减去预计的净残值 10 万元

后,计算出后两年应计提的折旧额为47.5万元,该设备使用寿命还剩2年,因此每年折旧额为23.75万元。

•第六节　临时设施的核算•

一、临时设施的概念

公路施工企业的临时设施是为了保证施工和管理的正常进行而建造的各种临时性生产、生活设施。

公路施工企业之所以需要搭建临时设施,是由施工工程的固定性和施工的流动性所决定的。每当施工人员进入新的施工工地时,为了保证施工生产的顺利进行,必须搭建一些临时设施。这些临时设施,在工程完工后,就失去了它原来的作用,必须拆除或作其他处理。

二、临时设施的内容

公路施工企业在施工工地搭建的临时设施,一般分为大型临时设施和小型临时设施两类,主要包括以下内容。

1. 大型临时设施

(1)施工人员的临时宿舍。

(2)食堂、浴室、医务室等现场临时性文化福利设施。

(3)施工企业在现场的临时办公室。

(4)现场各种临时仓库和施工机械设备库。

(5)临时道路、场区刺网、围墙等。

(6)施工过程中需要的临时给水、排水、供电供热和设施等。

(7)施工现场为混凝土构件预制、混凝土搅拌、钢筋加工而建的临时性建筑物。

2. 小型临时设施

(1)现场施工和安全保卫使用的小型临时设施,如作业棚、机棚、休息棚、施工用不固定的水管、电线、临时刺网等。

(2)保管器材用的小型临时设施,如简易料棚、工具储藏室等。

(3)行政管理用的小型临时设施,如工地收发室等。

目前公路施工企业在施工现场所需的临时设施,一种是由建设单位投资搭建,产权归建设单位所有,其费用由建设单位摊入建设成本无偿供施工企业使用。另一种是由施工企业利用向发包单位收取的临时设施费来建造,其收费办法有以下两种:一是由施工企业按照地区规定的临时设施费的取费标准与工程造价款一起向发包单位收取;二是由施工企业按照施工组织设计的规划,编制临时设施预算,经有关部门审批后,向发包单位收取。

三、临时设施的核算

1. 临时设施核算会计科目的设置

公路施工企业为了核算临时设施的搭建及其摊销情况,应设置以下会计科目。

1)“临时设施”会计科目

该科目主要核算临时设施购置或搭建以及拆除、报废过程中发生的实际成本。公路施工企业购置或搭建各种临时设施发生的实际成本记入该科目的借方；出售、拆除、报废的不需用或不能继续使用的临时设施的实际成本记入该科目的贷方；月末该科目借方余额反映企业现有临时设施的实际成本。该科目可按种类和使用部门进行明细核算。

2)“临时设施摊销”会计科目

该科目主要核算临时设施费用的摊销情况。公路施工企业按月计提摊入工程成本的临时设施摊销额记入贷方；出售、拆除、报废、毁损和盘亏临时设施的已提摊销额记入借方；月末贷方余额反映企业在用临时设施的已提摊销额。

2. 临时设施的核算

1)临时设施购建和搭建的核算

公路施工企业对于购入的临时设施应按购入时的实际支出，记入“临时设施”科目的借方和“银行存款”科目或其他科目的贷方。对于通过安装建造完成的临时设施，在搭建过程中发生的各种费用，先通过“在建工程”科目核算，在发生费用时，记入“在建工程”科目的借方和有关科目的贷方；搭建完成交付使用时，按发生的实际成本，记入“临时设施”科目的借方和“在建工程”科目的贷方。

【例 5-25】 2005 年 3 月，某公路施工企业因工程施工管理的需要，在工地附近购入民宅一幢，作为临时办公室，价款 15 万元，以银行存款支付。根据有关凭证，作如下会计分录：

借：临时设施	150 000	
贷：银行存款		150 000

【例 5-26】 2005 年 4 月，某公路施工企业在施工现场搭建临时仓库过程中，领用建筑材料 30 000 元，发生人工费用 5 000 元，以银行存款支付其他费用 3 000 元，该仓库于当月底交付使用。

(1)仓库搭建中发生费用时，作如下会计分录：

借：在建工程——临时仓库	38 000	
贷：原材料		30 000
应付职工薪酬		5 000
银行存款		3 000

(2)仓库完工交付使用时，作如下会计分录：

借：临时设施——临时仓库	38 000	
贷：在建工程——临时仓库		38 000

2)临时设施摊销的核算

公路施工企业的临时设施，应根据其使用年限和服务对象合理确定摊销期限，按月进行摊销，将其价值分期摊入工程成本。由于临时设施一般在工程完工后必须拆除，因此其使用期限不得长于工程施工期限。

【例 5-27】 某公路施工企业按规定计算本月应摊销的临时设施费用 5 000 元，根据有关凭证，作如下会计分录：

借:工程施工　　5 000

　贷:临时设施摊销　　5 000

3)临时设施清理的核算

公路施工企业在施工现场搭建的临时设施,在不需用或不能继续使用时,就要加以拆除清理。临时设施的拆除清理,应通过"固定资产清理"科目进行核算。

【例 5-28】 2005 年 11 月,某公路施工企业因承包工程完工将临时仓库拆除,该仓库原价 38 000 元,已摊销额 35 000 元,在拆除中支出拆除费用 600 元,残料作价 2 000 元入库。

(1)将拆除的仓库转入清理时,作如下会计分录:

借:固定资产清理——临时设施清理　　3 000

　　临时设施摊销　　35 000

　贷:临时设施　　38 000

(2)支付拆除费用时,作如下会计分录:

借:固定资产清理——临时设施清理　　600

　贷:银行存款　　600

(3)残料回收时,作如下会计分录:

借:原材料　　2 000

　贷:固定资产清理——临时设施清理　　2 000

(4)结转拆除清理后的净损失时,作如下会计分录:

借:营业外支出　　1 600

　贷:固定资产清理——临时设施清理　　1 600

思考与练习

一、思考题

1. 固定资产分为哪几类?特征有哪些?
2. 固定资产确认的条件和计价基础是什么?
3. 如何确定固定资产的入账价值?
4. 计提固定资产折旧有哪些方法?计提固定资产折旧有何意义?
5. 固定资产出售与报废在核算方法和手续上有何不同?
6. 如何计提固定资产减值准备?
7. 临时设施包括哪些内容?
8. 如何对临时设施的购建、摊销、报废或拆除进行会计账务处理?

二、练习题

1. 某公路施工企业 2003 年 5 月发生下列固定资产增减经济业务:

(1)5 月 6 日购入需要安装的设备一台,以银行存款支付买价、运杂费和增值税计800 000 元。安装中领用材料实际成本 20 000 元,发生人工费用 5 000 元,以银行存款支付,设备安装完毕交付生产部门使用。

(2)5 月 9 日建造实验楼一幢,发生土地征用费 500 000 元,以银行存款支付。工程出包给其他施工企业,合同造价为 2 000 000 元。按规定由本企业预付 30% 的工程款,其余款项待完工交付时扣除工程保修费 100 000 元后结清。

(3)5 月 12 日企业与乙单位联营,收到乙单位投入的设备一台,乙单位该设备的账面原值为 320 000 元,已提折旧 60 000 元,经评估确定的价值为 260 000 元。

(4)5 月 18 日企业接受捐赠设备一台,对方没有提供任何凭据,根据市场价格估计该设备的价值为 90 000 元,发生的运输包装费用 3 000 元,用银行存款支付,该企业适用的所得税税率为 33%。

(5)5 月 22 日企业出售不需要的推土机一台,账面价值 300 000 元,已提折旧 150 000 元,双方协商作价 140 000 元,账款已通过银行收讫。出售时发生的清理费用为 200 元,以银行存款支付。营业税率为 5%,该项固定资产已提取减值准备 5 000 元。

(6)5 月 26 日企业将一台挖掘机捐赠给某中等职业学校,该设备原值 350 000 元,已提折旧 160 000 元,捐赠中发生的相关税费 800 元,该设备已提减值准备 3 000 元。

(7)5 月 28 日企业在进行资产清查时,发现盘亏柴油发电机一台,账面价值 50 000 元,已提折旧 42 000 元,经报批后同意盘亏的发电机的净值转为营业外支出。

要求:根据上述资料,作出有关的会计分录。

2. 某公路施工企业一项固定资产原值 60 万元,预计净残值率为 3%,预计使用年限为 5 年,采用双倍余额递减法列表计算该固定资产的年折旧率和年折旧额。

3. 某公路施工企业一项固定资产原值 62 万元,预计净残值为 2 万元,预计使用年限为 5 年,采用年数总和法列表计算该固定资产的年折旧率和年折旧额。

4. 某公路施工企业于 1998 年 12 月购入拌和设备一台,价值人民币 100 万元,款项用银行存款支付。该设备预计使用年限为 10 年,预计净残值为 10 万元。企业对该设备采用使用年限方法计提折旧。2004 年 12 月 31 日,该企业在对固定资产进行清查时发现此设备可能发生了减值,现时的销售净价为 20 万元,未来 4 年内企业持续使用以及使用寿命到期时的处置中形成的现金流量现值为 30 万元。2006 年 12 月 31 日,该企业再对固定资产进行清查时发现,2004 年 12 月 31 日计提固定资产减值的各种因素发生了变化,对企业产生了有利影响,目前市场上该种设备的销售净价为 42 万元,未来两年内持续使用以及使用寿命结束时的处置中形成的现金流量现值为 60 万元。假设企业对该设备计算折旧的方法、预计的使用寿命和净残值都没有发生变化。

要求:作出相关年度的会计分录。

5. 2003 年 12 月,某公路施工企业因承包工程完工,将临时建筑物拆除,该建筑物原价 56 000元,已摊销额 52 000 元,在拆除中支出拆除费用 1 000 元,残料作价 1 800 元入库。

要求:作出其有关的会计分录。

第六章 无形资产和其他资产的核算

知识目标

1. 无形资产的概念、内容、特征、计价方法，无形资产的账务处理方法；
2. 其他资产的概念及账务处理方法。

能力目标

1. 对无形资产的取得、摊销、转让、减值准备进行会计处理的能力；
2. 对其他资产进行会计处理的能力。

●第一节　无形资产的核算●

一、无形资产概述

1. 无形资产的概念

无形资产是企业为商品生产、提供劳务、出租给他人，或者为管理目的而持有的，没有实物形态的非货币性长期资产。

无形资产只有在满足以下条件时，企业才能加以确认。

(1)该资产为企业获得的经济利益很可能流入企业；

(2)该资产的成本能够可靠地计量。

企业自创的商誉，以及未满足无形资产确认条件的其他项目，不能作为无形资产。

2. 无形资产的分类

无形资产可按以下不同的标准进行分类：

(1)按能否辨认划分，分为可辨认无形资产和不可辨认无形资产。可辨认无形资产包括专利权、非专利技术、商标权、著作权、土地使用权等；不可辨认无形资产是指商誉。

(2)按其来源划分，分为外来的无形资产和自创的无形资产。

(3)按其有无期限划分，分为有限期无形资产和无限期无形资产。

3. 无形资产的内容

公路施工企业的无形资产一般包括以下内容。

1)专利权

专利权是指权利人在法定期限内对某一发明创造所拥有的独占权和专有权。

2）商标权

商标权是用来辨认特定的商品或劳务的标记。商标权是指专门在某类指定的商品或产品上使用特定的名称或图案的权利。

3）著作权

著作权也称版权，是指文学、艺术和科学作品的作者依法拥有的发表权、署名权、修改权、使用权和获得报酬权。

4）土地使用权

土地使用权是指国家准许某一企业在一定期间内对国有土地享有的开发、利用和经营的权利。

5）非专利技术

非专利技术也称专有技术，是指未公开，也未申请专利的先进技术、知识和经验。

6）特有权

特有权也称为专营权，是指某一地区经营或销售某种特定商品的权力或是一家接受另一家企业使用其商标、商号、技术秘密等的权力。

7）商誉

商誉是指企业合并成本大于合并取得被购买方各项可辨认资产、负债公允价值份额的差额，其存在无法与企业自身分离，不具有可辨认性。企业自创的商誉以及未满足无形资产确认条件的其他项目，不能作为企业的无形资产。

4. 无形资产的特征

（1）不存在实物形态。无形资产所体现的是一种受法律承认和保护的法定权利或获得超额利润的能力，它没有物质实体，但却具有价值，或者能使企业获得高于同行业一般水平的盈利能力。不具有实物形态是无形资产区别于其他资产的显著标志。

（2）能在较长的时期内使企业获得经济效益。无形资产能在多个生产经营期内使用，使企业长期受益，因而，属于一种长期资产。企业为取得无形资产所发生的支出，属于成本性支出。

（3）收益具有不确定性。无形资产的经济价值在很大程度上受企业外部因素的影响，其预期的获利能力不能准确地加以确定。无形资产要依托于一定的实体发挥作用，有些无形资产只是在某个特定的企业存在并发挥效能。有些无形资产随着市场竞争、新技术的出现而使其被替代或丧失其优越性。无形资产的取得成本不能代表其经济价值，一项取得成本较高的无形资产可能为企业带来较少的经济效益，而取得成本较低的无形资产也可能给企业带来较大的利益。

（4）持有的目的是为了使用不是出售。企业持有无形资产的目的是用于生产或提供劳务、出租给他人，或为了管理目的，而不是为了对外销售。脱离了生产经营活动，无形资产就失去其经济价值。

（5）通常是有偿取得的。无形资产作为一种能带来预期收益的资产，除接受捐赠以外，无非是通过外购和自创方式取得的，而外购和自创都必须花费成本，即购买费用和自制费用，因此，都是通过有偿取得的。

5. 无形资产的计价

(1)外购无形资产,应按实际支付的价款计价。

(2)自行开发并依法申请取得的无形资产,应按依法取得时发生的注册费、律师费用进行计价。依法申请取得前发生的研究与开发费用,应于发生时确认为当期费用。

(3)投资者投入的无形资产,应按评估确认或者合同、协议确定的金额计价。

(4)接受捐赠的无形资产,应按发票账单所列金额或同类无形资产的市价,加上支付的相关税费计价。

(5)企业接受的债务人以非现金资产抵偿债务方式取得的无形资产,应按应收债权的账面价值加上应支付相关税费作为实际成本。

(6)以非货币性交易换入的无形资产,应按换出资产的账面价值加上应支付的相关税费作为实际成本。

二、无形资产的核算

为了反映无形资产的取得和价值摊销情况,企业应设置"无形资产"会计科目进行核算。企业也可以根据自身特点和需要按无形资产的类别设置明细账,进行明细核算。

1. 无形资产取得的核算

1)购入无形资产的核算

【例6-1】 2003年5月,某公路施工企业购入一项非专利技术,以银行存款支付转让价款50 000元,根据有关凭证,作如下会计分录:

借:无形资产——非专利技术	50 000	
贷:银行存款		50 000

2)自行开发取得的无形资产的核算

【例6-2】 2004年8月,某公路施工企业自行研究开发某项技术,申请专利获得成功,以银行存款支付申请专利过程中发生的专利登记费用50 000元,律师费用8 000元。根据有关凭证,作如下会计分录:

借:无形资产——专利权	58 000	
贷:银行存款		58 000

3)投资者投入的无形资产的核算

【例6-3】 2005年6月,某公路施工企业收到甲公司以场地所有权进行的投资,经评估确认其价格为400 000元,已办妥相关手续,根据有关凭证,作如下会计分录:

借:无形资产——土地使用权	400 000	
贷:实收资本		400 000

4)接受捐赠的无形资产的核算

【例6-4】 2005年9月,某公路施工企业接受乙公司捐赠的一项专利权,其发票账单所列金额为200 000元。施工企业适用的所得税税率为33%。已办妥相关手续,根据有关凭证,作如下会计分录:

借:无形资产——专利权	200 000	
贷:待转资产价值		200 000

期末，结转待转资产价值时，作如下会计分录：

借：待转资产价值　　200 000

　贷：递延税款　　66 000

　　资本公积　　134 000

2. 无形资产摊销的核算

1）无形资产摊销期限的确定

企业无形资产的成本，应从取得当月起，在预计使用年限内分期平均摊销。如预计使用年限超过了合同规定的受益年限或法律规定的有效年限，摊销年限应按下列原则确定：

（1）合同规定了受益年限，但法律没有规定有效年限的，摊销期不应超过受益年限。

（2）合同没有规定受益年限，但法律规定了有效年限的，摊销期不应超过有效年限。

（3）合同规定了受益年限，但法律也规定了有效年限的，摊销期不应超过受益年限与有效年限两者中较短者。

（4）如果合同没有规定受益年限，法律也没有规定有效年限的，摊销期不应超过 10 年。

2）无形资产摊销的核算

企业对无形资产的摊销直接冲减无形资产的账面价值。

【例 6-5】　2003 年 8 月，某公路施工企业购入专利一项，价值 240 000 元，其有效期限为 10 年，本月应摊销 2 000 元，根据有关凭证，作如下会计分录：

借：管理费用——无形资产摊销　　2 000

　贷：无形资产——专利权　　2 000

若预计某项无形资产已经不能给企业带来未来经济利益，应当将该项无形资产的摊余价值全部转入当期管理费用。

3. 无形资产转让的核算

公路施工企业拥有的无形资产，可以依法转让。转让方式有两种：一是转让其所有权；二是转让其使用权。两种方式在会计处理上是不同的。

1）无形资产所有权转让的核算

无形资产所有权转让即为出售无形资产，按照实际取得的转让收入与账面余额的差额计入"营业外收入"或"营业外支出"科目，并冲销无形资产账面余额。按应支付的相关税费，记入"应付税费"科目。

【例 6-6】　某公路施工企业转让非专利技术一项，取得转让收入 160 000 元，存入银行；应缴的营业税为 8 000 元。该项无形资产已提减值准备 3 000 元，账面余额 166 000 元。作如下会计分录：

借：银行存款　　160 000

　　无形资产减值准备　　3 000

　　营业外支出　　11 000

　贷：无形资产　　166 000

　　　应缴税费——应缴营业税　　8 000

2）无形资产使用权转让的核算

无形资产使用权的转让仅仅是将部分使用权让渡给其他单位或个人，公路施工企业仍保留该项无形资产的所有权，接受方只能取得无形资产的使用权，在合同规定的范围内合理使用而无权转让。在这种情况下，由于转让企业仍然拥有无形资产的所有权，因此，不应注销无形资产的账面摊余价值。

企业转让无形资产的使用权，按照实际取得的转让收入，记入"其他业务收入"科目，对转让中发生的有关费用，记入"其他业务支出"科目。

【例 6-7】 2004 年 5 月，某公路施工企业将一项专利权的使用权转让给乙公司，转让合同中规定：乙公司使用该专利权每年支付 15 万元。公路施工企业为此用现金支付的咨询费为 600 元。企业接到通知，乙公司转来的使用费已存入开户银行。适用营业税率为 5%。根据有关凭证，作如下会计处理：

（1）支付转让咨询费时，作如下会计分录：

借：其他业务支出——无形资产转让 600

　贷：现金 600

（2）收到乙公司专利权使用费时，作如下会计分录：

借：银行存款 150 000

　贷：其他业务收入——无形资产转让 150 000

（3）计算应交营业税时，作如下会计分录：

借：其他业务支出——无形资产转让 7 500

　贷：应缴税费——应缴营业税 7 500

4. 无形资产减值准备的核算

公路施工企业的无形资产应当按照账面价值与可收回金额相抵的原则进行计量，对可收回金额低于账面价值的差额，应当计提无形资产减值准备，计入当期营业外支出。对已计提减值准备的无形资产价值得以恢复，应在已计提减值准备的限度内调增无形资产的账面价值。

【例 6-8】 2004 年 12 月 31 日，某公路施工企业检查时发现，一项非专利技术账面价值为 360 000 元，但该项无形资产在当前市场上可收回的金额为 352 000 元。根据市场情况，企业应当计提该项无形资产的减值准备，作如下会计分录：

借：营业外支出——计提无形资产减值准备 8 000

　贷：无形资产减值准备 8 000

【例 6-9】 依上例，在次年该无形资产市场价值又恢复，可收回的金额为 358 000 元，企业应调增无形资产的价值，作如下会计分录：

借：无形资产减值准备 6 000

　贷：营业外支出——计提无形资产减值准备 6 000

• 第二节　其他资产的核算 •

其他资产是指流动资产、固定资产、无形资产、长期投资等以外的资产，主要包括长期待摊费用和其他长期资产。

一、长期待摊费用的核算

1. 长期待摊费用核算的内容

长期待摊费用,是指公路施工企业已经支出,但摊销期限在1年以上(不含1年)的各项费用。企业应当单独对长期待摊费用进行核算,在费用项目的受益期内分期摊销。它包括开办费、租入固定资产改良支出等。

如果长期待摊费用项目不能使以后会计期间受益的,应当将尚未摊销的该项目的摊余价值全部转入当期损益。

2. 长期待摊费用的核算

1)开办费的核算

开办费是指企业在筹建期间内发生的费用,包括人员工资、培训费、办公费、差旅费、印刷费、注册登记费等以及不计入固定资产价值的借款费用等。除购置和建造固定资产以外,所有筹建期间发生的费用,应先在长期待摊费用中归集,待企业开始施工生产经营起,一次记入施工生产经营当期的损益,也就是开办费应当在开始施工生产经营的当月一次摊销。

发生开办费时,记入"长期待摊费用"科目的借方和有关科目的贷方;摊销时,记入"管理费用"科目的借方和"长期待摊费用"科目的贷方。

【例6-10】 某公路施工企业在2000年筹建期间,发生以下费用:人员工资8 000元,办公及通信费6 000元,培训费3 000元,差旅费4 000元,企业注册登记费2 000元。

(1)筹建期间发生开办费时,作如下会计分录:

借:长期待摊费用	23 000	
贷:应付职工薪酬		8 000
银行存款		15 000

(2)企业施工生产经营开始的当月,作如下会计分录:

借:管理费用	23 000	
贷:长期待摊费用		23 000

2)租入固定资产改良支出的核算

发生租入固定资产改良支出预付工程款时,应记入"在建工程"科目的借方和"银行存款"科目的贷方;完工交付使用时,记入"长期待摊费用"科目的借方和"在建工程"或"银行存款"科目的贷方;摊销时,记入"管理费用"或"营业费用"等科目的借方和"长期待摊费用"科目的贷方。租入固定资产改良支出的摊销应该在固定资产租赁期内平均摊销。

【例6-11】 2003年3月,某公路施工企业从甲单位租入一幢楼房,作为企业办公用房,租期10年。根据合同规定,公路施工企业可以对楼房进行装修,费用自己承担。该楼房由某装修公司负责装修工程。按装修合同规定,开工前预付工程款15万元,工程完工后,补付其余工程款9万元。装修工程于2003年4月完工并交付使用。

(1)预付工程款时,作如下会计分录:

借:在建工程	150 000	
贷:银行存款		150 000

(2)补付工程款时,作如下会计分录:

借:在建工程　　90 000

　贷:银行存款　　90 000

(3)装修工程完工交付使用时,作如下会计分录:

借:长期待摊费用　　240 000

　贷:在建工程　　240 000

(4)租入固定资产改良支出分10年摊销,每月摊销时,作如下会计分录:

每月摊销额为:240000 ÷ 10 ÷ 12 = 2000(元)。

借:管理费用　　2 000

　贷:长期待摊费用　　2 000

二、其他长期资产的核算

其他长期资产应包括临时设施、国家批准储备的特种物资、银行冻结存款以及诉讼中的财产等。在这种资产中,除了临时设施和特种储备物资以外,公路施工企业的其他长期资产的存在往往是不正常的。如待处理海关罚没物资、税务纠纷冻结物资、未决诉讼冻结财产等。因此,公路施工企业在施工生产经营管理中,应严格执行国家有关政策和法律、法规的规定,尽可能减少这种不正常的资产数量。如果已有发生,可根据实际情况和需要设置有关的会计科目进行核算,以便如实反映其他长期资产的增减变动情况。

思考与练习

一、思考题

1. 无形资产指什么?无形资产包括哪些内容?
2. 无形资产具有哪些特征?确认无形资产必须符合哪些条件?
3. 无形资产的入账价值如何确定?取得无形资产的方式有哪些?
4. 如何对无形资产的取得、摊销、转让和减值准备进行账务处理?
5. 其他资产包括哪些内容?

二、练习题

资料:某公路施工企业于2001年发生下列有关无形资产的经济业务:

(1)2月,购入一项专利技术,发票价格为230 000元,款项已通过银行转账支付。

(2)4月,自行研究开发一项专利,研究和开发过程中发生的材料、人工和其他费用共计30万元,该项专利依法申请注册成功,同时以银行存款支付申请专利过程中发生的专利注册费用150 000元,律师费用8 000元。

(3)6月,接受甲投资者以其所拥有的非专利技术进行的投资,经评估确认其价格为560 000元,已办妥相关手续。

(4)9月,接受乙公司捐赠的特许权,双方确定的实际成本为100万元,施工企业适用的所得税税率为33%,已办妥相关手续。

(5)10 月,企业将一项非专利技术出售,取得收入 150 000 元,存入银行;应交的营业税为 7 500 元。该项无形资产已计提减值准备 4 500 元,账面余额为 123 760 元。

(6)12 月,将一项专利权出租给乙公司,每年租金 420 000 元,合同规定每月支付租金。该项专利本年 1 月 1 日账面余额为 1 800 000 元,剩余摊销年限为 5 年,营业税税率为 5%。

要求:根据上述资料,作出有关的会计分录。

第七章

投资的核算

知识目标

1. 投资的概念、特点和分类；

2. 短期投资的概念、特点，短期投资取得成本的确定，短期投资的账务处理方法；

3. 长期投资的概念、特点，长期投资初始投资成本的确定，长期投资和长期投资减值准备的账务处理方法。

能力目标

1. 对短期投资进行有关会计处理的能力；

2. 运用成本法、权益法对长期股权投资进行有关会计处理的能力；

3. 对长期债权投资进行有关会计处理的能力。

●第一节　投资概述●

一、投资的概念

投资，是指企业为通过分配来增加财富，或为谋求其他利益，而将资产让渡给其他单位所获得的另一项资产。

财务会计中的投资分为广义投资和狭义投资，广义投资包括权益性投资、债权性投资、期货投资、房地产投资、固定资产投资、存货投资等。狭义投资包括权益性投资和债权性投资。2007 年 1 月 1 日颁布实施的《企业会计准则——投资》仅指狭义投资。

二、投资的特点

(1)投资是以让渡其他资产而换取另一项资产，这项资产与其他资产一样，能为投资者带来未来的经济利益，这种经济利益是指能直接或间接地增加流入企业的现金或现金等价物。如公路施工企业将所拥有的现金、固定资产等让渡给其他单位使用，以换取债权投资或股权投资。

(2)投资为企业带来的经济利益，与其他资产带来的经济利益在形式上有所不同。

投资通常是将公路施工企业的部分资产转让给其他单位使用，通过分配形式取得其他单位使用投资者投入的资产后创造的效益,或者通过投资改善贸易关系等达到获取利益的目的。而公路施工企业所拥有和控制的除投资以外的其他资产,通常能为公路施工企业带来直接的经济利益。

(3)某些投资实际上是将现金投入证券交易所,通过证券的买卖获取收益。

如公路施工企业在证券市场上进行短期性质的股票或证券的买卖,这种投资实际上是将现金投入证券交易所,通过证券的买卖获取收益。这种收益实际上是对购入证券的投资者投入的所有现金的再次分配的结果,主要表现为价差收入,以便资本增值。

三、投资的分类

对投资进行适当的分类,是确定投资会计核算方法和如何在会计报表中列示的前提。按照不同的标准,投资有以下几种不同的分类。

1. 按照投资性质分类

按照投资性质划分,投资可以分为权益性投资、债权性投资、混合性投资等。权益性投资,是指为获取另一企业的权益或净资产所作的投资,这种投资的目的是为了获得另一企业的控制权,或实施对另一企业的重大影响,或为其他目的而进行的。如公路施工企业对另一公司进行普通股股票投资,就属于权益性投资。债权性投资,是指为了取得债权而作的投资,这种投资的目的不是为了获得另一企业的剩余资产,而是为了获取高于银行存款利率的利息,并保证安全收回本息。如公路施工企业购买另一公司的债券就属于债权性投资。混合性投资,是指既有权益性性质,又有债权性性质的投资。如公路施工企业购买另一公司发行的优先股股票,购买可转换公司债券等,就属于混合性投资。

2. 按照投资对象的变现能力分类

按照投资对象的变现能力划分,投资可以分为易于变现投资和不易于变现投资。易于变现的投资,是指能在债券市场上随时变现的投资,如能够上市交易的股票、债券、期货等。不易于变现的投资,是指不能轻易在证券市场上变现的投资。

3. 按照投资时间的长短分类

按照投资时间的长短划分,投资可以分为短期投资和长期投资。短期投资,是指能够随时变现并且持有时间不准备超过一年的投资。长期投资是指短期投资以外的投资。

• 第二节　短期投资的核算 •

一、短期投资的概念和特点

1. 短期投资的概念

在公路施工企业的正常施工生产过程中,有时会形成暂时闲置的资金,利用这笔资金购买其他企业或投资变现能力较强的盈利性证券,以取得高于银行存款利息的投资收益,获利是短期投资的主要目的。所以,短期投资,是指能够随时变现且持有时间不准备超过一年的投资。

在实际投资中,企业大都以股票和债券作为短期投资的对象。因此,短期投资主要有债券投资和股票投资。当企业需要资金时,能随时使这些债券和股票变为现金重新投入企业的生产或经营。

2. 短期投资的特点

企业进行的短期投资,主要有以下几个特点:

(1)随时可以变现。即当企业进行正常施工生产而需要资金时,能随时将这部分投资变为现金,具有较强的变现能力。

(2)持有期限较短。利用闲置资金对外投资,即在保证本企业资金正常需要的前提下,将暂时多余的资金对外进行投资。通常不是为了长期持有,而是意图在短期内将投资转化为现金。

(3)不是以控制被投资单位为目的,而是以盈利为目的。即企业不是为了对另一单位实施控制,或实施重大影响,而是企业用闲置的资金购入其他企业的债券或股票等,借以获取一定的收益。

3. 短期投资应当符合的条件

短期投资应当符合以下两个条件:

(1)能够在公开市场交易并且有明确标价;

(2)持有投资是作为剩余资金的存放形式,并保持其流动性和获利性。

二、短期投资取得成本的确定

短期投资取得成本应按照取得时发生的投资成本进行确定。

(1)以现金进行的投资,按照实际支付的全部价款作为短期投资的取得成本。实际支付的价款中,除短期投资本身价款外,还包括所支付的相关税金和手续费。已经宣告发放尚未领取的现金股利或债券利息不包括在投资成本内。

(2)投资者投入的短期投资,应按投资各方确认的价值作为短期投资成本。

(3)接受抵债取得的短期投资,按应收债权的账面价值,加上应支付的相关税费,作为短期投资成本。

(4)以非货币交易换入的短期投资,按照换出资产的账面价值,加上应支付的相关税费,作为短期投资成本。

三、短期投资的核算

1. 短期投资核算应设置的会计科目

为了正确地反映企业短期投资的增减变化及获利情况,公路施工企业应设置“短期投资”、“投资收益”、“短期投资跌价准备”等会计科目。

(1)“短期投资”科目属资产类科目。该科目核算借方登记企业购入的各种短期投资的实际成本,贷方登记企业将购入的有价证券转让、出售的实际成本或到期收回的有价证券或其他投资的实际成本,期末余额在借方表示企业持有的各种有价证券的本金和未收回的对外短期投资的资金数额。

(2)“投资收益”科目属损益类科目。该科目核算企业对外投资取得的收益或发生的损失。该科目贷方登记企业出售短期持有的股票、债券或到期收回债券实现的投资收益,借方登记企业出售短期持有的股票、债券或到期收回债券发生的投资损失。期末将余额转入“本年利润”科目,本科目无余额。

(3)“短期投资跌价准备”科目属资产类科目,该科目贷方登记计提的短期投资跌价准备,借方登记出售、收回短期投资及短期市价高于成本而冲减的短期投资跌价准备。

2. 短期投资的核算

(1)企业购入各种有价证券作为短期投资的核算。现举例说明其核算方法。

【例 7-1】 2005 年 4 月 1 日,某公路施工企业购入甲公司普通股 100 000 万股,每股买价 10 元,另支付各项税费 30 000 元,款项均以银行存款支付。作如下会计分录:

借:短期投资——股票投资　　1 030 000

　贷:银行存款　　1 030 000

【例 7-2】 2005 年 4 月 18 日,某公路施工企业购入乙公司普通股 15 000 股,以银行存款支付买价及相关税费 200 000 元,该公司已宣告发放尚未支付的每股股利 0.3 元。作如下会计分录:

借:短期投资——股票投资　　195 500

　应收股利　　4 500

　贷:银行存款　　200 000

【例 7-3】 2005 年 7 月 1 日,某公路施工企业购入丙公司的债券 100 000 元,年利率为 8%,每半年付息一次,此时截止 2005 年 6 月 30 日的半年所应发放的利息尚未被领取。企业从银行存款支付总价款 106 000 元。作如下会计分录:

借:短期投资——债券投资　　102 000

　应收利息　　4 000

　贷:银行存款　　106 000

【例 7-4】 2005 年 7 月,某公路施工企业收到甲公司支付的股利 4 500 元、乙公司债券利息 4 000 元存入银行。作如下会计分录:

借:银行存款　　8 500

　贷:应收股利　　4 500

　　应收利息　　4 000

【例 7-5】 2005 年 9 月,某公路施工企业转让乙公司普通股 10 000 股,每股 15 元,该短期投资账面金额 135 000 元,已计提短期投资跌价准备 3 000 元。作如下会计分录:

借:银行存款　　150 000

　短期投资跌价准备　　3 000

　贷:短期投资　　135 000

　　投资收益　　18 000

(2)投资者投入的短期投资的会计处理。现举例说明其核算方法。

【例 7-6】 2005 年 5 月,某公司以持有的乙公司普通股 20 000 股,向某公路施工企业进行投资,经双方确认的价值为 220 000 元。作如下会计分录:

借:短期投资——股票投资　　220 000

　贷:实收资本　　220 000

(3)接受抵债取得的短期投资的会计处理。现举例说明其核算方法。

【例 7-7】 某公路施工企业有一笔 2005 年 10 月甲企业的应收账款,账面余额为 80 000 元,该应收账款已提坏账准备 4 000 元。由于对方资金短缺难以偿付,经协商,同意对方以某公司股票 10 000 股抵债,该股票每股市价 10 元,公路施工企业同意支付对方 9 000 元作为补价,办理过户及相关手续,支付税费 1 000 元。作如下会计分录:

借:短期投资——股票投资　　86 000
　坏账准备　　4 000
　贷:应收账款　　80 000
　　银行存款　　10 000

(4)短期投资跌价准备的会计处理。现举例说明其核算方法。

【例 7-8】 某公路施工企业短期投资期末账面余额 2 300 000 元,期末市场价值为 2 250 000元。企业已提跌价准备 20 000 元,期末应提取短期投资跌价准备 30 000 元。作如下会计分录:

借:投资收益——计提的短期投资跌价准备　　30 000
　　贷:短期投资跌价准备　　30 000

●第三节　长期投资的核算●

一、长期投资概述

1. 长期投资的概念

长期投资是指除短期投资以外的投资,即持有时间准备超过一年的各种股权性质的投资、不能变现或不准备随时变现的债券、长期债权投资和其他长期投资。

2. 长期投资的特征

长期投资是公路施工企业资产的一个组成部分。它的特点是,虽然资产的所有权或控制权仍然属于公路施工企业,但是这部分资产已经脱离了企业自身施工生产经营的正常周转,而由被投资企业进行运营。

长期投资与短期投资都属于公路施工企业对外投资范畴,但二者有明显的差别。因此,长期投资与短期投资相比,主要特征表现在三个方面:

(1)投资期限不同。短期投资是指投资期限短于一年的投资,它可以随时收回或随时变现。而长期投资的期限一般要长于一年,在此期间,企业并不想收回或无法收回投资的资金。

(2)投资方式不同。短期投资的方式主要包括购入随时能够变现的股票和债券。长期投资不仅包括购买投资公司的股票和债券,而且包括以现金、材料、固定资产及其他资产对外进行的直接投资,并按投资额占被投资企业股权比例分享利润。

(3)投资目的不同。短期投资的目的在于获取比市场利率更高的利益。长期投资的目的则在于经营和理财方面的需要。如企业为保障所需原材料的供应来源,购买并长期持有原材料公司所发行的股票。

3. 长期投资的种类

长期投资在公路施工企业主要有两种类型:一是长期股权投资,二是长期债权投资。

长期股权投资是指通过投资取得被投资单位的股份。公路施工企业对其他单位的股权投资,通常为长期持有,以期通过股权投资达到控制被投资单位,或对被投资单位施加重大影响,或为了与被投资单位建立密切关系,以分散经营风险。股权投资通常具有投资大、投资期限长、风险大以及能为企业带来较大利益等特点。

长期债权投资,按照投资对象可以分为长期债券投资和其他长期债权投资两类。长期债券投资是指企业购入国家或其他单位发行期限超过一年,企业意图长期持有的债券;其他长期债权投资是指除了长期债券投资以外的债权投资,如公路施工企业将多余资金委托银行贷款而形成的债权性质的投资。

二、长期股权投资的核算

1. 长期股权投资初始投资成本的确定

长期股权投资的初始投资成本,是指取得长期股权投资时支付的全部价款,或放弃非现金资产的账面价值,以及支付的税金、手续费的相关费用。不包括为取得长期股权所发生的评估、审计、咨询等费用,也不包括实际支付价款中包含的已宣告但尚未领取的现金股利。长期股权投资初始投资成本,应分别按以下几种情况进行确定:

(1)以支付现金方式取得的长期股权投资,应按实际支付的全部价款作为初始投资成本,包括支付的税金、手续费的相关费用,不包括实际支付的价款中包含的已宣告但尚未领取的现金股利。

(2)接受抵债取得的长期股权投资,应按照应收债权的账面价值加上应支付的相关税费作为初始投资成本。涉及补价的,按有关规定确定受让的长期股权投资的初始成本。

(3)以非货币性交易换入的长期股权投资,按照换出资产的价值加上应支付的相关税费作为初始投资成本。涉及补价的,按有关规定确定受让的长期股权投资的初始成本。

(4)通过行政划拨方式取得的长期股权投资,按照划出单位的账面价值,作为初始投资成本。

2. 长期股权投资核算的方法

公路施工企业的长期股权投资,应当根据不同情况,分别采用不同的方法进行核算,通常采用的方法有以下两种。

1)长期股权投资核算的成本法及适用范围

长期股权投资核算的成本法,是指长期股权投资按投资成本计价的方法。通常存在下列情况时,应采用成本法核算。

(1)投资企业对被投资单位无控制、无共同控制且无重大影响。通常情况下,投资企业拥有被投资单位20%以下表决权资本的,则被认为对被投资单位无控制、无共同控制或无重大影响。

(2)不准备长期持有被投资单位的股份。

(3)被投资单位在严格的限制条件下经营,其向投资企业转移资金的能力受到限制。

在这种情况下,投资企业的控制和影响能力受到限制,不能按照自身的意愿调度和使用资金。如被投资单位在国外,外汇受所在国管制,其外汇汇出受到限制。

2）长期股权投资核算的权益法及适用范围

长期股权投资核算的权益法，是指投资最初以投资成本计价，以后根据投资企业享有被投资单位的所有者权益份额的变动对投资的账面价值进行调整的方法。投资企业对被投资单位具有控制、共同控制或重大影响时，长期股权投资应采用权益法核算。通常情况下，企业对其他单位的投资占该单位有表决权资本总额的20%或20%以上，或者虽投资不足20%但具有重大影响的，应当采用权益法核算。

3. 长期股权投资核算的成本法

长期股权投资采用成本法核算，在初始投资或追加投资时，按照初始投资或追加投资时的投资成本增加长期股权投资的账面价值。被投资单位宣告分派的利润或现金股利，投资企业按应享有的部分，确认为当期投资收益，但投资企业确认的投资收益，仅限于所获得的被投资单位在接受投资后产生的累积净利润的分配额。所获得的被投资单位宣告分派的利润或现金股利超过上述数额的部分，作为初始投资成本的收回，冲减投资的账面价值。

1）长期股权投资成本法核算会计科目的设置

（1）“长期股权投资”科目，该科目核算企业投出的期限在一年以上的各种股权性投资，包括购入的股票和其他股权投资。该科目设置“股票投资”和“其他股权投资”明细科目。

（2）“投资收益”科目，该科目核算企业对外投资取得的收益或发生的损失。

（3）“应收股利”科目，该科目核算企业对外投资获得的已宣告发放，但尚未支取的现金股利。

2）长期股权投资成本法的核算

如果企业对被投资单位的生产经营活动和重大决策没有控制权或共同控制权，而且不能产生重大影响，那么长期股权投资应当采用成本法进行会计核算。

采用此法核算时应注意以下几点：

（1）取得长期股权投资时，按初始投资成本入账。

（2）股权持有期内应于被投资单位宣告发放现金股利或利润时，确认投资收益。

（3）如果接受投资单位无力支付股利的，投资方不作任何会计账务处理。

现举例说明长期股权投资成本法的核算方法。

【例7-9】 某公路施工企业购买甲公司普通股100 000股，占甲公司有表决权的资本总额10%，每股买价10元，另发生相关税费30 000元，款项已通过银行存款支付。取得长期股权投资时，作如下会计分录：

借：长期股权投资——股票投资　　1 030 000

　贷：银行存款　　1 030 000

【例7-10】 甲公司2003年度实现净利润600 000元，经股东大会决定宣告本年度实现的利润80%对外发放现金股利。作如下应收股利的会计处理：

（1）计算应收股利时，作如下会计分录：

$$[\ 600000 \times 80\% \times 10\% = 48000（元）]$$

借：应收股利　　48 000

　贷：投资收益　　48 000

（2）收到甲公司现金股利时，作如下会计分录：

借：银行存款　　48 000

贷:应收股利　　　　48 000

【例7-11】　假设甲公司2003年度以后两个年度以来一直发生亏损,到2006年年末累计净利润15万元,但为了增强股东信心,仍宣告发放现金股利50万元。

公路施工企业实际应收股利金额为:500000×10% =50000(元)。

其中清算性股利的金额为:50000×(350000÷500000)=35000(元)。

公路施工企业根据甲公司宣告分派现金股利时,作如下会计分录:

借:应收股利　　　　50 000

　贷:投资收益　　　　15 000

　　　长期股权投资　　　　35 000

4. 长期股权投资核算的权益法

如果企业对被投资单位的生产经营活动和重大决策具有控制权或共同控制权,或者可以施加重大影响,那么长期股权投资应当采用权益法进行会计核算。

权益法是指投资最初以成本计价,以后根据投资企业享有被投资单位所有者权益份额的变动对投资的账面价值进行调整的方法。采用权益法核算的企业,投资最初以初始投资成本计量,以后根据投资企业享有被投资企业所有者权益份额的变动,对投资的账面价值进行调整。

1)长期股权投资权益法核算会计科目的设置

在权益法下,长期股权投资核算应设置四个明细科目,即:在"长期股权投资"科目下设置投资成本、股权投资差异、损益调整、股权投资准备明细科目。"投资成本"和"股权投资差异"两个明细科目核算的是投资企业投资时采用权益法核算或由成本法改为权益法时的经济业务事项;"损益调整"明细科目核算的是投资企业采用权益法核算后对被投资单位盈亏和被投资单位宣告现金股利进行账务处理的经济业务事项;"股权投资准备"明细科目核算的是投资企业采用权益法后对被投资单位资本公积的变动影响被投资单位所有者权益变动的经济业务事项。

2)长期股权投资权益法的核算

在采用权益法核算时,如果长期股权投资初始成本与其在被投资单位所有者权益中所占的份额有差额,应当调整初始投资成本。企业在取得股权投资后,按应享有或应分担的被投资单位当年实现的净利润或发生的净亏损的份额,调整投资的账面价值,并作为当期投资收益。被投资单位因增资扩股而增加的所有者权益,或因接受捐赠增加的资本公积,企业应按持股比例计算应享有的份额,调整长期股权投资的账面价值,并增加资本公积;被投资企业宣告分派现金股利或利润,企业应按持股比例计算应享有的份额,调整长期股权投资的账面价值。企业处置长期股权投资时,应按实际取得的价款与长期股权投资的账面余额及已计提的长期投资减值准备的差额,作为投资收益。

(1)取得长期股权投资的核算　公路施工企业如以现金购入长期股权投资,应按实际支付的全部价款记入"长期股权投资——股票投资(投资成本)"科目的借方和"银行存款"等科目的贷方。如果长期股权投资初始成本与其在被投资单位所有者权益中所占的份额有差额的,应按初始投资成本高于享有取得日被投资单位所有者权益份额的差额,记入"长期股权投资——股权投资差额"科目的借方和"长期股权投资——投资成本"科目的贷方;低于的,作相反的会计分录。

股权投资差额的摊销期限,如合同规定了投资期限的,按投资期限摊销;如合同没有规定投资期限的,按不超过10年的期限摊销。

【例7-12】 2004年1月1日,某公路施工企业购入丙公司发行的股票40 000股,占丙公司发行股票100 000股的40%,以银行存款支付买价及相关税费1 000 000元,作如下会计分录:

借:长期股权投资——股票投资(投资成本)　　1 000 000

　贷:银行存款　　1 000 000

【例7-13】 2005年1月,某公路施工企业以5 000 000元购入乙公司60%的股份,购买日该公司普通股股东享有权益总额10 000 000元,作如下会计分录:

借:长期股权投资——股票投资(投资成本)　　6 000 000

　贷:银行存款　　5 000 000

　　长期股权投资——股票投资(股权投资差额)　　1 000 000

股权投资差额按10年摊销,每年应摊销100 000元。摊销时,作如下会计分录:

借:长期股权投资——股票投资(股权投资差额)　　100 000

　贷:投资收益　　100 000

(2)被投资企业实现净利润的核算　公路施工企业在取得股权投资后,按应享有的被投资企业当年实现的净利润的份额,调整股权投资的账面价值,并作为当期投资收益;按应分享的份额,记入"长期股权投资——损益调整"科目的借方和"投资收益"科目的贷方。应分担的净亏损份额,作相反的会计分录。

【例7-14】 2005年1月,某公路施工企业取得乙公司有表决权的30%的股份,在一年后,乙公司实现净利润80万元,经股东大会决定,向投资者分派现金股利30万元。

①根据乙公司实现的净利润,按投资份额进行投资调整,作如下会计分录:

损益调整额为:80×30% =24(万元)。

借:长期股权投资——股票投资(损益调整)　　240 000

　贷:投资收益　　240 000

②按乙公司宣告分派的现金股利,作如下会计分录:

分派的现金股利为:30×30% =9(万元)。

借:应收股利　　90 000

　贷:长期股权投资——股票投资(损益调整)　　90 000

【例7-15】 2005年1月,某公路施工企业取得乙公司有表决权的30%的股份,在一年后,假设乙公司发生净亏损20万元。作如下会计分录:

损益调整额为:20×30% =6(万元)。

借:投资收益　　60 000

　贷:长期股权投资——股票投资(损益调整)　　60 000

(3)被投资企业其他所有者权益变动的核算　被投资企业所有者权益的变化除净损益的影响之外,还包括增资扩股、接受捐赠等而引起的所有者权益变动。当被投资企业因后两种情况发生增加所有者权益时,公路施工企业应当按持股比例计算应该享有的份额,记入"长期股权投资——股权投资准备”科目的借方和“资本公积”科目的贷方。

【例 7-16】 2005 年 6 月,乙公司接受其他单位捐赠发电设备一台,价款 5 万元,公路施工企业按持股比例 30% 计算享有的份额,作如下会计分录:

公路施工企业应享有的份额为:50000 × 30% = 15000(元)。

借:长期股权投资——股票投资(股权投资准备)　　15 000

　贷:资本公积——股权投资准备　　15 000

(4)企业处置长期股权投资的核算　公路施工企业处置长期股权投资时,按实际取得的价款,记入“银行存款”等科目的借方,根据已计提的减值准备,记入“长期投资减值准备”科目的借方,根据股权投资的账面余额,记入“长期股权投资——股票投资或其他股权投资”科目的贷方,如果有尚未支取的现金股利,应记入“应收股利”科目的贷方;按其借贷方差额,如转让收入大于股权投资账面余额和尚未支取的现金股利的差额,记入“投资收益”的贷方,如转让收入小于股权投资账面余额和尚未支取的现金股利的差额,记入“投资收益”的借方。

【例 7-17】 某公路施工企业将持有的甲公司普通股 20 000 股转让,长期股权投资账面金额为 300 000 元,已计提长期股权投资减值准备 2 000 元,尚未支取的现金股利 1 000 元,转让收入 320 000 元,已存入银行。作如下会计分录:

借:银行存款　　320 000

　长期投资减值准备　　2 000

　贷:长期股权投资——股票投资　　300 000

　　应收股利　　1 000

　　投资收益　　21 000

5. 权益法与成本法的互换

1)权益法转为成本法

当投资企业对被投资单位不再具有控制、共同控制和重大影响时,投资企业对被投资单位的长期股权投资应中止采用权益法,改为成本法核算。投资企业对被投资单位的长期股权投资中止采用权益法核算时,应按中止时长期股权投资的账面价值作为新的投资成本。其后被投资单位宣告分派利润或现金股利时,属于已计入投资账面价值的部分,作为新的投资成本收回,冲减投资成本。

【例 7-18】 某公路施工企业于 2003 年对甲公司投资,甲公司的股份由 5 个企业平均持有。公路施工企业占注册资本的 20%,并按权益法核算对甲公司的投资。至 2004 年底,公路施工企业对甲公司投资的账面价值为 500 万元,其中,投资成本 400 万元,股权投资差额为 40 万元,损益调整为 60 万元。2005 年 1 月 1 日,甲公司的某一股东 A 企业收购了除甲公司以外的其他投资者对甲公司的股份,同时以 280 万元收购了公路施工企业持有甲公司 10% 的股份。因此,A 企业控制了甲公司,公路施工企业为此将投资由权益法核算改为成本法核算。

(1)公路施工企业出售 10% 的股权时,作如下会计分录:

借:银行存款　　2 800 000

　贷:长期股权投资——甲公司(投资成本)　　2 000 000

　　　　(股权投资差额)　　200 000

　　　　(损益调整)　　300 000

投资收益 300 000

(2)公路施工企业出售部分股权后,将投资由权益法改为成本法核算时,作如下会计分录:

出售部分股权后投资的账面价值为:500 - 250 = 250(万元)。

借:长期股权投资——甲公司 2 500 000

贷:长期股权投资——甲公司(投资成本) 2 000 000

(股权投资差额) 200 000

(损益调整) 300 000

2)成本法转为权益法

当投资企业因追加投资等原因对被投资单位具有控制、共同控制和重大影响时,长期股权投资的核算应终止采用成本法,改为权益法核算。此时,按股权投资的账面价值作为新的投资成本,新的投资成本与应享有被投资单位所有者权益份额的差额,作为股权投资差额,按股权投资差额的处理规定进行处理。

【例7-19】 2003年4月1日,某公路施工企业以银行存款205万元购入甲公司股票100万股(含已宣告发放但尚未领取的现金股利5万元和相关手续费),每股面值1元,占甲公司实际发行在外股数的10%,公路施工企业对此项股权投资采用成本法核算。2003年5月1日收到现金股利5万元。2002年12月31日甲公司净资产数为2 000万元,甲公司于2003年5月1日将无法支付的应付账款50万元转入资本公积,甲公司2003年实现净利润100万元。2004年1月1日,公路施工企业从证券交易所又购入甲公司股票200万股,实际支付价款425万元(含相关手续费)。此次购买结束后,持股比例达到30%,由于追加投资,所以改用权益法核算此项投资。股权投资差额按10年摊销。

公路施工企业的会计处理如下:

(1)2003年4月1日购入甲公司股票100万股时,采用成本法进行核算,作如下会计分录:

借:长期股权投资——甲公司 2 000 000

应收股利 50 000

贷:银行存款 2 050 000

(2)2003年5月1日收到现金股利时,作如下会计分录:

借:银行存款 50 000

贷:应收股利 50 000

(3)2004年1月1日公路施工企业又购入甲公司股票200万股时,改为权益法进行核算,应作如下的会计处理。

①对原成本法核算的对甲公司投资采用追溯调整法,调整投资的账面价值,作如下会计分录:

2003年4月1日投资时产生的股权投资差额 = 200 - (2000 - 5 ÷ 10% + 100 × 3/12) × 10% = 2.5(万元)。

2003年4~12月应摊销股权投资差额 = 25000 ÷ 10 × 9/12 = 1875(元)。

2003年4~12月应确认的投资收益 = 100 × 9/12 × 10% = 7.5(万元)。

成本法改为权益法的积累影响数 = 75000 - 1 875 = 73125(元)。

借:长期股权投资——甲公司(投资成本) 1 975 000
(股权投资差额) 23 125
(损益调整) 75 000
贷:长期股权投资——甲公司 2 000 000
利润分配——未分配利润 73 125

②2003 年 5 月 1 日,甲公司将无法支付的应付账款 50 万元进行调整,公路施工企业将其 10% 转入资本公积时,作如下会计分录:

借:长期股权投资——甲公司(股权投资准备) 50 000
贷:资本公积——股权投资准备 50 000

③将追溯调整产生的“损益调整”和“股权投资准备”明细科目的金额转入“投资成本”明细科目时,作如下会计分录:

借:长期股权投资——甲公司(投资成本) 125 000
贷:长期股权投资——甲公司(损益调整) 75 000
(股权投资准备) 50 000

④2004 年 1 月 1 日,公路施工企业追加投资时,作如下会计分录:

借:长期股权投资——甲公司(投资成本) 4 250 000
贷:银行存款 4 250 000

三、长期债权投资的核算

1. 长期债权投资初始成本的确定

长期债权投资成本是指取得债权投资时支付的全部价款,包括税金、手续费等相关费用。长期债权投资根据取得的方式不同,其投资成本的确定也不完全一致。

(1)支付现金取得的长期债权投资,按实际支付的全部价款(包括税金、手续费等相关费用)减去已到付息期但尚未领取的债券利息,作为投资初始成本。

(2)企业接受债务人以非现金资产抵偿债务方式取得的长期债权投资,应按应收债权的账面价值,加上支付的相关税费,作为初始投资成本。

(3)企业以非货币性交易换入的长期债权投资,以换出资产的账面价值加上应支付的相关税费,作为初始投资成本。

2. 长期债权投资的核算

为了核算公路施工企业购入的在一年内不能变现或不准备随时变现的债券投资和其他债权投资,应设置“长期债权投资”科目,并在该科目下设置“债券投资”、“其他债权投资”明细科目,其中“债券投资”明细科目下再设置“面值”、“溢折价”和“应计利息”细目进行明细核算。

公路施工企业购入意图长期持有的债券,有的是按债券面值购入;有的是按高于或低于债券面值的价格购入。购入长期债券投资实际支付的款项扣除实际支付的款项中包含的利息和相关税费,减去债券的面值的差额,就作为债券的溢价或折价;在计算确定长期债券投资的溢折价时,用实际支付的款项扣除支付款项中包含的利息和实际支付款项中包含的相关费用,其差额与购入的债券面值比较,若其差额大于债券的面值即为溢价,若其差额小于债券的面值即为折价。

长期债券投资溢价或折价的计算公式如下:

债券投资溢价或折价 = 实际支付的款项 - 相关费用 - 应收利息 - 债券面值

1)购入债券的核算

【例 7-20】 2005 年 1 月 1 日,某公路施工企业购入乙公司当日发行的 3 年期债券,年利率 10%,债券面值 200 000 元,企业按 206 000 元的价格购入,另支付相关税费 800 元。该债券每半年付息一次,最后一年还本金并付最后一次利息。作如下会计分录:

借:长期债权投资——债券投资(债券面值)	200 000	
(债券溢价)	6 000	
投资收益	800	
贷:银行存款		206 800

2)长期债券溢折价摊销及计提利息的核算

【例 7-21】 2003 年 3 月 1 日,某公路施工企业以 230 000 元的价格购入乙公司 2002 年 1 月 1 日发行的三年期债券,其债券利息与债券到期连同本金一起收回。债券年利率为 9%,债券面值为 200 000 元,另支付相关税费 1 000 元。公路施工企业对债券的溢折价于每年末采用直线法摊销。公路施工企业的会计处理如下。

(1)2003 年 3 月 1 日购入债券时,作如下会计分录:

应计利息为:$200000 \times 9\% \div 12 \times 14 = 21000$(元)。

债券溢价为:$230000 - 200000 - 21000 = 9000$(元)。

借:长期债券投资——债券投资(债券面值)	200 000	
(应计利息)	21 000	
(债券溢价)	9 000	
投资收益	1 000	
贷:银行存款		231 000

(2)2003 年 12 月 31 日计提利息及摊销溢价时,作如下会计分录:

应计利息为:$200000 \times 9\% \div 12 \times 10 = 15000$(元)。

溢价摊销为:$9000 \div 22 \times 10 = 4090.10$(元)。

借:长期债券投资——债券投资(应计利息)	15 000	
贷:投资收益		10 909.90
长期债券投资——债券投资(债券溢价)		4 090.10

(3)2004 年 12 月 31 日计提利息及摊销溢价时,作如下会计分录:

应收利息为:$200000 \times 9\% = 18000$(元)

溢价摊销为:$9000 - 4090.10 = 4909.90$(元)

借:长期债券投资——债券投资(应计利息)	18 000	
贷:投资收益		13 090.10
长期债券投资——(债券溢价)		4 909.90

(4)2004 年 12 月 31 日债券到期还本收息时,作如下会计分录:

收回的本息为:$200000 + 18000 \times 3 = 254000$(元)。

借:银行存款	254 000	

贷:长期债券投资——债券投资(债券面值)　　200 000
　　　　　　　　　　　　(应计利息)　　54 000

【例 7-22】 2003 年 7 月 1 日,某公路施工企业购入甲公司当年 1 月 1 日发行的三年期债券,债券面值为 1 000 000 元,实际支付金额为 1 000 000 元,票面利率为 6%,付息日为每年的 1 月 1 日,本金到期时一次偿还。公路施工企业对债券的溢折价于每年末采用直线法摊销。公路施工企业的会计处理如下。

(1)2003 年 7 月 1 日购入债券时,作如下会计分录:

应计利息为:1000000 ×6% ÷2 =30000(元)。

借:长期债券投资——债券投资(债券面值)　　1 000 000
　　　　　　　　　　　　(应计利息)　　30 000
　贷:银行存款　　1 000 000
　　长期债券投资——债券投资(债券折价)　　30 000

(2)2003 年 12 月 31 日计提利息及摊销折价时,作如下会计分录:

折价摊销为:30000 ÷30 ×6 =6000(元)。

借:长期债券投资——债券投资(债券折价)　　6 000
　　应收利息　　60 000
　贷:投资收益　　36 000
　　长期债券投资——债券投资(应计利息)　　30 000

(3)2004 年 1 月 1 日收到上年利息时,作如下会计分录:

借:银行存款　　60 000
　贷:应收利息　　60 000

(4)2004 年 12 月 31 日计提利息及摊销折价时,作如下会计分录:

借:长期债券投资——债券投资(债券折价)　　12 000
　应收利息　　60 000
　贷:投资收益　　72 000

2005 年 1 月 1 日收到利息时,会计分录同(3)。

(5)2006 年 1 月 1 日债券到期收到本金和最后一期利息时,作如下会计分录:

借:银行存款　　1 060 000
　贷:应收利息　　60 000
　　长期债券投资——债券投资(债券面值)　　1 000 000

四、长期投资减值准备的核算

1. 计提减值准备的条件及判断标准

长期投资减值是指长期投资未来可收回金额低于账面价值而发生的损失。投资准则要求,企业应对长期投资的账面价值定期地进行逐项检查。如果市价持续下跌或被投资单位经营状况变化等原因导致其可以收回的金额低于投资的账面价值,应将可收回金额低于长期投资账面价值的差额,确认为当期投资损失。

(1)对于有市价的长期投资,计提减值准备的判断标准如下:

①市价持续两年低于账面价值；

②该项投资暂停交易一年或一年以上；

③被投资单位当年发生严重亏损；

④被投资单位进行清理整顿、清算或出现其他不能持续经营的迹象；

⑤被投资单位持续两年发生亏损。

(2)对于无市价的长期投资，计提减值准备的判断标准如下：

①影响被投资单位经营的政治或法律环境变化，如税收、贸易等法规的颁布或修订，可能导致被投资单位发生巨额亏损；

②被投资单位所供应的商品，提供的劳务因产品过时或消费者偏好改变而使市场的需求发生变化，从而导致被投资单位财务状况发生严重恶化；

③被投资单位所在行业的生产技术发生重大变化，被投资单位失去竞争力，从而导致财务状况发生严重恶化，如进行清理整顿、清算等；

④有证据表明该项投资实质上已经不能给企业带来经济利益的其他情形。

2. 计提减值准备的会计处理

公路施工企业应当定期对长期投资的账面价值逐项进行检查，至少于每年年末检查一次。如果已确认损失的长期投资的价值又得以恢复，应首先转回原计入损益的减值准备；如果长期投资的账面价值直至处置尚未恢复的，应将处置收入大于长期投资账面价值的差额部分，确认为处置收益。

公路施工企业为了核算提取的长期投资减值准备，应设置"长期投资减值准备"会计科目。计提长期投资减值准备计入该科目的贷方；长期投资价值恢复、处置、债务重组，非货币性交易等结转已计提的长期投资减值准备记入该科目的借方，该科目期末贷方余额，表示已提取的长期投资减值准备。现举例说明其会计核算处理方法。

【例 7-23】 2003 年末某公路施工企业"长期股权投资"的账面余额为 850 000 元，2002 年末已计提的减值准备为 30 000 元，本年末，发现该股票市价已降到 780 000 元，则本年计提长期投资减值应作如下的会计处理，会计分录为：

借：投资收益　　40 000

　贷：长期投资减值准备　　40 000

若上述长期股权投资的市价在 2004 年又恢复到原来的账面价值，则应作如下的会计处理，会计分录为：

借：长期投资减值准备　　70 000

　贷：投资收益　　70 000

思考与练习

一、思考题

1. 投资成本如何确认和计量？

2. 投资收益如何确认和计量？

3. 什么是成本法？什么是权益法？两者有何区别？

4. 成本法和权益法的适用范围是什么？

5. 如何计算和处理长期债券投资的溢折价？

6. 如何判断长期投资的减值？计提长期投资减值准备应如何进行会计处理？

二、练习题

1. 资料:某公路施工企业2000年短期股权投资业务如下:

(1)2月3日,购入1999年1月1日发行的两年期债券,实际支付的价款为36 000元,其中应收利息为2 000元。

(2)4月1日,购入上市股票,实际支付的价款为32 600元,其中已宣告尚未支付的股利为600元,并交纳有关税费1 500元。

(3)5月12日,该企业出售股票,实际取得的价款为40 200元,该股票账面价值为38 000元,购入时已宣告但至今尚未支付的股利为500元。

(4)6月5日,短期债券到期,收到债券面值和利息为8 400元,短期债券投资的账面价值为7 000元,其中应收利息为400元。

要求:根据上述资料,编制该企业相关的会计分录。

2. 资料:2001年2月1日,某公路施工企业以每股9元的价格购入乙公司股份100 000股,占乙公司有表决权资本的5%,同时支付相关税费3 000元。该企业对此项投资以成本法核算乙公司于当年4月26日宣告分派现金股利,每股为0.1元。

要求:根据上述资料,编制该企业相关的会计分录。

3. 资料:某公路施工企业于2000年1月1日以600 000万元购入甲公司股票300 000股,每股面值1元,占甲公司实际发行在外股数的10%,另支付4 000元的相关税费。公路施工企业采用成本法核算此项投资。2000年3月28日甲公司宣告分派现金股利,每股0.2元。2000年8月1日公路施工企业以650 000元购入甲公司股票300 000股,另支付4 500元的相关税费。此次购买完成后,公路施工企业持有甲公司股权比例达到20%,故改用权益法核算此项投资。

要求:根据上述资料,进行该企业的会计处理。

4. 资料:2000年8月1日,某公路施工企业以128 000元的价格购入丙公司1999年1月1日发行的5年期债券,该债券利息于债券到期时连同本金一起收回,债券年利率7%,债券面值为100 000元,另支付相关税费2 500元。公路施工企业对债券的溢折价于每年年末采用直线法摊销。

要求:根据上述资料,进行该企业的会计处理。

第八章 负　　债

知识目标

1. 负债的概念及其分类；
2. 流动负债的概念、特征、分类及其账务处理方法；
3. 长期负债的概念、目的、特征、分类及其账务处理方法。

能力目标

1. 对流动负债进行会计处理的能力；
2. 对长期负债进行会计处理的能力。

负债是指公路施工企业由于过去和现在完成经济业务所引起的、所承担的，能以货币计量，需要以资产或劳务偿还的债务。

负债按照其承担经济义务期限的长短分为流动负债和长期负债两种。凡在一年或者超过一年的一个营业周期内偿还的债务称为流动负债；将偿还期在一年或超过一年的一个营业周期以上的债务称为长期负债。

企业按偿还期限长短将负债分为流动负债和长期负债的目的，主要是从负债在企业经营及其在会计报表中的地位来考虑的。企业负债的大小及其结构影响着企业的偿债能力，流动资产和流动负债的相对比率，能反映企业的偿债能力。所以，这种分类不论对企业或是对企业的债权人都是极为重要的，是短期债权人极为需要提供的信息。

不同的债权人对企业的偿债能力有着不同的关注。短期债权人所关注的，是企业同一期内拥有的可用于偿还流动负债的流动资产的多少；企业长期债权人所关注的，则是企业长远的获利能力和经济效益。所以企业将负债区分为流动负债和长期负债，将增加这样的判断力。

• 第一节　流动负债的核算 •

一、流动负债概述

1. 流动负债的定义

流动负债是相对于长期负债而言的。流动负债是负债的一个方面，它是权益的组成部分。一般来说，流动负债是债权人随时可以要求立即偿付，或是相约在一年内清偿的债务。它不局限于将来必须用货币偿还，而包括用资产或提供劳务的形式进行偿还。

《企业会计准则》指出：流动负债是在一年或者超过一年的一个营业周期内偿还的债务。它包括短期借款、应付票据、应付账款、预收账款、应付工资、应付税金、应付利润、其他应交款、其他应付款和预提费用等。

2. 流动负债的基本特征

(1)负债是由过去或现在的经济业务所引起的、企业必须偿付的债务。该项负债，在债权人提出要求偿付时，即应偿付，或在一年内或是一个营业周期内必须偿付的债务。

(2)负债能用货币准确计量，要用企业流动资产或流动负债去清偿。也就是说，流动负债是能用现金或现金的等价物所表现，并于特定日期有着肯定的偿还金额。

(3)负债通常都是有其确切的受款人(债权人)和偿付日期。债务人(或债权人)或债务人的变更，必须经过双方协商一致同意。

上面所说的流动负债的基本特征，是从会计上所用的负债含义来阐述的。它与法律上所讲的负债概念是有些不同的。

负债是企业资金来源的一个重要渠道。它的数量及结构对企业制订经营计划和未来发展有着直接的影响。

3. 流动负债的分类

流动负债的特点是，偿还期限短，债款数额比较小。根据流动负债的特点，一般是以应付金额是否确定为标准，划分为下面三类。

1)应付金额确定的流动负债

应付金额确定的流动负债，是指根据经济法律、契约或合同以及有关规定，到期日按已确定的金额必须偿付的流动负债。如短期借款、应付票据、在应付账款、预收账款、应付工资、应付福利费、其他在付款等。

2)应付金额随经营状况而定的流动负债

这类流动负债是指根据企业在一定期间的经营状况，到会计期末方可确定数额的流动负债。如应付税金、应付利润等。

3)应付金额需要估计的流动负债

这类负债是指企业过去已经发生的业务，现在已经担负责任，只是没有确切的应付金额和偿还日期，债务人(或债权人)仍难以确定的流动负债。如工程产品质量担保债务等。

除上述流动负债的分类外，企业的流动负债还可按抵偿手段的不同，分为用货币偿还的流动负债和用实物或劳务偿还的流动负债。用货币偿还的流动负债，主要有应付票据、应付账款、应付工资、应付利润、短期借款等。用实物或劳务偿还的流动负债，主要有预收账款，如预交工程款必须以完成工程产品偿还，预收货款必须以完成的产成品偿还。此外还有售出产品质量保换等。有些流动负债既可用货币偿还也可用实物抵偿，如应付福利费等。

下面将按流动负债的分类与内容分别进行介绍，以便读者能够系统地了解。

二、流动负债的核算

1. 应付金额确定的流动负债的核算

《企业会计准则》规定："各项流动负债应当按实际发生数额记账。负债已经发生而数额需要预计确定的，应当合理预计，待实际数额确定后，进行调整。"企业在正常的施工生产经营过程中，应付金额确定的流动负债比较多，都应该按其实际发生额记账。

1）短期借款

短期借款是指企业借入的还款期限在一年或超过一年的一个营业周期内的各种借款。短期借款一般是企业为维持正常的施工生产经营所需的，用它来弥补日常经营中流动资金不足而向外筹借的，或者企业为抵偿某项债务而借入的。因为短期借款的还款期较短，在一般情况下，这种借款的数额也比较小。但是，只要借入了这项资金，就构成了企业的一项负债。归还短期借款时所发生的借款利息，则直接计入财务费用，期终作为一项营业费用计入损益。短期借款利息数额较大时，为了均衡、正确地计算各期盈亏，可以采用预提方法，按月预提计入费用。

企业借入各种短期借款时，借记"银行存款"科目，贷记"短期借款"科目。归还短期借款时，借记"短期借款"科目，贷记"银行存款"科目。发生的短期借款利息，借记"财务费用"科目，贷记"银行存款"等科目。

企业的短期借款应按债权人设置明细账，并按借款种类进行明细核算。

2）应付票据

应付票据是指由出票人出票，由承兑人允诺在一定时期内支付一定款额的书面证明。应付票据是在生产经营活动中由于采用商业汇票结算方式而发生的，由收款人（或承兑申请人）签发，承兑人承兑的票据。它一般包括银行承兑汇票和商业承兑汇票。

应付票据签发的原因一般是由于卖方对买方的信资程度不很了解，或买方的信资程度比较低，或者是交易金额比较大等原因。应付票据不同于应付账款的特点是：应付票据原偿付金额和日期都相当明确；对于带息的应付票据，在每个会计期末都要登记利息费用。

在采用商业承兑汇票的情况下，承兑人应为付款人，承兑人对这项债务在一定时期内支付的承诺，作为企业的一项负债；在采用银行承兑汇票的情况下，承兑人虽为银行，但由银行承兑的票据，只是为收款方按期收回债权提供了可靠的信用保证，对付款人或承兑申请人来说，仍然是企业的一项负债。按照我国银行结算办法的规定，商业汇票的承兑期限最长不超过六个月，因此，将应付票据归于流动负债进行核算。

企业开出、承兑或以承兑汇票抵付货款时，借记"物资采购"、"应付账款"等科目，贷记"应付票据"科目。支付银行承兑汇票的手续费时，借记"财务费用"科目，贷记"银行存款"科目。收到银行支付本息的通知时，借记"应付票据"、"财务费用"等科目，贷记"银行存款"科目。

企业应设置"应付票据备查簿"，详细登记每一应付票据的种类、号数、签发日期、到期日、票面金额、合同交易号、收款人姓名或单位名称以及付款日期和金额等详细资料。应付票据到期付清时，应在备查簿内逐笔注销。

3）应付账款

应付账款是指企业因购买材料、商品或接受劳务供应等发生的债务。这项流动负债是企业在购销经营活动中由于取得材料物资或接受劳务供应与支付货款时间上不一致而发生的。应付账款一般是在接到发票账单时按面额登记的，是在较短期限内支付。因此，企业在增加材料物资的同时，也是增加了应付账款这笔流动负债。

应付账款与应付票据不同，两者虽然都是因为购买材料物资或商品而引起的，同属于流动负债性质，但应付账款是企业未结清的债务，应付票据则是企业承诺延期付款的信用凭证，而应付账款一直到结清债务为止,应付票据只是在承诺期限内有效。

应付账款的入账时间,在实际工作中,企业是根据不同情况处理的,在材料物资与发票账单同时到达的情况下,应付账款是待材料物资验收入库后按发票账单所列的数字确定。办理验收手续,是为了证明入库的材料物资质量和数量是与合同规定相符的。因此,企业增加的流动资产与发生的流动负债也是相配比的。在材料物资先到达而发票账单后到达的情况下,由于发票账单尚未到达,企业难以办理全面验收工作。在实际工作中。只有采用月份终了再入账的办法,在月终时,将材料验收入库,确认负债成立,年终在报表上作为一项流动负债反映。

企业购入材料物资发生的应付账款,应按全部金额,借记"材料采购"科目,贷记"应付账款"科目。如果上述材料物资已经预付购货定金或部分货款的,则应将预付的定金或货款自"预付账款"科目转入"应付账款"科目,借记"应付账款"科目,贷记"预付账款"科目。支付货款时,扣除已付的购货定金或部分货款后,应补付的货款,借记"应付账款"科目,贷记"银行存款"科目。

企业采购材料物资已验收入库,但发票账单未到,货款尚未支付的,一般应在月份终了,根据收料凭证按材料计划成本暂估入账,借记"原材料"科目,贷记"应付账款"科目。下月初用红字作同样分录,予以冲回。收到发票账单时,借记"材料采购"科目,贷记"应付账款"科目或"银行存款"科目。

企业接受供应单位提供劳务而发生的应付款项,应根据供应单位的发票账单,借记有关成本费用科目,贷记"应付账款"科目,支付货款时,借记"应付账款"科目,贷记"银行存款"等科目。

企业因分包工程应付给分包单位的工程价款可通过"应付账款"科目核算。企业与分包单位结算工程价款时,根据经审核的分包单位提出的"工程价款结算账单"结算应付的已完工程价款,借记"工程施工"科目(按规定作为自行完成工作量的工程),贷记"应付账款"科目。按合同规定以预付的工程款和备料款抵减应付工程款时,借记"应付账款"科目,贷记"预付账款"科目。支付给分包单位的工程价款,借记"应付账款"科目,贷记"银行存款"科目。

企业开出、承兑商业汇票抵作应付账款时,借记"应付账款"科目,贷记"应付票据"科目。

"应付账款"科目应分别设置"应付工程款"和"应付购货款"两个明细科目,并分别按分包单位和供应单位设置明细账,组织核算。

4)预收账款

预收账款是企业按照工程合同规定预收建设单位(或发包人)款项而发生的。是由建设单位(发包人)预先支付一部分款项给承包人而发生的负债。此项债务要用后期完成的工程产品或劳务来偿付。如果企业无法履行合同或协议上的承诺,不能如期交付工程产品或提供劳务时,就必须如数退还所预收的货款。预收的货款一般是在一年或者超过一年的一个营业周期内用资产(现金或工程产品)偿付,或提供劳务偿付,所以预收账款就构成流动负债。

对于预收账款的核算有两种方法:一种方法是对发生的预收货款单独设置"预收账款"科目核算,待用产品或劳务偿付后,结清"预收账款"科目。采用这种核算方法能够完整地反映这项负债的发生及偿付情况,便于填列会计报表;另一种方法是将预收的款项直接作为应收账款的减项,反映在"应收账款"科目的贷方,待应收账款发生时,再在"应收账款"科目进行结算。采用这种方法也能够反映企业与工程发包单位(即公路建设单位、发包人)的结算情况,但在填列会计报表时,需要将“应收账款”科目内的预收账款进行分析填列。这两种方法,企业可以根据实际情况采用。预收账款比较多的企业,可以采用第一种方法;预收账款不多的企业,可以采用第二种方法核算。本节采用第一种方法阐述。

企业按规定预收的工程款和备料款,借记“银行存款”科目,贷记“预收账款”科目;收到建设单位(或发包人)拨入抵作备料款的材料,借记“原材料”科目,贷记“预收账款”科目;材料结算价格与计划成本的差异,借记或贷记“材料成本差异”科目。

企业与建设单位(或发包人)结算已完工程价款时,从应收工程款中扣还预收的工程款和备料款,借记“预收账款”科目,贷记“应收账款”科目。

企业按照购销合同规定预收购货单位的购货款,通过“预收账款”科目核算时,企业按合同规定预收的销货款,借记“银行存款”科目,贷记“预收账款”科目;结算销货款时,应将预收的货款结转记入“应收账款”科目,借记“预收账款”科目,贷记“应收账款”科目。

“预收账款”科目应分别设置“预收工程款”和“预收销货款”两个明细科目,并分别按发包单位和购货单位设置明细账,组织核算。

5)应付职工薪酬

应付职工薪酬是指应付给职工的薪酬总额。职工薪酬是指企业为获取职工提供的服务而给予的各种形式的报酬以及其他相关支出,包括:职工工资、奖金、津贴和补贴;职工福利费;医疗保险费、养老保险费、失业保险费、工伤保险费和生育保险费等社会保险费;住房公积金;工会经费和职工教育经费;非货币性福利;因解除与职工的劳动关系给予的补偿;其他与获得职工提供的服务相关的支出。

应付职工薪酬是企业使用职工的脑力劳动、体力劳动(即知识、技能、精力和时间)而给予职工的一项补偿(报酬)。因而是对企业职工形成的一项负债。

应付职工薪酬作为负债,是由于企业将应付给职工的薪酬作为费用,入账时间先于支付时间而形成的。也就是说,职工先付出劳动,后得到薪酬。在职工未得到前,由企业暂时支配使用。

在社会主义市场经济条件下,企业应按照国家和企业的有关规定,正确地计算职工薪酬总额。职工薪酬总额的计算应以直接支付给职工的全部劳动报酬为依据。在会计上设置“应付职工薪酬”科目组织核算。支付职工薪酬应为“应付职工薪酬”科目的借方发生额。凡是本月份应付的职工薪酬,不论是否全部在本月内支付,都应在本月内记入“应付职工薪酬”科目的贷方。

在发放职工薪酬时,企业按照规定手续向银行提取的现金,借记“现金”科目,贷记“银行存款”科目;支付职工薪酬时,借记“应付职工薪酬”科目,贷记“现金”科目。从应付职工薪酬中扣还的各种款项(如代垫房租、水电费等),借记“应付职工薪酬”科目,贷记“其他应收款”等科目。职工在规定期限内未领取的职工薪酬,应由发放工资单位及时交回财务会计部门,借记“现金”科目,贷记“其他应付款”科目。

月份终了,企业应将本月应付的职工薪酬按职工的工作部门和服务对象进行分配,借记“工程施工”、“机械作业”、“辅助生产”、“管理费用”等科目,贷记“应付职工薪酬”科目。

“应付职工薪酬”科目应设置“应付职工薪酬明细账”,按照职工薪酬包括的项目设置明细账,进行明细核算。

采用工效挂钩发放职工薪酬的企业，应付职工薪酬是随着企业经营状况来确定的。因此，“应付职工薪酬”则属于“应付金额随经营状况确定的流动负债”一类，并随其组织核算和进行说明。

6）其他应付款

其他应付款是指企业除应付票据、应付账款、预收账款、应付职工薪酬等以外的其他各种应付、暂收其他单位或个人的款项。如应付租入固定资产和包装物的租金、存入保证金、应付统筹退休金等。这些应付款构成了企业的一项流动负债。对于企业其他应付和暂收款项，在会计上设置“其他应付款”科目进行核算。

企业发生的各项其他应付、暂收款项，借记“银行存款”、“管理费用”等科目，贷记“其他应付款”科目。支付时，借记“其他应付款”科目，贷记“银行存款”等科目。

“其他应付款”科目应按应付和暂收款项的类别和单位或个人设置明细账。

2. 应付金额随经营状况确定的流动负债的核算

这一类流动负债的应付金额，是视企业经营状况来决定的，如应交税金、应付利润等。

1）应交税费

应交税费是指企业按照税法规定，对应税的产品营业额、经营利润或规定对象，按规定的计算方法计算交纳的税款，如营业税、增值税、产品税、城市维护建设税、房产税、车船使用税、所得税、土地使用税、特别消费税、固定资产投资方向调节税等。

由于这些计征的税款企业不可能随收随缴，或每天计提每天缴纳，这样就形成企业应缴税金与实际缴纳税金时间上的差别。在应缴而未缴各项税金时，就形成企业对税务机关的负债。这项负债就其类别来说，有应缴流转税、应缴财产资源税、应缴特别行为税、应缴所得税等。

公路施工企业在一定时期内取得的营业收入（或称工程结算收入）和实现的利润，应按照规定向国家缴纳税金。这项税金是随着企业的经营状况确定的。企业经营方法好，盈利就多，计提应缴的税金也就多；如果企业经营效果欠佳，盈利就少，则计提的这类税金也就少。所以说，应缴税金数额是随企业经营情况而确定的流动负债。它是根据企业会计期间终了计算的经营收入总额或经营效果确定的。

为了核算企业按规定向税务机关缴纳的各种税金，企业应设置“应缴税费”科目组织核算。

月份终了，企业按规定计算出当月应缴纳的各种税金，并按其不同的列支渠道进行处理。

（1）公路施工企业发生营业税、产品税、增值税和城市维护建设税，借记“主营业务税金及附加”科目，贷记“应缴税费”科目；材料销售、劳务供应等业务发生的营业税金，借记“其他业务支出”科目，贷记“应缴税费”科目。

（2）房产税、车船使用税和土地使用税，借记“管理费用”等科目，贷记“应缴税费”科目。

（3）所得税，借记“利润分配——应缴所得税”科目，贷记“应缴税费”科目。

（4）固定资产投资方向调节税，借记“专项工程支出”科目，贷记“应缴税费”科目。

企业以现金或银行存款缴纳各种税金时，借记“应缴税费”科目，贷记“银行存款”等科目。

企业按照税务机关规定的期限与税务机关结算或清算后，补缴的税金，借记“应缴税费”科目，贷记“银行存款”科目。企业多缴而退回时，借记“银行存款”等科目，贷记“应缴税费”科目。

"应缴税费"科目的贷方为登记已经过计算应向税务机关缴纳的各种税金数额;借方登记企业实际缴纳的税金数额。余额一般在贷方,表示应缴而未缴的税金数额。若在借方,则表示企业多缴的税金数额。在该科目下,企业应按应缴税费的种类设置明细账核算。

企业缴纳的印花税以及其他不需要预计应缴的税金,由于它不发生应付未付税款情况,不需要与税务机关发生清算或结算关系,所以不需要通过"应缴税费"科目核算。企业购买印花税票时,即可直接计入"管理费用"科目。

2)应付利润

应付利润,是指企业按照规定或投资者的出资比例或协议以及合同规定计算的应付的利润。这些利润包括企业应付给国家、法人、个人和外商的投资利润和企业与其他单位或个人的合作项目,按合同或协议规定应付给合作单位或个人的利润。这些应付而未付的利润,就是企业对投资者的一项负债。而这项负债的数额多少,是随企业经营状况来确定的。企业分配给投资者的利润,其金额必须要到会计期间终了,计算出盈亏总额(利润或亏损总额)后,并缴了所得税,提取了盈余公积金后才能根据所剩余额进行计算确定。

企业为了核算应付给投资者的利润,按规定设置"应付利润"科目。月份或年度终了,企业根据利润分配方法,计算确定的应付利润,借记"利润分配"科目,贷记"应付利润"科目。支付利润时,借记"应付利润"科目,贷记"银行存款"、"现金"等科目。

"应付利润"科目应按投资单位、投资人姓名分户设置明细账组织核算。

3. 应付金额需要估计的流动负债的核算

工程产品质量担保债务,是指企业承包的工程完工交验后,在保证质量期内,对于发生的工程质量问题,应由承包的施工企业负责翻修形成的债务。对于翻修工程的成本确定,一般有两种方法:一是估计翻修费用数额,将其通过预提方法,列入工程成本、费用;另一种是采用直接列支方法,将发生的翻修费用视为企业经营管理费用,通过管理费用列入企业损益。

企业直接列支返修工程产品费用时,借记"管理费用"等科目,贷记"原材料"、"应付工资"、"银行存款"等科目。

公路施工企业的辅助生产车间、工业生产单位,其产品销售也会发生产品质量担保的债务。这项债务是指这些部门在产品、商品售出后,在三包(包修、包退、包换)期内发生的质量问题,需要由销售方负责修理或调换而形成的负债。这项负债也属于"应付金额需要估计的流动负债"一类,其处理方法可参照上面所述各项方法办理。

第二节　长期负债的核算

一、长期负债概述

1. 长期负债的定义

长期负债是指偿还期在一年或者超过一年的一个营业周期以上的债务。它是企业向债权人筹集的可供企业长期使用的资金。就其性质而言,它是企业向债权人借入的经营资本。但这项资本不同于企业所有者投入的资本,它是企业的债务,是企业必须以资产或劳务偿还的经济责任。

2. 长期负债的目的

企业长期负债主要的目的有以下两个方面。

1)扩大经营规模,筹集长期经营资金

企业为了扩展经营规模,需要增加长期使用的各种固定资产、大型机械、机器设备、购置地产、增建或扩充厂房等。所有这些都需要企业筹集长期投入和大量的资金。而这些需要,显然不是企业所拥有的资本能够满足的,如果等到企业内部形成的资本积累再去购置,则可能丧失企业发展的有利时机。同时,企业用扩大所有者权益去形成,也可能受到企业外部和内部的一定条件的约束。因此,举借长期负债筹资较为灵活,有利于企业生产发展。

2)有利于保持控制权力,获取债务利益

企业筹集经营资金举借长期债款较之扩增资本更为有利。一方面有利于投资人保持原有控制企业的权力,不会因企业筹措长期资金而影响投资者本身利益。因为举债后的债权人不具有对企业经营管理的参与权,仅为债务到期后取得本息的索偿权。企业只需要按期偿还债权人按固定利率计算的利息即可。所以采用长期债款方式筹措资金,如果企业经营所得的投资利润率高于长期债款所确定的固定利率,则投资者就可享有其投资利润率高于固定利润率的部分。因为这部分盈余是归企业原产权所有者享有,它是企业举债经营所获得的财务利润。

3. 长期负债的特征

与流动负债相比,长期负债具有数额较大、偿还期限较长的特点。

但同时还应看到,企业长期负债经营也有其不足之处。长期债款的利息是企业根据合同规定必须承担的一种固定支出,如果企业经营不善,市场情况变化,发展不很顺利,这笔固定的利息费用就会成为企业财务上的沉重负担。或者企业由于资金周转困难,而无法定期支付利息或按时偿还本金,则债权人有权迫使企业破产清算。所以,举债经营的财务风险比较大,也会对企业带来不利后果。因此,企业是否采用举债经营,举借长期债款多少,应视企业经营情况而定。这点企业决策者必须慎重考虑。

4. 长期负债的分类

长期负债按其筹资方式的不同,可分为长期借款、应付债券和长期应付款三大类。

1)长期借款

长期借款,是指企业向金融机构和其他单位借入的偿还期限在一年或超过一年的一个营业周期以上的债务。

目前,企业的长期借款主要是向国家有关金融机构和其他单位借入的款项。如向建设银行、工商银行、中国银行、投资银行,以及财务公司、投资公司等金融机构或企业借入的(以下简称金融机构)。长期借款按其借款的不同类别,分为以下几种。

(1)按借入的用途分类,可分为:

①生产经营借款,包括储备资金借款、生产资金借款、结算资金借款等;

②基建投资借款;

③技术改造借款。

(2)按借入的币种分类,可分为:

①人民币借款；

②外币借款，如美元借款、日元借款等。

(3)按有无担保分类，可分为信用借款和抵押借款。

(4)按偿还方式分类，可分为：

①一次还本付息；

②分次还本付息；

③随借随还本息。

为了保证国家信贷资金的合理使用与完整，促进金融机构对各项借款加强管理，以提高借款的使用效益，减少借款风险，并管好、用好信贷资金，金融机构都相应地制订了一系列借款管理办法，规定了企业要求借款必须符合的条件和应该履行的程序。

为此，金融部门规定：

①企业申请借款必须符合借款原则，如按计划发放，择优扶植，有物资保证，按期归还。

②企业申请贷款应具备的条件为：借款企业必须实行独立核算，自负盈亏；具有法人资格，有健全的机构和相应的管理和技术人员；借款企业的经营方向和业务范围必须符合国家政策；借款用途属于银行贷款办法规定的范围，借款项目须有可行性报告；借款企业具有一定的物资和财产保证；担保单位具有相应的经济实力；借款企业具有偿还贷款本息的能力；借款企业财务管理和经济核算制度健全，资金使用效益及企业经济效益良好；借款企业在有关金融部门开立账户，办理结算。

③企业申请贷款必须履行下列程序：企业贷款履行借款审批手续；签订借款合同；在核定的贷款指标范围内根据用款计划和实际需要使用贷款；按照有借有还的原则，借款企业按期归还本金和支付利息。

贷款到期，经办金融部门应进行催收。借款企业如不归还贷款，经办金融部门可按合同规定，从借款企业的存款户中扣还贷款本息及罚息。借款企业如因暂时困难需要延期归还贷款时，应向经办金融部门提出延期还款计划，经审查核实后，按照计划归还贷款，逾期时间一般按逾期贷款计收利息。借款企业无力或者拒不归还贷款时，经办金融部门在协商督促无效的情况下，可依据法律程序处理借款企业作为借款保证的物资和财产，以归还贷款。必要时，应要求保证人代偿贷款。对经营管理不善或有破产危险的借款企业，经协商或督促状况无好转的，经办金融部门可以提前收回贷款。

2)应付债券

应付债券，是指企业为筹集长期使用资金而向外发行的，到期时应予还本付息的债务性证券。它是企业负债筹资的一种方式，是投资人投入资本以外，企业向债权人筹集，供其长期使用的资金，是长期负债的一种。

发行的债券一般具有期限较长，债券到期无条件归还本息的特点。债券发行单位在债券上载明是在某一特定日期偿还债券的本金，并按照约定时期(即付息期)和规定的利率支付债券利息等内容。

债券一般由银行、投资公司或其他金融机构代办发行，并由其委托一个第三者作为信贷信托人。信托人的任务是负责保管信托合同，并代表债券持有人的利益监督信托合同的执行。

企业发行债券,由于债券分类标准不同,其种类也有所不同。公司债券的主要类别如下。

(1)按有无担保分类,可分为:

①信用债券,如法人信用、法人代表信用;

②担保债券,如用不动产抵押担保的债券,用动产抵押担保的债券,抵押信托债券(即以其他债券或股票作为抵押品)。

(2)按发行方式分类,可分为:

①记名债券;

②不记名债券;

③可调债券(可调换股票的债券);

④息票债券(债券上附有息票,持券人凭息票取得债券利息的债券)。

(3)按发行价值分类,可分为按面值发行债券和按折价或溢价发行债券。

(4)按偿还方式分类,可分为:

①一次还本付息债券;

②分期还本付息债券;

③通知还本付息债券。

3)长期应付款

长期应付款,是指企业除长期借款和应付债券以外的其他各种长期性负债。如采用补偿贸易引进国外设备,应付的引进设备款和融资租入固定资产的应付款等。它是企业长期负债筹集资金的另一种方式。

(1)应付引进设备款,是企业按照补偿贸易方式引进国外设备时发生的。计算应付引进设备款时,应按设备的外币数额和规定的折合率折合为人民币,作为实际发生额记账。这里所指的设备外币金额包括:设备和随同设备一起进口的工具、零星配件等的价款,以及国外的运杂费。采用补偿贸易方式引进设备发生的应付引进设备款是企业的一种长期负债。

(2)融资租入固定资产应付款,是企业采用融资租赁方式租入固定资产而产生的长期负债。租赁是指出租人在承租人给其一定报酬的条件下,允许承租人在约定的期限内占有或使用租赁资产的一种合同。

采用融资租赁方式的情况下,承租人通过这种形式取得了出租人提供资金所购置的资产。在获得资产的同时也发生一笔负债。

融资租赁的特点是:

①出租人仍然保留租赁资产的所有权,但资产所有权在出租期满后将转移给承租人,或者规定承租企业有优先购买权;

②租赁合同通常是不能够撤销的;

③租赁是长期的,它包括租赁资产的全部使用年限或规定的一定比例使用年限。

所以,融资租入的固定资产在租赁合同到期前,承租企业就始终承担着一种长期应付款的债务。

采用融资租入固定资产筹资方式的优点是:

①筹资手续简便,只需要企业找到合适的出租方,双方签订承租合约,即可取得固定资产;

②筹资时间短,节省了购建固定资产的时间;

③筹资成本可提前收回。因为融资租入固定资产可提前使用,能够尽早发挥功能,增加经济效益,收回筹资成本。

二、长期负债的核算

1. 长期借款的核算

为了核算长期借款的取得和归还的情况,企业在总分类核算中应设置“长期借款”科目,用以核算借入的本金、形成的利润、外币借款的汇兑损益等业务。

长期借款取得以后,由于借款种类和约定的还本付息方式不同,对借款到期归还金额及其账务处理也有所差别。人民币长期借款,不论以什么方式借入,都应进行借入、计提利息还本付息的核算;外币长期借款,应于借入时按企业确定的记账汇率折合为记账本位币记账。归还时按当时的记账汇率折合为记账本位币记账。两者的差别作为期末汇兑损益。

长期借款中的利息计算,目前有单利和复利两种方法。单利是指只按本金计算利息,其所生利息不计入本金再生利息。其计算公式为:

$$本利和 = 本金 + 本金 \times 利率 \times 时期$$

复利是指经过一定的时期(如一年),其本金所生利息,再加入本金计算利息。计算公式为:

$$本利和 = 本金 \times (1 + 利率)^{时期}$$

企业按月或按季结算损益时,应根据当年应付的利息,分月(年利息÷12)、分季(年利息÷4)计入长期借款。

企业借入长期借款时,借记“银行存款”、“专项工程支出”等科目,贷记“长期借款”科目;归还借款时,借记“长期借款”科目,贷记“银行存款”等科目。

在使用长期借款进行固定资产购建、固定资产改建、扩建工程或固定资产大修理工程支出时,长期借款的利息支出和有关费用应区别情况进行处理。用于固定资产购建的长期借款,在固定资产尚未交付使用或者虽已交付使用但尚未办理竣工决算之前发生的利息支出和外币折合差额,应计入有关固定资产购建成本,借记“专项工程支出”科目,贷记“长期借款”科目;在固定资产购建完成交付使用,并用办理竣工决算后发生的利息支出和外币折合差额,以及其他长期借款的利息和外币折合差额,借记“财务费用”科目,贷记“长期借款”科目。

由于长期借款的还款期比较长,为了加强对长期借款的核算,企业应该按借款单位设置明细账,并按借款的种类进行明细核算。现举例说明其会计处理。

【例8-1】 某公路施工企业2001年1月1日向银行借入资金200万元,用于新建办公楼,借款年利率6%,借款期限3年,每年末付息一次,3年期满后一次还清本金。2001年度以银行存款支付工程款100万元,2002年度以银行存款支付工程款80万元,2002年底工程完工,交付使用并办理了竣工决算手续。根据上述资料,作如下的会计处理。

(1)取得银行借款200万元时,作如下会计分录:

借:银行存款	2 000 000	
贷:长期借款		2 000 000

(2)支付2001年工程价款时,作如下会计分录:

借:专项工程支出	1 000 000	

贷:银行存款 1 000 000

(3)年底计算2001年利息为120 000元,作如下会计分录:

借:专项工程支出 120 000

贷:长期借款 120 000

(4)偿还2001年借款利息,作如下会计分录:

借:长期借款 120 000

贷:银行存款 120 000

资产办理竣工决算前每期付息的会计处理同上述(3)、(4)。

(5)支付2002年工程价款时,作如下会计分录:

借:专项工程支出 800 000

贷:银行存款 800 000

(6)2002年底办公楼完工交付使用,结转实际成本2 040 000元,作如下会计分录:

借:固定资产 2 040 000

贷:专项工程支出 2 040 000

(7)资产办理竣工决算后,按月计提借款利息为:2000000 ×6% ÷12 =100000(元),作如下会计分录:

借:财务费用 10 000

贷:长期借款 10 000

以后各月按月计提利息的会计处理同上。

(8)到期偿还借款本金及支付2003年的借款利息共计2 120 000元,作如下会计分录:

借:长期借款 2 120 000

贷:银行存款 2 120 000

2. 应付债券的核算

应付债券一般指还款期在一年以上,为筹集长期资金向公众发放的如期还本付息的债务证券。其实质是一种长期应付票据。

采用这种方式筹集资金,可以避免由一个金融机构提供一大笔贷款资金的困难,而改由很多债权人以较小数额出资汇集的办法解决。由于发行债券筹资的这种优点,现在许多企业都采用这种筹资方法进行筹资。

企业在批准发行债券时,应将待发行债券的票面金额、债券票面利率、还本期限与方式、债券发行总金额、发行日期与编号、委托代售部门等在备查簿中登记,以便于加强对应付债券的核算与管理。

为了核算企业为筹集长期资金而实际发行的债券及应付的利息,企业在总分类核算中应设置"应付债券"科目。还应根据价值的类别设置"债券面值"、"债券溢价"、"债券折价"和"应计利息"四个明细科目,并按债券种类和期限进行明细核算。

企业发行债券时,应根据其筹资情况、未来的偿债能力及发行债券时的市场利率等因素,来确定债券是按面值发行、溢价发行或折价发行。

企业发行的债券,按债券面值价格出售,称为按债券面值发行;按债券的出售价格超出面值出售,称为债券溢价发行;按债券的出售价格低于面值出售,称为债券折价发行。

债券溢价发行，是指债券发行企业对投资人所持债券将来（债券到期日）多付的利息，预先予以收回。也就是说，债券溢价是债券发行企业现在向债券投资者多收的款项，将由以后多付的利息归还进行冲减。

债券折价发行，是指债券发行企业对投资人所持债券将来（债券到期日）少付利息的一种预先补偿。也就是说，债券折价是债券发行企业现在向投资者少收的款项，将由以后少付的利息冲回。

企业按面值发行债券时，借记“银行存款”、“现金”等科目，贷记“应付债券”科目。采用按面值发行时，实际收到的金额与债券面值是一致的。

企业按溢价发行时，则按实际收到的款项，借记“银行存款”、“现金”等科目，按债券票面金额，贷记“应付债券——债券面值”科目，按债券溢价，贷记“应付债券——债券溢价”科目。

企业按折价发行时，应按实际收到的款项，借记“银行存款”、“现金”等科目，按实际收到的款项与票面金额之间的差额，借记“应付债券——债券折价”科目，按债券票面金额，贷记“应付债券——债券面值”科目。

支付的债券代理发行手续费及印刷费，借记“专项工程支出”、“财务费用”等科目，贷记“银行存款”、“现金”等科目。

企业发行的债券应按期计提利息。溢价或折价发行的债券，其实际收到的金额与债券票面金额的差额，应在债券存续期间分期摊销。摊销时一般采用直线摊销法，在债券的各个付息期，以相等的金额将债券溢价冲减利息费用，或以相等的金额将债券折价转作利息费用。

分期计提利息及摊销溢价、折价时，应区别情况进行处理。

企业按面值发行债券，应计提的利息，借记“专项工程支出”、“财务费用”科目，贷记“应付债券——应计利息”科目。

企业溢价发行的债券，按应摊销的溢价金额，借记“应付债券——债券溢价”科目；按应计利息与溢价摊销额的差额，借记“专项工程支出”、“财务费用”科目；按应计利息，贷记“应付债券——应计利息”科目。

企业折价发行的债券，按应摊销的折价金额和应计利息之和，借记“专项工程支出”、“财务费用”科目；按应摊销的折价金额，贷记“应付债券——债券折价”科目；按应计利息，贷记“应付债券——应计利息”科目。

债券到期，支付债券本息时，借记“应付债券——债券面值”、“应付债券——应计利息”科目，贷记“银行存款”、“现金”科目。

现以直线摊销法说明溢折价发行债券的会计处理。

直线摊销法是将债券的溢价或折价在债券的有效期限内平均摊销于各期费用的一种方法。

在直线法下，溢价或折价摊销的计算公式如下：

本期溢价（折价）摊销额 = 溢价（折价）总额 ÷ 计息期数

【例 8-2】 某公路施工企业经批准在 2000 年 1 月 1 日发行债券 2 000 张，面值 100 元，票面利率为 10%，期限 5 年，每年付息一次，到期归还本金。企业以溢价发行，高于总面值16 060 元，编制的溢价摊销表见表 8-1。

单位:元 **应付债券溢价摊销表** 表 8-1

计算日期	应付利息	本期溢价摊销数	利息费用	未摊销溢价	账面价值
第一年1月1日				16 060	216 060
第一年12月31日	20 000	3 212	16 788	12 848	212 848
第二年12月31日	20 000	3 212	16 788	9 636	209 636
第三年12月31日	20 000	3 212	16 788	6 424	206 424
第四年12月31日	20 000	3 212	16 788	3 212	203 212
第五年12月31日	20 000	3 212	16 788	0	200 000
合计	100 000	16 060	83 940		200 000

(1)每期应付利息为:$200000 \times 10\% = 20000$(元)。

(2)每期债券溢价摊销数为:$16060 \div 5 = 3212$(元)。

(3)每期利息费用为:$20000 - 3212 = 16788$(元)。

【例 8-3】 依上例,企业以折价发行,低于总面值 14 500 元,编制的折价摊销表见表 8-2。

单位:元 **应付债券折价摊销表** 表 8-2

计算日期	应付利息	本期折价摊销数	利息费用	折价余额	账面价值
第一年1月1日				14 500	185 500
第一年12月31日	20 000	2 900	22 900	11 600	188 400
第二年12月31日	20 000	2 900	22 900	8 500	191 300
第三年12月31日	20 000	2 900	22 900	5 800	194 200
第四年12月31日	20 000	2 900	22 900	2 900	197 100
第五年12月31日	20 000	2 900	22 900	0	200 000
合计	100 000	14 500	114 500		

(1)每期债券折价摊销额为:$14500 \div 5 = 2900$(元)。

(2)每期利息费用为:$20000 + 2900 = 22900$(元)。

从表 8-1 和表 8-2 可以看出,在直线法下,企业债券溢价或折价摊销数各期是相等的,当债券到期时,溢价或折价金额全部摊销完毕。

1)债券按面值发行的会计处理

【例 8-4】 以[例 8-2]中的资料为例,说明债券按面值发行,到期一次还本付息的会计处理方法。

(1)收到发行所得款项时,作如下会计分录:

借:银行存款 200 000

　贷:应付债券——债券面值 200 000

(2)按年计提应付债券利息时,作如下会计分录:

借:财务费用 20 000

　贷:应付债券——应付利息 20 000

(3)债券到期一次还本付息时,作如下会计分录:

借:应付债券——债券面值 200 000

——应计利息　　100 000

贷:银行存款　　300 000

2)债券按溢价发行的会计处理

【例 8-5】 以例[8-2]中的资料及溢价直线摊销法的表 8-1 资料为例,说明债券按溢价发行的会计处理方法。

(1)发行时收到债券款项时,作如下会计分录:

借:银行存款　　216 060

贷:应付债券——债券面值　　200 000

——债券溢价　　16 060

(2)第一年底应计利息和摊销溢价时,作如下会计分录:

借:财务费用　　16 788

应付债券——债券溢价　　3 212

贷:应付债券——应计利息　　20 000

(3)债券到期还本付息时,作如下会计分录:

借:应付债券——债券面值　　200 000

——应计利息　　100 000

贷:银行存款　　300 000

3)债券按折价发行的会计处理

【例 8-6】 以[例 8-3]中的资料及折价直线摊销法的表 8-2 的资料为例,说明债券按折价发行的会计处理方法。

(1)发行时收到债券款项时,作如下会计分录:

借:银行存款　　185 500

应付债券——债券折价　　14 500

贷:应付债券——债券面值　　200 000

(2)第一年底应计利息和摊销折价时,作如下会计分录:

借:财务费用　　22 900

贷:应付债券——债券折价　　2 900

——应计利息　　20 000

(3)债券到期还本付息时,作如下会计分录:

借:应付债券——债券面值　　200 000

——应计利息　　100 000

贷:银行存款　　300 000

3. 长期应付款

长期应付款是企业除长期借款和应付债券以外的其他各种长期应付款。它是企业长期负债筹资的另一种方式。在这种筹资方式内主要有融资租入固定资产和按照补偿贸易方式同外商企业合作,引进国外设备所发生的应付款项。

融资租赁亦称筹资租赁。它是指企业因施工生产经营需要,而向融资租赁公司等单位融通资金购置设备、承租使用并支付租金,到期取得设备所有权的一种租赁方式。在这种租赁方式下,企业支付的租金一般包括设备价款、运输费、途中保险费、安装调试费、租赁手续费以及利息等。

融资租入固定资产,属于分期付款购置固定资产性质。应付的融资租入固定资产租赁费是企业的一种长期负债。对于这项负债应按该项租赁活动实际发生的数额记账。

对于长期应付款项发生的其他费用,如长期应付款的利息支出和有关费用,以及外币折合差额,也应参照长期借款中阐述方法分别按不同的情况进行处理。上述的部分费用支出与购建固定资产有关,在固定资产尚未交付使用或者虽已交付使用但尚未办理竣工决算之前发生的,应计入有关固定资产的购建成本。如果长期应付款的利息支出和有关费用以及外币折合差额,与购建固定资产上述情况无关,则应计入当期损益。

为了核算企业除长期借款和应付债券以外的其他各种长期应付款,企业在总分类核算中设置"长期应付款"科目。企业融资租入固定资产,按应支付的融资租赁费,借记"专项工程支出"科目,贷记"长期应付款"科目;发生的安装调试等费用,借记"专项工程支出"科目,贷记"银行存款"等科目;支付融资租赁费时,借记"长期应付款"科目,贷记"银行存款"科目;工程完工交付使用时,按实际发生的支出,借记"固定资产"科目,贷记"专项工程支出"科目。

"长期应付款"科目贷方登记发生的其他各种长期应付款,借方登记企业偿付的其他各种长期应付款项,期末余额在贷方,反映企业尚未偿付的其他各种长期应付款数额。

"长期应付款"科目应按长期应付款的种类设置明细账组织核算。现举例说明其会计处理。

【例 8-7】 公路施工企业融资租入不需要安装设备一台,按照租赁协议确定的租赁价款为 1 100 000 元,租赁费用分 5 年于每年年末偿还。租赁期满后,该租赁设备转为公路施工企业所有。

(1)租入设备时,作如下会计分录:

借:固定资产——融资租入固定资产	1 100 000	
贷:长期应付款——应付融资租赁款		1 100 000

(2)按期支付融资租赁费时,作如下会计分录:

借:长期应付款——应付融资租赁款	220 000	
贷:银行存款		220 000

(3)还清款项,固定资产归公路施工企业所有,作如下会计分录:

借:固定资产——生产用的固定资产	1 100 000	
贷:固定资产——融资租入固定资产		1 100 000

思考与练习

一、思考题

1. 什么是负债?负债按偿还期限划分流动负债和长期负债的目的是什么?
2. 什么是流动负债?它有何特征?如何进行分类?
3. 什么是长期负债?它有何特征?如何进行分类?企业形成长期负债的目的是什么?

4. 长期借款如何进行会计处理?

5. 长期应付款如何进行会计处理?

二、练习题

1. 资料:某公路施工企业于2003年1月1日向银行借入资金500万元,用于新建实验楼,借款年利率8%,借款期限3年,每年末付息一次,3年期满后一次还清本金。2003年度以银行存款支付工程款300万元,2004年度以银行存款支付工程款200万元,2005年以银行存款支付工程款80万元,2005年底工程完工交付使用并办理了竣工决算手续。

要求:根据上述资料,作出有关年度的会计分录。

2. 资料:某公路施工企业经批准在2002年1月1日发行债券5 000张,面值100元,票面利率为10%,期限3年,每年付息一次,到期归还本金。企业以溢价发行,高于总面值24 000元。

要求:根据上述资料,作出有关债券发行、付息、溢价摊销和到期归还本金的会计分录。

3. 资料:某公路施工企业经批准在2002年1月1日发行债券5 000张,面值100元,票面利率为10%,期限3年,每年付息一次,到期归还本金。企业以折价发行,低于总面值18 000元。

要求:根据上述资料,作出有关债券发行、付息、折价摊销和到期归还本金的会计分录。

第九章

所有者权益

知识目标

1. 所有者权益的概念、构成及确认条件；
2. 实收资本的概念及相关内容；
3. 资本公积的概念、来源及相关内容；
4. 留存收益的概念、构成及相关内容。

能力目标

1. 对实收资本进行会计核算的能力；
2. 对资本公积进行会计核算的能力；
3. 对盈余公积进行会计核算的能力；
4. 对未分配利润进行会计核算的能力。

●第一节　所有者权益概述●

所有者权益是指企业资产扣除负债后，由所有者享有的剩余权益。公司的所有者权益又称为股东权益。所有者权益是所有者对企业资产的剩余索取权，它是企业资产中扣除债权人权益后应由所有者享有的部分，既可反映所有者投入资本的保值增值情况又体现了保护债权人权益的理念。

一、所有者权益的内容

1. 所有者权益的来源构成

所有者权益的来源包括所有者投入的资本、直接计入所有者权益的利得和损失、留存收益等，通常由实收资本（或股本）、资本公积（含资本溢价或股本溢价、其他资本公积）、盈余公积和未分配利润构成。

（1）所有者投入的资本是指所有者投入企业的资本部分，它既包括构成企业注册资本或者股本部分的金额，也包括投入资本超过注册资本或者股本部分的金额，即资本溢价或者股本溢价，这部分投入资本在我国企业会计准则体系中被计入了资本公积，并在资产负债表中的资本公积项目下反映。

（2）直接计入所有者权益的利得和损失，是指不应计入当期损益、会导致所有者权益发生增减变动的、与所有者投入资本或者向所有者分配利润无关的利得或者损失。其中,利得是指由企业非日常活动所形成的、会导致所有者权益增加的、与所有者投入资本无关的经济利益的流入,利得包括直接计入所有者权益的利得和直接计入当期利润的利得。损失是指由企业非日常活动所发生的、会导致所有者权益减少的、与向所有者分配利润无关的经济利益的流出,损失包括直接计入所有者权益的损失和直接计入当期利润的损失。

(3)留存收益是企业历年实现的净利润留存于企业的部分,主要包括累计计提的盈余公积和未分配利润。

可见,所有者权益从来源来看,主要由投入资本与留存收益这两部分构成。其中,投入资本主要来源于企业外部的投入,根据核算性质的不同,又分为实收资本与资本公积;而留存收益则来源于企业内部的经营成果,根据核算内容的不同,又分为盈余公积和未分配利润。

2. 所有者权益的确认条件

所有者权益体现的是所有者在企业中的剩余权益,因此,所有者权益的确认主要依赖于其他会计要素,尤其是资产和负债的确认;所有者权益金额的确定也主要取决于资产和负债的计量。例如,企业接受投资者投入的资产,在该资产符合企业资产确认条件时,就相应地符合了所有者权益的确认条件;当该资产的价值能够可靠计量时,所有者权益的金额也就可以确定。

二、所有者权益要素与其他五大要素的关系

所有者权益与投资人的行为相伴而生。是一种留剩权益,也就是对企业资产中满足了债权人的要求权后剩余部分的要求权,没有约定的偿付期。所有者权益要素与其他五大要素之间既有联系,又有区别。

1. 联系

(1)与负债共同揭示了企业资产的法律结构,这种结构决定了许多财务分析决策的重要指标。

(2)所有者权益的状况与企业的经营需要,共同决定负债的范围和数量。

(3)收入的取得、费用的支出、利润的实现与分配,都直接与所有者权益有关。

2. 区别

(1)所有者权益在核算时有其独特的方法。比如,实收资本通常情况下都是增加的,只有在企业解散或清算时才可能减少。

(2)所有者权益核算的程序往往是基于法律上的规定,而不是仅仅依照会计惯例。比如,公积金的提取比例是由法律规定的。

●第二节　实收资本的核算●

一、实收资本的内容

实收资本也称投资资本,是指投资者按照企业章程或合同、协议的约定,实际投入企业的资本,包括货币资金、实物和无形资产等。

我国《民法通则》规定,设立企业法人必须要有必要的财产。我国《企业法人登记管理条例》规定,企业申请开业,必须具备符合国家规定并与其生产经营和服务规模相适应的资金数

额。根据我国《公司法》规定,施工企业的注册资本不得少于50万元,如果是股份有限公司的施工企业,其注册资本的最低限额为1 000万元,其中有外商投资的其注册资本的最低限额为人民币3 000万元。

我国设立企业采用注册资本制,投资者出资达到法定注册资本的要求是企业设立的先决条件,而且根据注册资本制的要求,企业会计核算中的实收资本即为法定资本,应当与注册资本相一致。企业资本(或股本)除下列情况外,不得擅自改变注册资本数额或抽逃资金。

(1)符合增资条件,并经有关部门批准增资的,在实际取得投资者的出资时,登记入账。企业实收资本(或股本)增加的方式有以下几种:

①资本公积转增资本;

②盈余公积转增资本;

③企业接受投资者额外投入实现增资;

④采用发放股票股利方式增资。

(2)企业按法定程序报经批准减少注册资本的,在实际归还投资时登记入账。采用收购本企业股票方式减资的,在实际购入本企业股票时,登记入账。企业实收资本(或股本)减少的原因有两种:一是资本过剩;二是企业发生重大亏损。

施工企业筹集的资本金,按照投资主体,分为国家资本金、法人资本金、个人资本金和外商资本金等。国家资本金为有权代表国家投资的机构以国有资产投入企业形成的资本金。法人资本金为其他法人单位以其依法可以支配的资产投入企业形成的资本金。个人资本金为社会个人或者本企业内部职工以个人合法财产投入企业形成的资本金。外商资本金为外国投资者以及我国香港、澳门和台湾地区投资者投入企业形成的资本金。

企业的资本金可以一次或者分期筹集。一次筹集的,从营业执照签发之日起6个月内筹足。分期筹集的,最后一期出资应当在营业执照签发之日起3年内缴清。其中,第一次投资者出资不得低于15%,并且在营业执照签发之日起3个月内缴清。企业在筹集资本金过程中,吸收的投资者的无形资产(不包括土地使用权)的出资不得超过企业注册资本的20%;因情况特殊,需要超过20%的,应当经有关部门审查批准,但是最高不得超过30%。企业筹集的资本金,必须聘请中国注册会计师验资并出具验资报告,由企业据以发给投资者出资证明书。

二、实收资本的核算

1. 实收资本核算应设置的账户

为了核算投资人投入企业资本的变动情况,应设置“实收资本(股本)”账户。贷方反映企业收到投资人投入企业的资产价值,应按实际投入数额入账。借方反映企业按规定的程序减少注册资本的数额,在实际返还资本时入账。余额在贷方,反映企业实际拥有的资本数。

本账户应按投资人设立明细账,一般设立国家投资、其他单位投资、个人投资、外商投资等明细账户。

2. 实收资本核算的会计处理

投资形式不同以及企业组织形式的不同,投资人投入企业资本的会计处理方法就有所不同。

施工企业的投资形式多样化,投资人可以用现金投资,也可以用非现金资产投资,符合国家规定比例的,可以用无形资产投资。企业收到投资时,需按以下原则确定入账价值:

(1)投资者以现金投入的资本,应当以实际收到或者存入企业开户银行的金额作为实收资本入账。实际收到或者存入企业开户银行的金额超过其在该企业注册资本中所占份额的部分,计入资本公积。

(2)投资者以非现金资产投入的资本,应按投资双方确认的价值作为实收资本入账。为首次发行股票而接受投资者投入的无形资产,应按该项无形资产在投资方的账面价值入账。

(3)投资者投入的外币,合同没有约定汇率的,按收到出资额当日的汇率折合;合同约定汇率的,按合同约定的汇率折合,因汇率不同产生的折合差额,作为资本公积处理。中外合作经营企业依照有关法律、法规的规定,在合作期间归还投资者投资的,对已归还的投资应当单独核算,并在资产负债表中作为实收资本的减项单独反映。

施工企业的组织形式不外乎以下三种,其会计处理方法各有不同。

1)国有独资公司投入资本核算的会计处理

根据我国《公司法》的规定,国有独资公司是由国家授权投资的机构或者国家授权的部门单独投资设立的有限责任公司。在《公司法》公布前已设立的国有企业,符合公司法规定设立有限责任公司条件的,可以依照公司法改建为国有独资的有限责任公司。

在会计核算上,单独把国有独资公司作为一种类型,是因为这类企业组建时,所有者投入的资本,全部作为实收资本入账。国有独资公司不发行股票,不会产生股票溢价发行收入;也不会在追加投资时,为维持一定的投资比例而产生资本公积。国有独资公司的投资人向公司投入资本时,借记"银行存款"、"固定资产"、"无形资产"等账户,贷记"实收资本"账户。

2)有限责任公司投入资本核算的会计处理

有限责任公司是由两个以上五十个以下股东共同出资设立,股东以其出资额为限对公司承担责任,公司是以其全部资产对公司的债务承担责任的企业法人。

有限责任公司的投资人必须是两人以上五十人以下,为多个投资主体。因此,对其投入资本的核算应注意以下几个问题:

(1)按照合同、协议或公司章程所规定的出资方式、出资额和出资缴纳期限出资。

(2)投资者投入资本应区别情况处理:初建有限责任公司时,各投资者按照合同、协议或公司章程投入公司的资本,应全部记入"实收资本"账户,公司的实收资本应等于公司的注册资本。在公司增加资本时,如果有新的投资者介入,新介入的投资者缴纳的出资额大于其按约定比例计算的其在注册资本中所占的份额部分,不记入"实收资本"账户,而作为资本公积,记入"资本公积"账户。

(3)转让出资应经其他投资者同意。

3)股份有限公司投入资本核算的会计处理

股份有限公司是指全部资本分为等额股份,股东以其所持股份为限对公司承担责任,公司是以其全部资产对公司的债务承担责任的企业法人。设立股份有限公司,应当有五人以上为发起人,公司的股份采取发行股票的形式,股票是股份有限公司签发的证明股东所持股份的凭证。

股份有限公司应在核定的股本总额及核定的股份总额的范围内发行股票。其股票的发行价格可以按股票票面金额发行,即面值发行;也可以超过股票票面金额发行,即溢价发行;但不得低于股票票面金额发行,即折价发行。股份有限公司采用溢价发行股票时,在收到现金等资产时,按实际收到的金额,借记"现金"、"银行存款"等账户,按股票面值和核定的股份总额的乘积计算金额(即企业的注册资本),贷记“股本”账户,按其差额扣除股票发行支付的手续费、佣金等,贷记“资本公积”账户;按面值发行的股票,则将发行收入全部记入“股本”账户,支付的发行股票费用以及溢价不足以支付的部分,应作为长期待摊费用分期摊销。

现举例说明投入资本核算的会计处理。

【例9-1】 某外商投资企业收到外商投入的外币资本200 000美元,当日的汇率为1美元=8.6元人民币。而中外双方签订的投资合同中约定汇率为1美元=8.2元人民币。该企业收到外币时,该外币作为资产入账,价值为1 720 000(200000×8.6)元,而作为实收资本入账的价值为1 640 000(200000×8.2)元。外币资本折算差额为80 000(1720000－1640000)元。作如下会计分录:

借:银行存款　　1 720 000

　贷:实收资本　　1 640 000

　　资本公积　　80 000

如果合同没有约定汇率,则作如下会计分录:

借:银行存款　　1 720 000

　贷:实收资本　　1 720 000

【例9-2】 某公路施工企业原来由3个投资者投资组成,每个投资者各出资1 000 000元,共计实收资本3 000 000元。经营1年后,有另一投资者加入该企业,经协商,企业将注册资本增加到4 000 000元,该投资者缴入1 300 000元,拥有该企业25%的股份。该企业增资时的会计处理如下:

借:银行存款　　1 300 000

　贷:实收资本　　1 000 000

　　资本公积——资本溢价　　300 000

【例9-3】 某股份公司委托证券公司代理发行普通股100 000万股,每股面值为1元,每股发行价格3元。假定股份公司按发行收入的1%向证券公司支付发行费用,证券公司从发行收入中抵扣。股票已发行成功,股款划入股份公司的银行账户。该股份公司应进行如下会计处理:

股票发行费用=1000000000×3×1%=30000000(元)

实际收到的股款=1000000000×3－30000000=2970000000(元)

借:银行存款　　2 970 000 000

　贷:股本　　1 000 000 000

　　资本公积——资本溢价　　1 970 000 000

•第三节 资本公积的核算•

一、资本公积的内容

1. 资本公积的概念

资本公积是指由投资者或其他人(或单位)投入,所有权归属于投资者,但不构成实收资本的那部分资本或者资产。资本公积从形成来源看,它是由投资者投入的资本金额中超过法定资本部分的资本,或者其他人(或单位)投入的不形成实收资本的资产的转化形式,它不是由企业实现的净利润转化而来的,从本质上讲,应属于投入资本的范畴。

资本公积与实收资本虽然都属于投入资本范畴,但两者又有区别。实收资本一般是指投资者投入的、为谋求价值增值的原始投资,而且属于法定资本,与企业的注册资本相一致。因此,实收资本无论在来源上,还是在金额上,都有比较严格的限制。资本公积在金额上并没有严格的限制,而且在来源上也相对比较多样。

2. 资本公积的来源

资本公积形成的来源主要包括以下几方面。

1)资本(或股本)溢价

资本(或股本)溢价是指企业投资者投入的资金超过其在注册资本中所占份额的部分,在股份有限公司称之为股本溢价。

2)接受捐赠资产

捐赠人捐赠资产,也是一种对企业的投入资金行为,但该投资不谋求对企业资产提出要求的权利,也不会对企业承担责任,所以捐赠人不是企业的所有者,其投入的资金也不形成资本金。企业接受的捐赠资产的形式有现金资产与非现金资产。

(1)接受捐赠非现金资产准备。它是指企业因接受非现金资产捐赠而增加的资本公积。

(2)接受现金捐赠。它是指企业因接受现金资产捐赠而增加的资本公积。

3)股权投资准备

股权投资准备是指企业对被投资单位的长期股权投资采用权益法核算时,因被投资单位接受捐赠等原因增加的资本公积,从而导致投资企业按其持股比例或投资比例计算而增加的资本公积。

4)拨款转入

拨款转入是指企业收到国家拨入的专门用于技术改造、技术研究等的拨款项目完成后,按规定转入资本公积的部分。

5)外币资本折算差额

外币资本折算差额是指企业因接受外币投资所采用的汇率不同而产生的资本折算差额。

6)关联交易差价

关联交易差价是指上市公司与关联方之间公允的关联交易显失公允所形成的差价。这部分差价是从上市公司出售资产给关联方、转移债权、委托经营或受托经营、关联方之间承担债务和费用以及相互占用资金等,因其关联交易显失公允而视为关联方对上市公司的捐赠所形成的资本公积。这部分资本公积不能用于转增资本和弥补亏损,待上市公司清算时再予以处理。

7)其他资本公积

其他资本公积是指除上述各项资本公积以外所形成的资本公积,如债权人豁免的债务重组收益以及从资本公积各准备项目转入的金额等。

3. 资本公积的用途

根据我国《公司法》等法律的规定,资本公积的用途主要是用来转增资本(或股本)。而将资本公积转增资本可以更好地反映投资者的权益。

为了确保转增的资本公积体现其经济价值，避免虚增资本，对于企业接受的非现金资产的捐赠，以及企业对被投资单位的长期股权投资采用权益法时，因被投资单位接受捐赠等原因增加的资本公积，企业按其投资比例计算而增加的资本公积，由于这些资本公积的增加，并非是现金的增加，所以在价值的确定上，往往是公允价值，但在目前我国市场发展尚不充分的情况下，尤其是在许多资产尚不存在活跃市场的情况下，公允价值较难取得。因此，考虑到这些资本入账价值的不确定性，出于稳健性原则的考虑，我国对于上述两项资本公积项目，首先将其记入"接受捐赠非现金资产准备"和"股权投资准备"科目，在相关资产处置之前，不得用于转增资本。

二、资本公积的核算

1. 资本公积核算应设置的账户

为了核算企业开立以后所形成的资本公积的变动情况，企业应设置"资本公积"账户。该账户的贷方反映企业因接受捐赠等原因增加的资本公积数额。借方反映企业按法定程序转增资本的数额。余额在贷方，表示企业资本公积的结余数。

为了核算企业资本公积的来源情况，企业还应在"资本公积"账户下按资本公积形成的类别设置明细账，进行明细分类核算。资本公积应设置的明细账户有：

(1)资本(或股本)溢价；

(2)接受捐赠非现金资产准备；

(3)接受现金捐赠；

(4)股权投资准备；

(5)拨款转入；

(6)外币资本折算差额；

(7)关联交易差价；

(8)其他资本公积。

2. 资本公积核算的会计处理

前面对于资本(或股本)溢价及外币资本折算差额形成的资本公积问题已进行了举例说明，这里就其他的问题来举例说明资本公积核算的会计处理。

1)接受捐赠资产

【例 9-4】 某公路施工公司为一家内资企业，于 2000 年 1 月 1 日接受捐赠建筑物一栋，公司未从捐赠方取得有关该项建筑物价值的凭证，市场上该类建筑的市价为 400 万元。2005 年 1 月 1 日，企业将该建筑物对外出售，获得价款 50 万元，款项已存银行。出售时该建筑物累计已计提折旧 340 万元，公司适用的所得税税率为 33%，假定不考虑其他相关税率费，该公司应作如下账务处理。

(1)2000 年 1 月 1 日接受捐赠时，作如下会计分录：

借：固定资产——建筑物	4 000 000	
贷：资本公积——接受捐赠非现金资产准备		3 680 000
递延税款		1 320 000

(2)2005 年 1 月 1 日建筑物出售时,作如下会计分录:

借:固定资产清理 600 000

　累计折旧 3 400 000

　贷:固定资产 4 000 000

借:银行存款 500 000

　贷:固定资产清理 500 000

借:营业外支出——处置固定资产净损失 100 000

　贷:固定资产清理 100 000

借:递延税款 1 320 000

　贷:应缴税费——应缴所得税 1 320 000

借:资本公积——接受捐赠非现金资产准备 3 680 000

　贷:资本公积——其他资本公积 3 680 000

2)股权投资准备

【例 9-5】 某内资企业于 2002 年 1 月 1 日向甲公司投资 500 万元,拥有该公司有表决权资本的 65%。2002 年 12 月 31 日,甲公司接受一项现金捐赠增加资本公积 100 万元,由于该内资企业拥有其 65% 的股份,按权益法核算,该内资企业应相应增加资本公积 65 万元。2004 年 12 月 31 日,该内资企业将其对甲公司的投资作价 700 万元转让。据此,该内资企业应作如下会计处理。

(1)2002 年 12 月 31 日,作如下会计分录:

借:长期股权投资——甲公司 650 000

　贷:资本公积——股权投资准备 650 000

(2)2004 年 12 月 31 日,作如下会计分录:

借:资本公积——股权投资准备 650 000

　贷:资本公积——其他资本公积 650 000

3)拨款转入

【例 9-6】 某公路施工企业收到国家拨入专款 200 000 元,专门用于技术研究。该企业用专款购入 60 000 元的实验仪器 2 台,其余款项全部用于研究费支出。该项目已完成,该企业应进行如下会计处理。

(1)收到拨入款项时,作如下会计分录:

借:银行存款 200 000

　贷:专项应付款 200 000

(2)购入仪器时,作如下会计分录:

借:固定资产 120 000

　贷:银行存款 120 000

(3)发生研究费时,作如下会计分录:

借:管理费用 80 000

　贷:银行存款 80 000

(4)项目完成时,作如下会计分录:

借:专项应付款　　200 000
　贷:管理费用　　80 000
　　资本公积——拨款转入　　120 000

●第四节　留存收益的核算●

一、留存收益的内容

施工企业投资者投入企业的资本,不但要求保值,而且要求增值,每年都有盈利。企业利润扣除按照国家规定上缴的税金,一般称为净利润或税后利润。净利润可以按照协议、合同、公司章程或有关规定,在企业所有者之间进行分配,作为企业所有者的投资回报;也可以为了增强企业财力或改善职工集体福利等,将其中一部分净利润留存企业,不作分配。这部分留存企业不作分配的税后利润,在会计上称为“留存收益”。

留存收益是企业从历年实现利润中提取或留存于企业内部的积累。留存收益来源于施工企业的施工生产经营活动所实现的净利润,包括企业的盈余公积和未分配利润。

1. 盈余公积

盈余公积是从净利润中提取的各种积累资金,是有指定用途的留存收益。盈余公积有两种:一种是按照国家规定必须提取的,称为法定盈余公积和法定公益金;另一种是企业自愿提取的,由股东大会决定要留存企业的利润,称为任意盈余公积。

企业提取盈余公积的目的是为了约束企业利润的过量分配,为企业生产经营和今后的发展提供后备资金,从而壮大企业的实力。可见,盈余公积的提取实际上是企业用当期的净利润向投资者分配利润的一种限制。提取盈余公积本身就属于净利润分配的一部分,提取盈余公积相对应的资金,一经提取形成盈余公积后,在一般情况下不能用于向投资者分配利润或股利。

1)盈余公积的提取

盈余公积的提取,要因企业的组织形式而异。一般情况下,盈余公积包括以下三种:

(1)法定盈余公积　所谓法定,是指由国家法律强制规定。法定盈余公积是企业按照我国《公司法》的规定从税后利润中提取,留存于企业,用以扩大生产经营的资本。我国《公司法》规定,有限责任公司和股份有限公司应按照净利润的10%提取法定盈余公积,计提的法定盈余公积累计达到注册资本的50%时,可以不再提取。对于非公司制企业而言,也可以按照超过净利润10%的比例提取。

(2)任意盈余公积　任意盈余公积是公司出于实际需要或采取审慎经营策略,经股东大会或类似的机构决议,从税后利润中提取的一部分留存收益。

法定盈余公积和任意盈余公积的区别在于其各自计提的依据不同,前者以国家的法律或法令为依据提取;后者则由企业自行决定提取。

(3)法定公益金　法定公益金是企业按照我国《公司法》的规定从税后利润中提取,用于本公司职工的集体福利。我国《公司法》规定,有限责任公司和股份有限公司应按照净利润的5%~10%提取法定公益金。法定公益金用于职工集体福利时,应当先将其转入任意盈余公积后,方可使用。

外商投资企业的盈余公积包括以下内容:

(1)储备基金,是指按照法律、行政法规规定,从净利润中提取的,经批准用于弥补亏损和增加资本的储备基金。

(2)企业发展基金,是指按照法律、行政法规规定,从净利润中提取的,用于企业生产发展和经批准用于增加资本的企业发展基金。

(3)利润归还投资,是指中外合作经营企业按照规定在合作期间以利润归还投资者的投资。

2)盈余公积的用途

企业提取的盈余公积金主要有以下几个方面的用途:

(1)弥补亏损　企业发生亏损时,应由企业自行弥补。弥补亏损的渠道主要有三条:一是用以后年度税前利润弥补。按照现行制度规定,企业弥补亏损的期限为5年。二是用以后年度税后利润弥补。企业发生的亏损经过五年未补足额的,未弥补亏损用所得税后的利润弥补。三是以盈余公积弥补。企业以提取的盈余公积弥补亏损时,应当由公司董事会提议,并经股东大会批准,或者由类似的机构批准。

(2)转增资本(股本)　当企业提取的盈余公积累积比较多时,可以将盈余公积转增资本(股本)。但是必须经股东大会或类似的机构批准。盈余公积转增资本时,要按股东原有的持股比例结转。盈余公积转增资本后留存的盈余公积数额不得少于注册资本的25%。

(3)发放现金股利或利润　在特殊情况下,当企业累积的盈余公积金比较多,而未分配利润比较少时,为了维护企业形象,给投资者以合理的回报,对于符合规定的企业,也可以用盈余公积分派现金股利或利润。因为盈余公积从本质上讲是由收益形成的资本增值部分。

2. 未分配利润

未分配利润,是指企业历年累积的,留待以后年度进行分配的结存。未分配利润是指未作分配的税后净利润,它有两层含义:一是指没有分配给企业投资者,留待以后年度处理的利润;二是未指定特定用途的利润。

企业的可供分配利润,是在提取了法定盈余公积,法定公益金和任意盈余公积,分配了股利或利润后的结余,即为未分配利润。施工企业所以将一部分税后利润不予分配,有的是出于平衡各个会计年度的投资回报水平,以丰补歉,留有余地;有的是因为需要补充流动资金,或用以投资新的项目,或用于偿还到期债务,或要将上一年度的部分利润留待以后年度分配。相对于所有者权益的其他部分来说,企业对于未分配利润的使用分配有较大的自主权。

二、留存收益的核算

留存收益的核算与利润分配的核算密切相关,留存收益中的未分配利润是利润分配过程的结果,而盈余公积则体现了部分主要的分配过程。这里仅简单介绍留存收益的主要核算方法,有关留存收益核算的完整过程请详见第十二章第四节利润分配的核算。

1. 留存收益核算应设置的账户

为了核算和监督企业盈余公积的提取和使用情况,施工企业应设置“盈余公积”账户,并在该账户下设置“法定盈余公积”、“任意盈余公积”、“法定公益金”、“储备基金”、“企业发展基金”和“利润归还投资”六个明细账户。其贷方登记企业按照净利润的一定比例提取的盈余公积;借方登记企业按规定转增资本(或股本)、弥补亏损或发放现金股利等减少的盈余公积。期末贷方余额反映企业提取的盈余公积余额。企业应按盈余公积的种类设置明细账进行核算。

为了核算未分配利润的形成及分配使用情况,施工企业应设置“本年利润”及“利润分配——未分配利润”等账户,这些账户的设置与使用,详见第十二章第四节利润分配的核算。

2. 留存收益核算的会计处理

1)盈余公积核算的会计处理

(1)提取盈余公积。

【例 9-7】 某公路施工企业本年实现税后利润 4 000 000 元,按 10% 提取法定盈余公积,按 5% 提取法定公益金,同时经批准提取任意盈余公积金 320 000 元。应作如下会计分录:

借:利润分配——提取法定盈余公积 400 000
　　　　　　——提取法定公益金 200 000
　　　　　　——提取任意盈余公积 320 000
　贷:盈余公积——法定盈余公积 400 000
　　　　　　——法定公益金 200 000
　　　　　　——任意盈余公积 320 000

(2)盈余公积弥补亏损。

【例 9-8】 某公路施工企业经股东大会决议,用以前年度提取的法定盈余公积弥补当期亏损,当期需弥补的亏损数额为 700 000 元。应作如下会计分录:

借:盈余公积——法定盈余公积 700 000
　贷:利润分配——其他转入 700 000

(3)盈余公积转增资本(股本)。

【例 9-9】 某公路施工企业经批准,在本期将法定盈余公积 300 000 元用于转增资本。应作会计分录如下:

借:盈余公积——法定盈余公积 300 000
　贷:实收资本 300 000

(4)用盈余公积发放现金股利或利润

【例 9-10】 某公路施工企业由于经营失误,造成利润陡降。为了维护企业形象,给投资者以合理的回报,企业经股东大会决议,需用法定盈余公积弥补现金股利或利润分配缺口 900 000元。应作会计分录如下:

借:盈余公积——法定盈余公积 900 000
　贷:应付股利 900 000

2)未分配利润核算的会计处理

在会计期末,企业将会计期间内所实现的所有收入和成本、费用、支出项目都归集到“本年利润”科目下,计算出净利润(或净亏损)之后转入“利润分配——未分配利润”科目。如果企业当年实现盈利,则借记“本年利润”科目,贷记“利润分配——未分配利润”科目;如果企业当年发生亏损,则作相反的会计分录。然后将“利润分配”科目下的其他明细科目的余额,转入"利润分配——未分配利润"科目。结转后,"利润分配——未分配利润"科目的余额如果在贷方,就是未分配利润的数额;如果在借方,则表示未弥补亏损的数额。

(1)弥补亏损　企业发生的亏损可以以次年实现的税前利润弥补。在以次年实现的税前利润弥补以前年度亏损的情况下,企业当年实现的利润自"本年利润"科目转入"利润分配——未分配利润"科目,将本年实现的利润结转到"利润分配——未分配利润"科目的贷方,其贷方发生额与"利润分配——未分配利润"的借方亏损余额自然抵补。因此,以当年实现净利润弥补以前年度结转的未弥补亏损时,不需要进行专门的账务处理。按税法规定,企业当年发生的亏损,有5年的亏损弥补期。在以税前利润弥补亏损的情况下,其弥补的数额可以抵减当期企业应纳税所得额,而以税后利润弥补的数额,则不能作为纳税所得扣除处理。

(2)以前年度损益的调整　企业年度会计报表报出后,如果由于以前年度记账差错等原因导致多计或少计利润,但以前年度的账目已经结清,不能再调整以前年度的利润的,会计核算时,按照《企业会计制度》规定,一是不再调整以前年度的账目,通过"以前年度损益调整"科目,归集所有需要调整以前年度损益的事项,以及相关所得税的调整,并将其余额转入"利润分配——未分配利润"科目;二是不再调整以前年度会计报表,仅调整本年度会计报表相关项目的年初数,但在对外提供比较会计报表时,应当调整会计报表相关项目的数字。

【例9-11】　2006年6月,某建筑公司发现2005年一项已达到预定可使用状态投入使用的管理用固定资产未结转,该项固定资产原始价值10万元,2005年应提折旧2万元。该公司所得税税率为33%。根据上述资料,该公司应作如下会计处理。

①结转在建工程时,作如下会计分录:

借:固定资产	100 000	
贷:在建工程		100 000

②调整上年利润时,作如下会计分录:

借:以前年度损益调整	20 000	
贷:累计折旧		20 000

③计算多缴的所得税时,作如下会计分录:

多缴所得税:10000 ×33% =3300(元)。

借:应缴税费—应缴所得税	3 300	
贷:以前年度损益调整		3 300

④结转未分配利润时,作如下会计分录:

借:利润分配——未分配利润	16 700	
贷:以前年度损益调整		16 700

思考与练习

一、思考题

1. 所有者权益的性质、特点和来源途径是什么?
2. 所有者权益和负债有何异同?

3. 什么是实收资本(股本)?如何进行核算?

4. 什么是资本公积?如何进行核算?

5. 什么是留存收益?如何进行核算?

6. 资本公积与留存收益有何异同?

二、练习题

1. 资料:某施工企业原来由甲、乙、丙3个投资者投资组成,每个投资者各出资800 000元,共计实收资本2 400 000元。经营5年后,有一投资者加入该企业,经协商,企业将注册资本增加到3 200 000元,该投资者缴入1 000 000元,拥有该企业25%的股份。

要求:对该企业进行账务处理。

2. 资料:某公司为一家内资企业,于2001年1月1日接受捐赠住房一栋,公司未从捐赠方取得有关该项建筑物价值的凭证。市场上该类建筑的市价为520万元。2006年1月1日,企业将该建筑物对外出售,获得价款70万元,款项已存银行。出售时该建筑物累计已计提折旧360万元,公司适用的所得税税率为33%,假定不考虑其他相关税率费。

要求:对该公司此笔业务进行账务处理。

3. 资料:某施工企业于2006年1月1日向东升公司投资800万元,拥有该公司有表决权资本的67%。2006年12月31日,东升公司接受一项现金捐赠,增加资本公积100万元,由于该施工企业拥有其67%的股份,按权益法核算,该施工企业应相应增加资本公积67万元。2007年12月31日,该施工企业将其对东升公司的投资作价900万元转让。

要求:对该施工企业进行账务处理。

4. 资料:某施工企业2006年初"盈余公积"科目所属"法定盈余公积"和"法定公益金"二级科目的贷方余额分别为800万元和400万元。2006年度内,发生了下列有关盈余公积金的提取和使用经济业务:

(1)年度实现利润总额为800万元,应税所得为820万元;

(2)按规定的所得税税率33%计算应缴所得税;

(3)按税后利润的10%计提法定盈余公积金;

(4)按税后利润的5%计提法定公益金;

(5)将历年提取法定盈余公积金中的100万元转作资本金;

(6)用历年提取法定公益金建造的职工宿舍已经竣工验收,该幢职工宿舍工程造价为200万元。

要求:根据上述资料,为以上各项经济业务作会计分录。

第十章 收　入

知识目标

1. 施工企业营业收入的概念、特点与分类；
2. 工程价款收入的涵义、特点与结算方式；
3. 建造合同收入的特点与类型；
4. 建造合同收入和合同成本的构成、确认条件与计量方法。

能力目标

1. 对工程价款收入进行会计核算的能力；
2. 对建造合同收入进行会计核算的能力；
3. 对建造合同预计损失进行会计核算的能力；
4. 对施工企业其他业务收入进行会计核算的能力。

●第一节　收入概述●

一、公路施工企业的收入

1. 公路施工企业收入的概念

在市场经济条件下，收入作为影响利润指标的重要因素，越来越受到企业和投资者的重视。《我国新企业会计准则第14号——收入》中规定：收入是指企业在日常活动中形成的、会导致所有者权益增加的、与所有者投入资本无关的经济利益的总流入。即：收入主要包括企业为完成其经营目标所从事的经常性活动实现的收入，如工业企业生产并销售产品，商业企业销售商品，咨询公司提供咨询服务，软件公司为客户开发软件，安装公司提供安装服务，商业银行对外贷款，保险公司签发保单，租赁公司出租资产等实现的收入；另外，企业发生的与经常性活动相关的其他活动，如工业企业对外出售不需用的原材料，利用闲置资金对外投资，对外转让无形资产使用权等所形成的经济利益的总流入也构成收入。企业发生的既不属于经常性活动也不属于与经常性活动相关的其他活动，如工业企业处置固定资产、无形资产等形成的经济利益的总流入属于营业外收入。

施工企业的收入是指施工企业在施工生产经营活动中，在结算工程价款或提供劳务及让渡资产使用权等日常活动中所形成的经济利益的总流入,不包括为第三方或者客户代收的款项。获取收入是企业日常经营活动中最主要的目标之一,通过获得的收入补偿为此而发生的支出,以获得一定的利润。施工企业日常活动是指承包工程、销售产品和材料、提供机械作业和运输作业、出租固定资产、出租包装物等。经济利益是指现金或最终能转化为现金的非现金资产。只有企业日常活动形成的经济利益的流入,才是收入;而由企业日常活动以外的活动所形成的经济利益的流入,则不是企业的收入。

2. 公路施工企业收入的特点

公路施工企业收入的特点主要表现为:

(1)施工企业的收入是从企业的日常活动中产生,而不是从偶发的交易或事项中产生。这些日常活动包括施工企业承包工程,销售产品、材料,提供机械作业和运输作业劳务。有些交易或事项也能为施工企业带来经济利益,但不属于企业的日常活动,其流入的经济利益是利得,而不是收入,如出售固定资产,因为固定资产是为使用而不是为出售而购入的,固定资产出售不属于企业的日常活动,出售固定资产取得的收益不作为收入核算。

(2)收入可能表现为企业资产的增加,也可能表现为企业负债的减少,或者两者兼而有之。

(3)收入能导致企业所有者权益增加。因为收入能增加资产或减少负债,或两者兼而有之。因此,根据“资产-负债=所有者权益”的公式,企业取得的收入一定能使所有者权益增加。

(4)收入只包括本企业经济利益的流入,不包括为第三方或者客户代收的款项,如企业代国家收取增值税等代收的款项,不能作为本企业的收入。

3. 公路施工企业收入的分类

施工企业的收入按其在企业中所占的地位可分为主营业务收入和其他业务收入。

1)主营业务收入

主营业务收入也称基本业务收入,是指公路施工企业从事主要营业活动所取得的收入,可以根据企业营业执照上注明的主营业务范围来确定。施工企业主要是从事建筑安装工程施工的企业,因此,公路施工企业的主营业务收入是工程价款收入。

2)其他业务收入

其他业务收入也称附营业务收入,是指公路施工企业非经常性的、兼营的业务所产生的收入。它具有每笔业务金额一般较小,不经常发生,在企业的收入总额中所占比重较低等特点。其具体包括:产品销售收入,材料销售收入,机械作业收入,无形资产出租收入,固定资产出租收入等。

主营业务收入和其他业务收入的划分标准,一般应按照营业执照上注明的主营业务和兼营业务予以确定,营业执照上注明的主营业务所取得的收入一般作为主营业务收入;营业执照上注明的兼营业务所取得的收入一般作为其他业务收入。但在实际工作中,如果营业执照上注明的兼营业务量较大,且是经常性发生的收入,也可归为主营业务收入。

4. 公路施工企业收入核算的基本要求

(1)施工企业应分清收益、收入和利得的界限,施工企业在会计期间内增加的,除所有者投资以外的经济利益通常称收益,包括收入和利得。

收入是指企业在销售商品、提供劳务及让渡资产使用权等日常活动中所形成的经济利益的总流入,包括商品销售收入、劳务收入、利息收入、使用费收入、股利收入等。日常活动是指企业为完成其经营目标而从事的所有活动,以及与之相关的其他活动。因此,收入属于企业主要的、经常性的业务收入。收入和相关成本在会计报表中应分别反映。

利得是指收入以外的其他收益,通常从偶发的经济业务中取得,属于那种不经过经营过程就能取得的或不曾期望获得的收益,如:企业接受捐赠取得的资产,因其他企业违约收取的罚款,处理固定资产或无形资产形成的净收益等。利得属于偶发性的收益,在会计报表中通常以净额反映。

(2)施工企业应正确地确认和计量收入,正确地确认收入是施工企业进行收入核算的基础。企业应根据《企业会计准则——收入》中确立的收入确认标准,具体分析销售交易的实质,正确判断每项交易中所有权上的主要风险和报酬实质上是否已经转移,是否仍保留与所有权相关的继续管理权,是否仍对售出的商品实施控制,相关的经济利益能否流入企业,收入和相关成本能否可靠计量等重要条件,只有这些条件同时满足,才能确认收入,否则即使商品已经售出,或即使已经收到价款,也不能确认收入。

(3)施工企业应及时结转与收入相关的成本,为了正确反映每一会计期间的收入、成本和利润情况,施工企业应根据收入和费用配比原则,在确认收入的同时或同一会计期间结转相关的成本。结转成本时应注意两点:一是在收入确认的同一会计期间,相关的成本必须结转;二是如一项交易的收入尚未确定,即使商品已经售出,相关的成本也不能结转。

(4)施工企业应正确计算收入和相关成本税金。施工企业的收入种类很多,包括建造合同收入、商品销售收入、劳务收入、利息收入、使用费收入等,为取得这些收入需发生相关的成本和税金等。为了正确地反映每一项收入和与之相关的成本、税金等,施工企业应按照企业会计制度的要求设置相关的收入、成本和税金等账户进行核算。

二、工程价款收入

1. 工程价款收入的涵义

施工企业的工程结算收入,是已结算工程的价款收入。工程价款收入是指施工企业因承包工程,按照合同和工程结算办法的规定,将已完工程或竣工工程向客户(发包单位)办理工程结算而取得的价款,即建筑产品的价格。

工程价款收入是施工企业营业收入的主要内容,它可以用来补偿施工过程中的生产耗费,是企业获取利润的源泉。工程价款收入大于工程结算成本、工程结算税金及附加的部分,即为工程结算利润,它是施工企业利润的主要部分。正确及时地办理工程价款结算,可以使施工企业通过建筑产品的实现,重新取得货币资金,及时补偿生产耗费,加速资金周转,提高经济效益。

由于建筑产品及销售(结算)方式的特殊性,工程价款确定的基础是预算价格。一般说来,工程预算价格由下列几项内容构成:

(1)直接费用　即根据已经办理工程结算的实际完成的工程量,按照预算单价计算的人工费、材料费、机械使用费和其他直接费。

(2)间接费用　即根据直接费数额(或人工费),按照间接费取费标准计算费用,包括施工管理费和其他间接费。其他间接费包括临时设施费、劳动保险费和施工机构调迁费等。

直接费和间接费构成工程的预算成本。按规定取费标准计算的各项独立费用也属于预算成本的范畴。

(3)计划利润　指根据已经完工结算的建筑安装工程价值,按规定的结算办法向客户应收取的计入工程造价的利润。根据直接费、间接费的合计数额,按照规定的计划利润率计算。

(4)税金　指根据已经完工结算的建筑安装工程价值,按规定的结算办法向客户应收取的计入工程造价的各种流转税及附加。即根据直接费、间接费和计划利润,按照国家规定计算的流转税和附加费。

2. 工程价款结算的特点

工程价款结算,实质上是公路施工企业与发包单位之间的一种商品货币结算,即建筑产品销售结算。由于建筑产品在施工生产过程中的特殊性,它的生产、交易方式不同于一般商品,因此,工程价款结算也必然不同于一般工业产品销售的特点。主要表现在以下几方面。

1)建筑产品的成本特性

建筑产品具有多样性和固定性的特点。每项工程都有独特的形式和结构,采用不同的施工方法和施工组织。每项工程都是根据发包单位的特定要求,在指定地点施工的。即使是结构完全相同、并按标准设计的建筑物、构筑物,也会因工程地点的地形、地质、水文、气候等自然条件和交通运输、材料供应等社会条件的不同,使它们耗费的人工、材料等的数量和价格不完全一样,从而使工程造价不尽相同。建筑产品的多样性,决定了建筑工程价款的结算不能像一般工业品那样,相同的商品按统一的销售价格结算。但建筑工程的结算价格并不是随意的,统一建筑工程价格的基础是预算价格,无论什么类型的工程,不论以什么样的形式承发包的工程,都必须根据施工图纸中的工程量,按照预算价格编制施工图预算,计算确定工程预算价格,作为工程价款结算的基本依据。

2)建筑产品的周期特性

建筑产品具有施工周期长的特点。建筑工程的建设周期,短的几个月,长的几年,有的甚至需要十几年。施工企业在施工过程中需要投入大量的资金,投入的资金如果等到工程全部完工再向发包单位办理结算,收取工程价款,势必影响施工企业的资金周转,影响再施工。同时,也不利于施工企业加强经济核算和及时考核、控制成本,保证利润计划的完成。因此,施工周期长的特点,就决定了不同的建筑产品要采取不同的工程价款结算办法,以保证施工企业资金的正常周转和成本、计划利润的完成。

3. 工程价款结算的方式

公路施工企业对于已完工程或竣工工程,应与发包单位结算工程价款,合理地确认和计量工程价款收入。根据工程价款计价和结算的特点,建筑安装工程价款结算可以根据不同情况采取多种方式,以便促进缩短建筑工期,合理、及时地供应建设资金,加速资金周转。目前,工程价款结算方式大体分为竣工结算和非竣工结算两大类。

1)竣工结算方式(合同完成法)

竣工结算就是工程竣工后一次性结算工程价款的办法,又称合同完成法。竣工结算是适应建筑业和基本建设管理体制改革而实行的一种结算办法。按照"建设工程价款结算办法"的规定,建设项目或单项工程全部建筑安装工程建设期在12个月以内,或者工程承包合同价值在100万元以下的,工程价款实行竣工后结算。实行竣工结算办法的工程,在施工过程中不办理工程价款结算,施工企业可以按月向发包单位预支工程款。

2)非竣工结算办法(完成进度法)

非竣工结算就是工程价款按月或按工程施工进度结算的办法,又称完成进度法。非竣工结算,是目前施工企业实行较普遍的办法。非竣工结算办法的形式较多,概括起来有以下三种:

(1)按月结算法 即工程价款实行旬末或月中预支、月终结算、竣工后清算的办法。跨年度施工的工程,在年终进行盘点,办理年度结算。

(2)分段结算法 即当年开工、当年不能竣工的单项工程或单位工程,按照工程进度,划分不同阶段进行结算。分段结算的工程,可以在月中向发包单位预支工程款。

(3)其他结算法 施工企业和发包单位双方约定并经开户建设银行同意的其他结算方式。

建设工程承发包双方发生的材料往来,可以按以下方式结算:

①由承包单位自行采购建筑材料的,发包单位可以在双方签订工程承包合同后按年度工作量的一定比例向承包单位预付备料费,并应在一个月内付清。

②按工程承包合同规定由承包方包工包料的,发包方将主管部门分配的材料指标划交承包单位,由承包方购货付款,并收取备料款。

③按工程承包合同规定由发包单位供应材料的,其材料可按材料预算价格转给承包单位。材料价款在结算工程款时陆续抵扣,这部分材料,承包单位不应收取备料款。

公路施工企业与发包单位办理工程价款结算时,不论采用竣工后一次结算还是按月结算或分段结算,都应填制“工程价款结算账单”,经发包单位审核签证后,通过开户银行办理结算。采用按月结算或分段结算办法的工程,递交的“工程价款结算账单”还应随附“已完工程月报表”。其一般格式如表10-1、表10-2所示。

已完工程月报表 表10-1

发包单位名称:某高速公路建设公司 2007年6月30日

单项工程项目名称	合同造价(元)	建筑面积(m^2)	开竣工日期		实际完成数		备注
			开工日期(年/月/日)	竣工日期(年/月/日)	至上期止已完工程累计(元)	本期已完工程(元)	
桥涵工程	1 925 000	3 650	2005/4/1		870 000	534 000	

施工企业:某公路施工企业 编制日期:2007年7月1日

工程价款结算账单 表10-2

发包单位名称:某高速公路建设公司 2007年6月30日 单位:元

单项工程项目名称	合同造价	本期应收工程款	应扣款项			本期实收工程款	备料款余额	累计已收工程款	备注
			合计	预收工程款	预收备料款				
桥涵工程	1 925 000	534 000	372 000	260 000	112 000	162 000		1 404 000	

施工企业:某公路施工企业 编制日期:2007年7月1日

“工程价款结算账单”是办理工程价款结算的依据。工程价款结算账单中所列应收工程款应与随同附送的“已完工程月报表”中的工程造价相符。“工程价款结算账单”除了列明应收工程款外，还应列明应扣预收工程款、预收备料款、发包单位供给材料价款等应扣款项，算出本月实收工程款。

根据建筑安装工程建设周期长、造价高的特点，施工企业往往难以垫支施工期间所需的流动资金。因此，施工单位在签订承包工程合同时，可与发包单位商定预收一定数额的工程款和备料款。

在一般情况下，采用按月结算工程价款的施工企业，可在月中预收上半月的工程款。采用分段结算工程价款或竣工后一次结算工程价款的施工企业，可按月预收当月工程款。施工企业在预收工程价款时，应根据实际工程进度，填制“工程价款预收账单”，分送发包单位和经办银行办理预收款手续。“工程价款预收账单”的格式如表 10-3。

工程价款预收账单 表 10-3

发包单位名称：某高速公路建设公司 2007 年 6 月 16 日 单位：元

单位工程项目名称	合同造价	上半月完成数	预收上半月工程款	预收当月工程款	应扣预收款项	实收款项	备注
桥涵工程	1 925 500	260 000	260 000	（分段结算、竣工后一次结算、按月预收时填列）		260 000	

施工企业：某公路施工企业 财务负责人：

施工企业在月中或按月预收的工程价款，应在按月结算或分段结算、竣工后一次结算工程价款时，从应收工程款中扣除，并在“工程价款结算账单”中列出应扣除的预收工程款。

工程主要建筑材料由施工单位采购储备的，可在签订工程承包合同时，与发包单位商定预收一定数额的备料款。在这种情况下，施工企业在按月结算或分段结算、竣工后一次结算工程价款时，还应扣除应归还的预收备料款。

理论上讲，备料款的需要额取决于工程结构类型、主要材料储备期和施工期等几种因素，其计算公式如下：

$$\text{预收备料款} = \frac{\text{年度工程总值} \times \text{主要材料费比重}}{\text{年度施工日数}} \times \text{主要材料储备日数}$$

预收工程备料款占总工程总值的比重，称为备料款额度，其计算公式为：

$$\text{预收备料款额度} = \text{主要材料费比重} \times \frac{\text{主要材料储备日数}}{360}$$

主要材料费占工程总值的比重，因工程结构不同而异；主要材料储备日数，取决于材料来源和供应等条件。

在实际工作中，为了简化核算手续和便于统一管理，工程备料款额度通常由各地区根据工程性质和规模以及施工期等因素，分类加以规定：建筑工程一般不得超过当年建筑工程（包括水、电、暖、卫等）总值的 25%，大量采用预制构件的工程，可以适当加大比例；安装工程一般不得超过安装工程总值的 10%，安装材料用量较大的工程，可以适当增加。

施工企业向发包单位预收的备料款，应在工程后期随着工程所需材料、结构件储备的减少，以抵充工程价款形式陆续归还，到工程完工时全部归还。为了既能保证主要材料储备的需要，又能在竣工时扣清备料款，原则上应在未完工程所需耗用的主要材料数额等于备料款数额时起开始扣还备料款，并按主要材料费占工程价值的比重确定备料款扣还额。在实际工作中，也可将预收备料款的额度定为全年承包工程总值的25%，从累计已收工程价款占当年承包工程总值50%的月份起，按当月超过当年承包工程总值50%的已完工程价值的50%抵作预收备料款归还。这样，到工程完工，归还相当于当年承包工程总值25%（50% ×50%）的全部预收备料款。

必须指出，随着生产资料市场的开放，施工企业可从当地市场随时采购所需建筑材料以后，施工企业也就没有必要再向发包单位预收备料款了。

为了保证工程按期收尾竣工，工程在施工期间，不论工期长短，其结算价款一般不得超过承包工程合同价值的95%，结算双方可以在5%的幅度内协商确认尾款比例，并在工程承包合同中注明。尾款应存入建设银行，等工程竣工验收以后清算，承包方已向发包方出具履约保证函或有其他保证的，可以不留工程尾款。

承包单位收取备料款和工程款时，可以按规定采用汇兑、委托收款、汇票、本票等各种结算方式。

4. 工程价款结算的核算

施工企业无论采取哪种结算方式，都应在办理结算手续后，确认工程价款收入的实现。为了总括地核算和监督施工企业工程价款收入的实现情况，以及与工程价款收入有关的成本的结转情况和税金的计算情况，施工企业应设置如下会计科目。

1)“主营业务收入”科目

核算企业承包工程实现的工程价款结算收入，包括已完工程价款收入、索赔款、合同变更收入和奖励款。企业按规定向发包单位收取的除工程价款以外按规定列作营业收入的各种款项，如临时设施费、劳动保险费、施工机构调迁费等也在本科目核算。企业实现的工程价款收入和应向发包单位收取的列作营业收入的款项，借记“应收账款”、“银行存款”等科目，贷记本科目。

2)“主营业务成本”科目

核算企业已办理工程价款结算的已完工程实际成本。实行合同完成后一次结算办法的合同工程，其本期已结算工程的工程成本，是指合同执行期间发生的累计合同工程成本；实行按月或分段结算办法的合同工程，其本期已结算工程的工程成本，应根据期末未结算工程成本累计，减期末未完工程成本进行计算。企业应根据已办理工程价款结算的已完工程实际成本，借记本科目，贷记“工程施工”科目。

3)“营业税金及附加”科目

核算企业因从事建筑安装生产活动取得工程价款结算收入而按规定应交纳的营业税、城市维护建设税以及教育费附加。月末，企业按规定计算出应由建筑安装工程价款结算收入负担的营业税金以及教育费附加后，借记本科目，贷记“应交税费”、“其他应交款”等科目。

期末，应将“主营业务收入”科目的余额全部转入“本年利润”科目贷方，同时将“主营业务成本”、“营业税金及附加”科目的余额转入“本年利润”科目借方，结转后，以上科目应无余额。

施工单位在签订承包工程合同时，可向发包单位预收一定数额的工程款和备料款，预收的工程款，设置“预收账款——预收工程款”科目核算；预收的备料款，设置“预收账款——预收备料款”科目核算。期末或竣工后结算工程价款时，从应收工程款中扣除。

现举例说明工程价款结算的核算过程。

(1)竣工结算方式的核算。

【例 10-1】 某公路施工企业年初承包一项小型涵洞工程,工期 11 个月,施工图预算造价 300 000 元。工程合同规定,按造价的 25% 付备料款,其中 15% 由客户直接拨付水泥、钢材抵付备料款。工程价款竣工后一次性付款。

①收到发包合同规定拨付的备料款 30 000 元。作如下会计分录:

借:银行存款 30 000

贷:预收账款——预收备料款(某单位) 30 000

②收到客户按规定拨付抵作备料款的水泥、钢材,预算价格为 45 000 元。该批钢材计划价格与预算价格相同。作如下会计分录:

借:原材料——水泥、钢材 45 000

贷:预收账款——预收备料款(某单位) 45 000

③年末工程按期竣工交付使用,企业开出“工程价款结算账单”向客户结算工程价款 290 000元。作如下会计分录:

借:应收账款——应收工程款(某单位) 290 000

贷:主营业务收入 290 000

④从应收款中扣还客户预收的备料款。作如下会计分录:

借:预收账款——预收备料款(某单位) 75 000

贷:应收账款——应收工程款(某单位) 75 000

⑤按工程价款收入计算并结转应缴纳的营业税 8 700 元,城市维护建设税 609 元,以及教育费附加 261 元。作如下会计分录:

借:营业税金及附加 9 570

贷:应缴税费——应缴营业税 8 700

——应缴城市维护建设税 609

——应缴教育费附加 261

⑥结转该工程实际成本 210 000 元。作如下会计分录:

借:主营业务成本 210 000

贷:工程施工——桥涵工程 210 000

⑦结转该项工程结算成本 210 000 元。作如下会计分录:

借:本年利润 210 000

贷:主营业务成本 210 000

⑧结转该项工程结算收入 290 000 元。作如下会计分录:

借:主营业务收入 290 000

贷:本年利润 290 000

⑨收到客户转账支付的工程价款 215 000 元。作如下会计分录:

借:银行存款 215 000

贷:应收账款——应收工程款 215 000

⑩用银行存款上缴营业税 8 700 元、城市维护建设税 609 元、教育费附加 261 元。作如下

会计分录:

借:应缴税费——应缴营业税　　8 700
　　　　　——应缴城市维护建设税　　609
　　　　　——应缴教育费附加　　261
　贷:银行存款　　9 570

(2)非竣工结算方式的核算。

非竣工结算就是定期结算。它是目前尚未实行竣工结算的建筑安装企业普遍实行的一种结算办法,按照这种结算办法的规定,建筑安装企业可以向客户预收工程备料款和工程进度款。现举例说明非竣工结算方式的核算方法。

【例 10-2】 某施工企业承包一项桥梁工程,工期 18 个月,施工图预算造价 1 500 000 元,工程合同规定按合同造价的 25% 预付备料款,工程款月中预支,月末按进度结算。

①收到客户按合同规定拨付的预收备料款 375 000 元。作如下会计分录:

借:银行存款　　375 000
　贷:预收账款——预收备料款(某单位)　　375 000

②本月月中开出“工程款预支账单”,向客户预支工程款 80 000 元,已存入银行。作如下会计分录:

借:银行存款　　80 000
　贷:预收账款——预收工程款(某单位)　　80 000

③月末开出“工程价款结算账单”,向客户办理工程价款结算,本月完工价款 210 000 元。作如下会计分录:

借:应收账款——应收工程款　　210 000
　贷:主营业务收入　　210 000

④本月应扣还预收备料款 55 000 元,抵扣月中预收的工程款 80 000 元。作如下会计分录:

借:预收账款——预收工程款(某单位)　　80 000
　　　　　——预收备料款(某单位)　　55 000
　贷:应收账款——应收工程款　　135 000

⑤应另向发包单位收取临时设备费 5 000 元,劳动保险费 1 000 元。作如下会计分录:

借:应收账款——应收工程款　　6 000
　贷:主营业务收入　　6 000

⑥按规定税率计算并结转应缴的营业税 6 480 元,城市维护建设税 453.60 元以及教育费附加 194.40 元。作如下会计分录:

借:营业税金及附加　　7 128
　贷:应缴税金——应缴营业税　　6 480
　　　　　　——应缴城市维护建设税　　453.60
　　　　　　——应缴教育费附加　　194.40

⑦结转本月已办理结算工程的实际成本 160 000 元。作如下会计分录:

借:主营业务成本　　160 000

贷:工程施工——桥梁工程　　160 000

⑧结转本月工程结算成本160 000元。作如下会计分录:

借:本年利润　　160 000

贷:主营业务成本　　160 000

⑨结转本月工程结算收入216 000元。作如下会计分录:

借:主营业务收入　　216 000

贷:本年利润　　216 000

⑩收到客户81 000元的支票一张。作如下会计分录:

借:银行存款　　81 000

贷:应收账款——应收工程款　　81 000

5. 分包工程核算

施工企业由于专业分工或施工力量不足等原因,而将承包工程的一部分分包给其他单位施工。当一个工程项目需要有两个以上施工企业同时交叉作业时,按照国家对基本建设工程管理的要求,建设单位和施工企业要实行承发包责任制和总分包协作制,即应由直接承包建设单位工程的施工企业作为总包单位,接受总包单位委托的施工企业为分包单位,实行总分包协作制。总包单位与分包单位应签订总分包合同,订明双方的权利和义务。总包单位对发包单位负责,分包单位对总包单位负责。分包单位所完成的工程,应通过总包单位向发包单位办理工程价款结算。

在实行总分包的情况下,如果总分包单位对主要材料、结构件的储备资金都由工程发包单位以预付备料款供应的,总包单位对分包单位要按照工程分包合同规定预付一定数额的备料款和工程款,并进行工程价款的结算。为了反映与分包单位发生的备料款和工程款的预付和结算情况,应设置"预付账款——预付分包备料款"、"预付账款——预付分包工程款"和"应付账款——应付分包工程款"三个科目。

"预付账款——预付分包备料款"科目用以核算企业按照工程分包合同规定,预付给分包单位的备料款(包括拨给抵作预付备料款的材料价值)和备料款的扣回。科目的借方登记预付给分包单位的备料款和拨给抵作备料款的材料价值。科目的贷方登记与分包单位结算已完工程价款时,根据合同规定的比例从应付分包单位工程款中扣回的预付备料款,以及分包单位退回的材料价值。科目的借方余额反映尚未从应付工程款中扣回的备料款。本科目应按分包单位的户名和分包合同进行明细分类核算。

"预付账款——预付分包工程款"科目用以核算企业按照工程分包合同规定预付给分包单位的工程款。科目的借方登记根据工程进度预付给分包单位的分包工程款。科目的贷方登记月终或工程竣工时与分包单位结算的已完工程价款和从应付分包单位工程款中扣回预付的工程款。科目的借方余额反映预付给分包单位尚未从应付工程款中扣回的工程款。本科目应按分包单位的户名和分包合同进行明细分类核算。

"应付账款——应付分包工程款"科目用以核算企业与分包单位办理工程结算时,按照合同规定应付给分包单位的工程款。科目的贷方登记根据经审核的分包单位提出的"工程价款结算账单"结算的应付已完工程价款。科目的借方登记支付给分包单位的工程款和根据合同规定扣回预付的工程款和备料款。科目的贷方余额反映尚未支付的应付分包工程款。本科目应按分包单位的户名和分包合同进行明细分类核算。

现举例说明总包施工企业与分包单位关于预付备料款和工程价款结算的核算方法。

【例 10-3】 某公路施工企业承建××县乡村公路建设工程，并将其中涵洞工程部分分包给另一施工企业，发生与分包工程结算有关的业务及会计处理如下。

(1)根据预付备料款额度，通过银行向分包单位预付备料款 250 000 元。作如下会计分录：

借：预付账款——预付分包备料款　　250 000
　贷：银行存款　　250 000

(2)与发包单位办好手续，由发包单位拨给分包单位主要材料一批，计价 50 000 元，抵作预付备料款。作如下会计分录：

借：预付账款——预付分包备料款　　50 000
　贷：预收账款——预收备料款　　50 000

(3)按照工程分包合同规定，于月中根据工程进度预付分包单位工程款 110 000 元。作如下会计分录：

借：预付账款——预付分包工程款　　110 000
　贷：银行存款　　110 000

(4)月末，根据经审核的分包单位"工程价款结算账单"，结算应付分包单位已完工程价款 230 000 元，以及随同工程价款一并支付的临时设施费 2 000 元，劳动保险费 2 500 元。作如下会计分录：

借：工程施工　　234 500
　贷：应付账款——应付分包工程款　　234 500

(5)根据工程合同规定，从应付分包工程款中扣回预付备料款 80 000 元，预付工程款 110 000元。作如下会计分录：

借：应付账款——应付分包工程款　　190 000
　贷：预付账款——预付分包工程款　　110 000
　　　　　　——预付分包备料款　　80 000

(6)以银行存款支付分包单位已完工程价款 44 500 元。作如下会计分录：

借：应付账款——应付分包工程款　　44 500
　贷：银行存款　　44 500

(7)企业作为总承包人，按税法有关规定，代扣分包单位本次结算应缴营业税 7 035 元(234 500×3%)、应缴城市维护建设税 492.45 元(7 035×7%)和教育费附加 211.05 元(7 035×3%)。作如下会计分录：

借：应付账款——应付工程款(××单位)　　7 738.5
　贷：应缴税费——应缴营业税　　7 035
　　　　　　——应缴城市维护建设税　　492.45
　　　　　　——应缴教育费附加　　211.05

(8)以银行存款代分包单位缴纳应缴税金。作如下会计分录：

借：应缴税费——应缴营业税　　7 035

——应缴城市维护建设税　　492.45
——应缴教育费附加　　211.05
贷:银行存款　　7 738.5

第二节　建造合同收入

一、建造合同概述

根据国家财政部文件规定:从 2001 年 1 月 1 日起,股份有限制施工企业应执行《企业会计制度》和《建造合同》准则的有关规定,即施工企业事先与买方签订不可撤销建造合同,并按建造合同要求进行施工生产,按建造合同确认收入,按完工百分比法确认工程结算收入。

1. 建造合同及其分类

1)建造合同的特点

按照具体会计准则《建造合同》的规定,建造合同是指为建造一项资产或在设计、技术、功能、最终用途等方面密切相关的数项资产而订立的合同。合同的甲方称为客户,乙方称为建造承包商。其中,资产是指房屋、道路、桥梁、水坝等建筑物以及船舶、飞机、大型机械设备等。所建造的资产从其功能和最终用途来看,可以分为两类:一类是建成后就可投入使用和单独发挥作用的单项工程,如房屋、道路、桥梁等;另一类是在设计、技术、功能和最终用途等方面密切相关的由数项资产构成的建设项目,只有这些资产全部建成投入使用时,才能整体发挥效益。如承建一个发电厂,该项目由锅炉房、发电室、冷却塔等几个单项工程构成,只有各单项工程全部建成投入使用时,发电厂才能正常运转和发电。

建造合同从属于建设工程合同。按照中华人民共和国《合同法》的规定,建设工程合同是指承包人进行工程建设,发包人支付价款的合同。包括工程勘察、设计和施工合同三种形式。从形式上看,对于施工企业而言,具体会计准则所称的建造合同主要指合同法所称建设工程合同中的施工合同。从范围上看,建造合同隶属于建设工程合同,是建设工程合同的一种重要形式。从内容上看,《建造合同》准则旨在规范建造承包商建设工程合同的会计核算和相关的信息披露,而我国《合同法》中有关建设工程合同的规定旨在规定承包人和发包人的权利和义务关系。

建造合同属于经济合同范畴,它是一种特殊类型的经济合同,有其自身的特征,主要表现在:

(1)先有买主(即客户),后有标底(即资产)。建造资产的造价在签订合同时已经确定。

(2)资产的建设期长,一般要跨越一个会计年度,有的长达数年。施工企业为了及时反映各年度的经营成果和财务状况,一般情况下,不能等到合同工程完工时才确认收入和费用,而应按照权责发生的要求,遵循配比原则,在合同实施过程中,按照一定的方法,合理地确认各年的收入和费用。

(3)所建造的资产体积大,造价高,一般需要进行大量资金投入。对客户来说,一般需要列入资本预算范围。

(4)建造合同一般为不可取消的合同。由于建造合同所涉及的资产具有建设周期长和投资规模大等特点，一旦合同当事人任意撤销合同，必将会给对方造成难以估量的损失。因此，建造合同一般是不可撤销的。

由于建造合同的独特性，施工企业可以按照建造合同来核算收入和归集费用支出，同时根据权责发生制原则和配比原则，采用建造合同完工百分比法来确认和计量合同收入和合同费用。

2）建造合同的类型

建造合同通常分为两种类型，即固定造价合同和成本加成合同。

（1）固定造价合同，是指按照固定的合同价或固定单价确定工程价款的建造合同。例如，建造一座办公楼，合同规定总造价为 1 000 万元；建造一条公路，合同规定每公里单价为 500 万元。

（2）成本加成合同，是指以合同约定或其他方式议定的成本为基础，加上该成本的一定比例或定额费用确定工程价款的建造合同。例如，建造一艘船舶，合同总价款以建造该船舶的实际成本为基础，加收 5% 计取；建造一段地铁，合同总价款以建造该段地铁的实际成本为基础，加 800 万元计取。

固定造价合同和成本加成合同最大的区别在于合同风险的承担者不同。固定造价合同的风险主要由建造承包方承担，而成本加成合同的风险则主要由发包方承担。

在实际工作中，从合同价款的确定上看，有以下几种不同的方式：

①施工图预算造价方式。即企业按施工所提供的资料和计算出的工作量，依据预算定额和单位造价以及有关文件所规定的取费标准计算出工程造价。

②投标造价方式。即施工企业依据招标单位提供的有关资料提出自己的报价，经招标单位评标后决定造价并依此签订合同。

这两种方式类似于固定造价合同。目前我国以招投标形式确定工程造价的方式占多数。

2. 建造合同的分立与合并

建造合同的分立与合并关系到建造合同会计核算对象的确定，对于施工企业准确核算建筑工程损益具有十分重要的意义。一般情况下，企业应以订立的单项合同为会计核算对象来确认和计量单项合同的收入、费用和利润（或损失）。但是，如果一项合同包括建造多项资产，企业应当按照《建造合同》准则所规定的合同分立原则，确定建造合同的会计核算对象；如果企业为建造一项或多项资产而签订了一组建造合同，企业也应当按照《建造合同》准则所规定的合同合并原则，确定建造合同的会计核算对象。

1）建造合同的分立

有的资产建造虽然形式上只签订了一项合同，但各项资产在商务谈判、设计施工、价款结算等方面都是可以相互分离的，实质上是多项合同，在会计上应当作为不同的核算对象。

《建造合同》规定，如果一项建造合同包括建造多项资产，在同时满足下列条件的情况下，企业应当就每项资产分立为单项合同来处理。

（1）每项资产均有独立的建造计划；

（2）与客户就每项资产单独进行谈判，双方能够接受或拒绝与每项资产有关的合同条款；

（3）每项资产的收入和成本可以单独辨认。

例如，某建筑公司与客户签订一项合同，为客户建造一栋宿舍楼和一座食堂。在签订合同时,建筑公司与客户分别就所建宿舍楼和食堂进行谈判,并达成一致意见:宿舍楼的工程造价为400万元,食堂的工程造价为150万元。宿舍楼和食堂均有独立的施工图预算,宿舍楼的预计总成本为370万元,食堂的预计总成本为130万元。根据上述资料分析,由于宿舍楼和食堂均有独立的施工图预算,因此符合上述条件(1);由于在签订合同时,建筑公司与客户分别就所建宿舍楼和食堂进行谈判,并达成一致意见,因此符合上述条件(2);由于宿舍楼和食堂均有单独的造价和预算成本,因此符合上述条件(3)。建筑公司应将建造宿舍楼和食堂分立为两个单项合同进行会计处理。

如果不同时满足上述三个条件,则不能将合同分立,而应将其作为一个合同进行会计处理。如上例中,没有明确规定宿舍楼和食堂各自的工程造价,而是以550万元的总金额签订了该项合同,未做出各自的预算成本。这时,不符合上述条件(3),则建筑公司不能将该项合同分立为两个单项合同进行会计处理。

2)建造合同的合并

有的资产建造虽然形式上签订了多项合同,但各项资产在设计、技术、功能、最终用途上是密不可分的,实质上是一项合同,在会计上应当作为一个核算对象。

《建造合同》规定,一组建造合同无论对应单个客户或者多个客户,在同时满足下列条件的情况下,企业应当将该组建造合同合并为单项合同来处理。

(1)该组合同按一揽子交易签订;

(2)该组合同密切相关,每项合同实际上已构成一项综合利润率工程的组成部分;

(3)该组合同同时或依次履行。

例如,为建造一个冶炼厂,某建造承包商与客户一揽子签订了三项合同,分别建造一个选矿车间、一个冶炼车间和一个工业污水处理系统。根据合同规定,这三个工程将由该建造承包商同时施工,并根据整个项目的施工进度办理价款结算。根据上述资料分析,由于这三项合同是一揽子签订的,表明符合上述条件(1)。对客户而言,只有这三项合同全部完工交付使用时,该冶炼厂才能投料生产,发挥效益;对建造承包商而言,这三项合同的各自完工进度,直接关系到整个建设项目的完工进度和价款结算,并且建造承包商对工程施工人员和工程用料实行统一管理。因此,该组合同密切相关,已构成一项综合利润率工程项目,表明符合上述条件(2)。该组合同同时履行,表明符合上述条件(3)。因此,该建造承包商应将该组合同合并为一个合同进行会计处理。

二、建造合同收入与费用的确认

施工企业要实现利润最大化的经营目标,就必须充分了解建造合同收入与费用的构成,并在合理确认与计量的基础上,进行准确的核算,籍此增加收入和降低成本、费用。

1. 合同收入与合同费用的构成

1)建造合同收入的组成

建造工程合同收入包括以下两部分内容:

(1)合同中规定的初始收入　合同中规定的初始收入,是指施工企业与发包商在双方签订的合同中最初商订的合同总金额,它构成了合同收入的基本内容。

(2)因合同变更、索赔、奖励等形成的收入　因合同变更、索赔、奖励等形成的收入并不构成合同双方在签订合同时已在合同中商订的合同总金额,而是在执行合同过程中由于合同变更、索赔、奖励等原因而形成的追加收入。施工企业不能随意确认这部分收入,只有在符合规定时这部分收入才能构成合同总收入。

①合同变更,是指发包商为改变合同规定的作业内容而提出的调整。因合同变更而增加的收入,应当在发包商认可因变更而增加的收入,并且收入能够可靠地计量时予以确认。

②索赔款,是指因发包商或第三方的原因造成的,由施工企业向发包商或第三方收取的,用以补偿不包括在合同造价中的成本的款项。施工企业只有在预计对方能够同意这项索赔(根据谈判情况判断),并且对方同意接受的金额能够可靠计量的情况下,才能将因索赔款而形成的收入予以确认。

③奖励款,是指工程达到或超过规定的标准时,发包商同意支付给施工企业的额外款项。施工企业应当根据目前合同的完成情况,足以判断工程进度和工程质量能够达到或超过既定的标准,并且奖励金额能够可靠地计量时,才能将因奖励而形成的收入予以确认。

2)建造合同成本的组成

合同成本包括从建造合同签订至完成止发生的、与执行合同有关的各项直接费用和间接费用。

(1)直接费用　是指为完成合同所发生的,可以直接计入合同成本核算对象的各项费用,具体包括耗用的人工费用、耗用的材料费用、耗用的机械使用费和其他直接费。

(2)间接费用　是指为完成合同所发生的、不易直接归属于合同成本核算对象而应分配给有关合同成本核算对象的各项费用。间接费用主要包括临时设施摊销费用和企业下属的施工、生产单位组织和管理施工生产活动所发生的费用。如管理人员薪酬、劳动保护费、固定资产折旧费和修理费、物料消耗、低值易耗品摊销、取暖费、水电费、办公费、差旅费、财产保险费、工程保修费和排污费等。下属施工单位一般包括工区、施工队和项目经理部等。

需要注意的是,施工企业行政管理部门为组织和管理生产经营活动而发生的管理费用,以及因筹资活动而发生的财务费用(例如,利息净支出、汇兑净损失、金融机构手续费和其他财务费用)不能归属到合同成本中。这些费用应作为期间费用在发生时直接确认,并从当期收入中扣除。此外,施工企业在签订建造合同时发生的差旅费、投标费等相关费用,由于建造承包商与客户的谈判结果具有较大的不确定性,根据重要性原则的要求,为简化会计核算,这些费用应在发生时直接确认为当期管理费用。

2. 合同收入与合同费用的确认原则

企业应及时、准确地进行合同收入与合同费用的确认及计量,以便分析、考核合同损益的实现情况。《建造合同》第19条规定,如果建造合同的结果能够可靠地估计,企业应根据完工百分比法在资产负债表日确认合同收入和合同费用。因此,根据施工企业建造合同的结果能否可靠估计,可以将合同收入和合同费用的确认与计量分为以下两种类型。

1)建造合同的结果能够可靠估计的确认原则

建造合同的结果能够可靠估计是企业采用完工百分比法确认合同收入和合同费用的前提条件。建造合同分为固定造价合同和成本加成合同两种类型。不同类型的合同,其结果是否能够可靠估计的标准也不同。

(1)固定造价合同的结果能够可靠估计的认定标准,应同时具备以下四个条件:

①合同总收入能够可靠地计量。合同总收入一般根据建造承包商与客户签订的合同中的合同总金额来确定,如果在合同中明确规定了合同总金额,且订立的合同是合法有效的,则合同总收入能够可靠地计量;反之,合同总收入不能可靠地计量。

②与合同相关的经济利益很可能流入企业。与合同相关的经济利益很可能流入企业,意味着企业能够收到合同价款。合同价款能否收回,取决于客户与建造承包商双方是否都能正常履行合同。如果客户与建造承包商有一方不能正常履行合同,则意味着建造承包商可能无法收回工程价款,不满足经济利益很可能流入企业的条件。

③为完成合同实际发生的合同成本能够清楚地区分和可靠地计量。实际发生的合同成本能否清楚地区分和可靠地计量,关键在于建造承包商能否做好建造合同成本核算的各项基础工作和准确计算合同成本。如果建造承包商能够做好建造合同成本核算的各项基础工作,准确核算实际发生的合同成本,划清当期成本与下期成本的界限、不同成本核算对象之间成本的界限、未完合同成本与已完合同成本的界限,则说明实际发生的合同成本能够清楚地区分和可靠地计量;反之,则说明实际发生的合同成本不能够清楚地区分和可靠地计量。

④在资产负债表日合同完工进度和为完成合同尚需发生的成本能够可靠地确定。合同完工进度能够可靠地确定,要求建造承包商已经和正在为完成合同而进行工程施工,并已完成了一定的工程量,达到了一定的工程完工进度,对将要完成的工程量也能够作出科学、可靠的测定。如果建造承包商尚未动工或刚刚开工,尚未形成一定的工程量,对将要完成的工程量不能够作出科学、可靠的测定,则表明合同完工进度不能可靠地确定。为完成合同尚需发生的成本能否可靠地确定,关键在于建造承包商是否已经建立了完善的内部成本核算制度和有效的内部财务预算及报告制度;能否对为完成合同尚需发生的合同成本作出科学、可靠的估计。

(2)成本加成合同的结果能够可靠估计的认定标准,应同时具备以下两个条件:

①与合同相关的经济利益很可能流入企业。

②实际发生的合同成本能够清楚地区分和可靠地计量。

对成本加成合同而言,合同成本的组成内容一般已在合同中进行了相应规定,合同成本是确定其合同造价的基础,也是确定其完工进度的重要依据,因此要求其实际发生的合同成本能够清楚地区分和可靠地计量。

2)建造合同的结果不能可靠估计的确认原则

如果建造合同的结果不能可靠估计,则不能采用完工百分比法确认和计量合同收入和费用,而应区别以下两种情况进行会计处理:

(1)合同成本能够收回的,合同收入根据能够收回的实际合同成本予以确认,合同成本在其发生的当期确认为合同费用。

(2)合同成本不可能收回的,应在发生时立即确认为合同费用,不确认合同收入。

3. 合同收入与合同费用的计量方法——完工百分比法

完工百分比法是根据合同完工进度确认合同收入和费用的方法。运用这种方法确认合同收入和费用,能为会计报表使用者提供有关合同进度及本期业绩的有用信息,并能够体现权责发生制原则的实质。

施工企业应用完工百分比法首先应确定建造合同的完工进度,计算完工百分比;然后再根据完工百分比计量和确认当期的合同收入和费用。

1)确定建造合同完工进度的方法

施工企业确定合同完工进度可以选用以下方法:

(1)根据累计实际发生的合同成本占合同预计总成本的比例确定合同完工进度。该方法是确定合同完工进度比较常用的方法。其计算公式如下:

合同完工进度 = 累计实际发生的合同成本 ÷ 合同预计总成本 × 100%

累计实际发生的合同成本是指形成工程完工进度的工程实体和工作量所耗用的直接成本和间接成本,不包括下列内容:

①与合同未来活动相关的合同成本,包括施工中尚未安装、使用或耗用的材料成本。材料从仓库运抵施工现场,如果尚未安装、使用或耗用,则没有形成工程实体,就其资金的占用形态而言,仍属于"原材料"占用的资金,而非"产成品"占用的资金。因此,为保证确定完工进度的可靠性,不应将这部分成本计入累计实际发生的合同成本中来确定完工进度。

【例 10-4】 某公路施工企业承建 A 工程,工期 2 年。A 工程的预计总成本为 1 000 万元。第一年,该建筑公司的"工程施工——A 工程"账户的实际发生额为 680 万元。其中:人工费 150 万元,材料费 380 万元,机械作业费 100 万元,其他直接费和工程间接费 50 万元。经查明,A 工程领用的材料中有一批虽已运到施工现场但尚未使用,尚未使用的材料成本为 80 万元。根据上述资料计算第一年的完工进度如下:

合同完工进度 = (680 − 80) ÷ 1000 × 100% = 60%

②在分包工程的工作量完成之前预付给分包单位的款项。对总承包商来说,分包工程是其承建的总体工程的一部分,分包工程的工作量也是其总体工程的工作量。总承包商在确定总体工程的完工进度时,应考虑分包工程的完工进度。在分包工程的工作量完成之前预付给分包单位的款项虽然是总承包商的一项资金支出,但是该项支出并没有形成相应的工作量,因此不应将这部分支出计入累计实际发生的合同成本中来确定完工进度。但是,根据分包工程进度支付的分包工程进度款,应构成累计实际发生的合同成本。

【例 10-5】 某公路施工企业与某业主一揽子签订了一项建造合同,承建 A、B 两项工程。该项合同的 A、B 两项工程密切相关,客户要求同时施工,一起交付,工期为 2 年。合同规定的总金额为 1 100 万元。某公路施工企业决定 A 工程由自己施工,B 工程以 400 万元的合同金额分包给乙公司承建,某公路施工企业已与乙公司签订了分包合同。

第一年,某公路施工企业自行施工的 A 工程实际发生工程成本 450 万元,预计为完成 A 工程尚需发生工程成本 150 万元;某公路施工企业根据乙公司分包的 B 工程的完工进度,向乙公司支付了 B 工程的进度款 250 万元,并向乙公司预付了下年度备料款 50 万元。

某公路施工企业根据上述资料计算确定该项建造合同第一年的完工进度如下:

合同完工进度 = (450 + 250) ÷ (450 + 150 + 400) × 100 % = 70%

(2)根据已经完成的合同工作量占合同预计总工作量的比例确定合同完工进度。该方法适用于合同工作量容易确定的建造合同,如道路工程、土石方挖掘、砌筑工程等。其计算公式表示如下:

合同完工进度 = 已经完成的合同工作量 ÷ 合同预计总工作量 × 100%

(3)根据实际测定的完工进度确定合同完工进度。该方法是在无法根据上述两种方法确定合同完工进度时所采用的一种特殊的技术测量方法，适用于一些特殊的建造合同，如水下施工工程等。需要指出的是，这种技术测量并不是由建造承包商自行随意测定，而应由专业人员现场进行科学测定。

2）根据完工百分比确认合同收入和费用

施工企业根据完工百分比计量和确认当期的合同收入和费用，包括三方面内容，首先确认当期的合同收入，然后确定当期的合同费用，最后确定当期的合同毛利。其计算公式如下：

当期确认的合同收入 = 合同总收入 × 完工进度 − 以前会计期间累计已确认的收入

当期确认的合同费用 = 合同预计总成本 × 完工进度 − 以前会计期间累计已确认的费用

当期确认的合同毛利 = 当期确认的合同收入 − 当期确认的合同费用

上述公式中的完工进度指累计完工进度。对于当期完成的建造合同，应当按照实际合同总收入扣除以前会计期间累计已确认收入后的金额，确认为当期合同收入；同时，按照累计实际发生的合同成本扣除以前会计期间累计已确认费用后的金额，确认为当期合同费用。

【例10-6】 某公路施工企业签订了一项合同总金额为2 000万元的固定造价合同。合同规定工期为3年。假定经计算第一年完工进度为25%，第二年完工进度已达80%，经测定前两年的合同预计总成本均为1 500万元。第三年工程全部完成，累计实际发生合同成本1 350万元。施工企业计算各期确认的合同收入和费用如下：

第一年：

确认的合同收入 = 2000 × 25% = 500（万元）

确认的合同费用 = 1500 × 25% = 375（万元）

确认的合同毛利 = 500 − 375 = 125（万元）

第二年：

确认的合同收入 =（2000 × 80%）− 500 = 1100（万元）

确认的合同费用 =（1500 × 80%）− 375 = 825（万元）

确认的合同毛利 = 1100 − 825 = 275（万元）

第三年：

确认的合同收入 = 2000 −（500 + 1100）= 400（万元）

确认的合同费用 = 1350 −（375 + 825）= 150（万元）

确认的合同毛利 = 400 − 150 = 250（万元）

三、建造合同收入的核算

为了真实、准确、及时、系统地核算和反映实施建造合同所发生的各项经济业务，施工企业应根据实施建造合同所发生的经济业务，准确、及时地登记合同发生的实际成本、已办理结算的工程价款和实际已收取的工程价款，并根据工程施工进展情况，准确地确定合同完工进度，计量和确认当期的合同收入和合同费用。如果建造合同预计发生亏损，还应计提损失准备。因此，施工企业应设置“工程施工”账户、“工程结算”账户、“应收账款”账户、“主营业务收入”账户、“主营业务成本”账户、“主营业务税金及附加”账户以及“存货跌价准备”账户等。本节只重点介绍以下两个账户。

1. “工程施工”账户

“工程施工”账户核算施工企业实际发生的工程施工合同成本和合同毛利。本账户应设置“合同成本”和“合同毛利”两个明细账户。

1)合同成本

“合同成本”明细账户核算各项工程施工合同发生的实际成本，一般包括施工企业在施工过程中发生的人工费、材料费、机械使用费、其他直接费、间接费用等。合同成本明细账户应按成本核算对象和成本项目进行归集。

成本项目一般包括人工费、材料费、机械使用费、其他直接费和间接费用。其中，属于人工费、材料费、机械使用费和其他直接费等直接成本费用，直接计入有关工程成本。间接费用可先在本科目(合同成本)下设置“间接费用”明细账户进行核算，月份终了，再按一定分配标准，分配计入有关工程成本。

2)合同毛利

“合同毛利”明细账户核算各项工程施工合同确认的合同毛利。因此，“工程施工”账户的借方登记施工企业在施工生产经营过程中发生的材料费、人工费、机械使用费、其他直接费和间接费用(计入合同成本明细账户)，以及按规定确认的工程合同收入大于合同费用的合同毛利(合同毛利明细账户)；贷方登记按规定确认的工程合同收入小于合同费用的合同亏损(合同毛利明细账户)以及合同完成后结转的合同总价款。其借方余额，反映尚未完工工程累计施工合同成本和合同毛利。

需要强调的是，建造合同完成之后，“工程施工”账户与“工程结算”账户应对冲，对冲后“工程施工”账户应无余额。

2. “工程结算”账户

“工程结算”账户是负债类账户，用于核算施工企业根据合同完工进度已向客户开出工程价款结算账单办理结算的款项。已向客户开出工程价款结算账单办理结算的款项计人本账户的贷方。应注意的是，该账户的借方在施工合同完成前不登记，合同完成后，本账户与“工程施工”账户对冲结平。“工程结算”在资产负债表中，应作为“工程施工”的抵消科目。“工程施工——合同成本”账户余额在工程未完工时一直保留在账上，可以提供从开工到现在的累计发生数据；“工程结算”也可以提供累计开出结算单办理了结算的金额，从而能提供更充分、更全面的施工企业会计信息。

此外，“应收账款”账户用以核算企业与客户办理工程价款结算时，按照工程合同规定应向其收取的工程价款和按照规定标准单独计算收取的临时设施费和劳动保险费；“主营业务收入”账户和“主营业务成本”账户，用于核算当期确认的合同收入和合同成本；“合同预计损失”账户和“预计损失准备”账户，前者属于损益类账户，后者是资产负债类账户，分别用于核算当期确认的合同预计损失和建造合同计提的损失准备。

现举例说明建造合同收入核算的会计处理。

1)建造合同的结果能够可靠估计的会计处理

【例 10-7】 某施工企业签订了一项总金额为 4 500 000 元的固定造价合同，承建一项房屋建筑工程，合同完工进度按照累计实际发生的合同成本占合同预计总成本的比例确定。工程已于 2003 年 2 月开工，预计 2005 年 8 月完工。最初预计的工程总成本为 4 000 000 元，到

2004 年底，由于材料价格上涨等因素调整了预计总成本，预计工程总成本为 4 556 250 元。该建筑公司于 2005 年 6 月提前两个月完成了房屋建筑合同，工程质量优良，客户同意支付奖励款 56 250 元。建造该项房屋的其他有关资料如表 10-4 所示。

单位：元 **房屋建造有关资料** 表 10-4

项　目	2003 年	2004 年	2005 年
累计实际发生成本	1 000 000	2 916 000	4 506 000
预计完成合同尚需发生成本	3 000 000	1 640 250	—
结算合同价款	900 000	2 400 000	1 256 250
实际收到价款	750 000	1 750 000	2 056 250

该建筑公司对本项建造合同的有关会计处理如下（为简化起见，会计分录以汇总数反映，有关纳税业务的会计分录略）：

(1)2003 年会计账务处理。

①登记实际发生的合同成本，作如下会计分录：

借：工程施工——合同成本　　1 000 000

　贷：原材料、应付职工薪酬、机械作业等　　1 000 000

②登记已结算的合同价款，作如下会计分录：

借：应收账款　　900 000

　贷：工程结算　　900 000

③登记实际收到的合同价款，作如下会计分录：

借：银行存款　　750 000

　贷：应收账款　　750 000

④确认计量当年的收入和费用，并登记入账，作如下会计分录：

2003 年的完工进度 = 1000000 ÷ (1000000 + 3000000) × 100% = 25%

2003 年确认的合同收入 = 4500000 × 25% = 1125000(元)

2003 年确认的合同费用 = (1000000 + 3000000) × 25% = 1000000(元)

2003 年确认的毛利 = 1125000 − 1000000 = 125000 (元)

借：工程施工——合同毛利　　125 000

　主营业务成本　　1 000 000

　贷：主营业务收入　　1 125 000

(2)2004 年的会计账务处理。

①登记实际发生的合同成本，作如下会计分录：

借：工程施工——合同成本　　1 916 000

　贷：原材料、应付职工薪酬、机械作业等　　1 916 000

②登记结算的合同价款，作如下会计分录：

借：应收账款　　2 400 000

　贷：工程结算　　2 400 000

③登记实际收到的合同价款，作如下会计分录：

借：银行存款　　1 750 000

贷:应收账款 1 750 000

④确认计量当年的合同收入和费用,并登记入账,作如下会计分录:

2004 年的完工进度 = 2916000 ÷ (2916000 + 1640250) × 100% = 64%

2004 年确认的合同收入 = 4500000 × 64% - 1125000 = 1755000(元)

2004 年确认的合同费用 = (2916000 + 1640250) × 64% - 1000000
= 1916000(元)

2004 年确认的毛利 = 1755000 - 1916000 = -161000(元)

2004 年确认的合同预计损失 = (2916000 + 1640250 - 4500000) × (1 - 64%)
= 20250(元)

注:在 2004 年底,由于该合同预计总成本(4 556 250 元)大于合同总收入(4 500 000 元),预计发生损失总额为 56 250 元,由于已在“工程施工——合同毛利”中反映了 -36 000 元(125000 元 - 161000 元)的亏损,因此应将剩余的、为完成工程将发生的预计损失 20 250 元确认为当期费用。

借:主营业务成本 1 916 000
　贷:主营业务收入 1 755 000
　　工程施工——合同毛利 161 000
借:合同预计损失 20 250
　贷:预计损失准备 20 250

(3)2005 年的账务处理。

①登记实际发生的合同成本,作如下会计分录:

借:工程施工——合同成本 1 590 000
　贷:原材料、应付职工薪酬、机械作业等 1 590 000

②登记结算的合同价款,作如下会计分录:

借:应收账款 1 256 250
　贷:工程结算 1 256 250

③登记实际收到的合同价款,作如下会计分录:

借:银行存款 2 056 250
　贷:应收账款 2 056 250

④确认计量当年的合同收入和费用,并登记入账,作如下会计分录:

2005 年确认的合同收入 = 合同总金额 - 至目前止累计已确认的收入
= (4500000 + 56250) - (1125000 + 1755000) = 1676250(元)

2005 年确认的合同费用 = 实际发生总成本 - 至目前止累计已确认的成本
= 4506000 - 1000000 - 1916000 = 1590000(元)

2005 年确认的毛利 = 1676250 - 1590000 = 86250(元)

借:主营业务成本 1 590 000
　工程施工——合同毛利 86 250
　贷:主营业务收入 1 676 250

⑤2005 年工程全部完工,应将“合同损失准备”相关余额冲减“主营业务成本”,将“工程施工”科目的余额与“工程结算”科目的余额相对冲,作如下会计分录:

借:预计损失准备　　20 250
　贷:主营业务成本　　20 250
借:工程结算　　4 556 250
　贷:工程施工——合同成本　　4 506 000
　　　　　　——合同毛利　　50 250

2)建造合同的结果不能可靠估计的会计处理

【例 10-8】 2005 年初,某公路施工企业与业主签订了一项总金额为 500 万元的建造合同,工期三年。第一年实际发生工程成本 170 万元,双方均能履行合同规定的义务,但建筑公司在年末时对该项工程的完工进度无法可靠确定。

本例中,该公司不能采用完工百分比法确认收入。由于客户能够履行合同,当年发生的成本均能收回,所以公司可将当年发生的成本金额同时确认为当年的收入和费用,当年不确认利润。应作如下会计分录:

借:主营业务成本　　1 700 000
　贷:主营业务收入　　1 700 000

如果该公司当年与客户只办理价款结算 80 万元,其余款项可能收不回来。这种情况下,该公司只能将 80 万元确认为当年的收入,170 万元应确认为当年的费用。应作如下会计分录:

借:主营业务成本　　1 700 000
　贷:主营业务收入　　800 000
　　工程施工——合同毛利　　900 000

使建造合同的结果不能可靠估计的不确定因素不复存在的,就不应再按照上述规定确认合同收入和费用,而应转为按照完工百分比法确认合同收入和费用。

如果到第二年,完工进度无法可靠确定的因素消除。第二年实际发生成本为 150 万元,预计为完成合同尚需发生的成本为 130 万元,则企业应当计算合同收入和费用如下:

第二年合同完工进度 $=(170+150)\div(170+150+130)=71.11\%$

第二年确认的合同收入 $=500\times71.11\%-80=275.55$(万元)

第二年确认的合同成本 $=(170+150+130)\times71.11\%-170=149.995$(万元)

第二年确认的合同毛利 $=275.55-149.995=125.555$(万元)

应作如下会计分录:

借:主营业务成本　　1 499 950
　工程施工——合同毛利　　1 255 550
　贷:主营业务收入　　2 755 500

四、建造合同预计损失的核算

根据建造合同准则与企业会计制度的规定,如果合同预计总成本超过合同预计总收入,出于会计上的稳健原则考虑,应将预计损失立即确认为当期费用,计入当期损益。

为了核算和监督建造合同预计损失的计提情况,施工企业应设置如下会计科目。

1. "合同预计损失"科目

"合同预计损失"科目属于损益类科目,用来核算施工企业当期确认的合同预计损失。其借方登记企业当期确认的合同预计损失；贷方登记期末转入“本年利润”科目的合同预计损失；期末结转后，本科目应无余额。

2. “预计损失准备”科目

“预计损失准备”科目属于资产类科目，用来核算建造合同计提的损失准备。其贷方登记企业在建合同计提的损失准备；在建造合同完工后，应将本科目的余额调整为“主营业务成本”科目。

【例10-9】 某公路施工企业与业主签订一项建造合同，合同总金额为100万元，工期两年，最初预计总成本为90万元。

(1)第一年实际发生成本63万元，预计为完成合同尚需发生成本42万元。假定该合同的结果能够可靠地估计。该公司应作如下会计处理。

①第一年确认合同收入、费用和毛利，作如下会计分录：

合同完工进度 = 63 ÷ (63 + 42) × 100% = 60%

确认的合同收入 = 100 × 60% = 60(万元)

确认的合同费用 = (63 + 42) × 60% = 63 (万元)

确认的合同毛利 = 60 − 63 = −3 (万元)

借：主营业务成本　　630 000

　贷：主营业务收入　　600 000

　　工程施工——毛利　　30 000

②计提合同预计损失，作如下会计分录：

预计合同损失 = [(63 + 42) − 100] × (1 − 60%) = 2(万元)

借：合同预计损失　　20 000

　贷：预计损失准备　　20 000

(2)第二年，实际发生成本37万元，则公司应作如下会计处理。

①确认合同收入、费用与毛利，作如下会计分录：

确认的合同收入 = 100 − 60 = 40(万元)

确认的合同费用 = 37万元

确认的合同毛利 = 40 − 37 = 3(万元)

借：主营业务成本　　370 000

　　工程施工——毛利　　30 000

　贷：主营业务收入　　400 000

②建造合同完工后，调整“预计损失准备”科目，作如下会计分录：

借：预计损失准备　　20 000

　贷：主营业务成本　　20 000

五、建造合同收入的报表披露

为了真实完整地反映建造合同收入对施工企业财务状况、经营成果的影响，体现会计核算的相关性、重要性以及成本效益原则，施工企业应在会计报表及报表附注中披露下列与建造合同有关的事项：

(1)在建合同工程累计已发生的成本和累计已确认的毛利(或亏损);

(2)在建合同工程已办理结算的价款金额;

(3)当期确认的合同收入和合同费用的金额;

(4)确定合同完工进度的方法;

(5)合同总金额;

(6)当期已预计损失的原因和金额;

(7)应收账款中尚未收到的工程进度款。

需要说明的是,“在建合同工程累计已发生的成本和累计已确认的毛利(或亏损)”与“在建合同工程已办理结算的价款金额”应在资产负债表中以相抵后的差额反映。如果“在建合同工程累计已发生的成本和已确认的毛利”大于“在建合同工程已办理结算的价款金额”,其差额反映在建合同工程已完工但尚未办理结算的款项。这部分款项是企业应向客户收取的款项。因此,应在资产负债表中作为一项流动资产列示;如果“在建合同工程已办理结算的价款金额”大于“在建合同工程累计已发生的成本和已确认的毛利”,其差额反映在建合同工程尚未完工部分但已办理了结算的款项,这部分款项是企业超过完工进度多结算的款项。因此,应在资产负债表中作为一项流动负债列示。

•第三节 其他业务收入•

施工企业除了进行建筑安装工程外,其所属的内部独立核算单位,如工业企业、机械施工和运输单位、材料供应单位、辅助生产部门等,还要经常、大量地向外单位和本企业或企业所属其他内部独立核算单位提供产品、作业、材料和劳务等其他业务。因此,施工企业还要进行其他业务的核算。

一、其他业务收入的内容

施工企业其他业务收入指从事主营业务以外的其他业务活动所取得的收入,是施工企业营业收入的一个组成部分。施工企业其他业务收入包括以下几项主要其他业务活动所产生的收入。

1. 产品销售

产品销售指施工企业或其所属内部独立核算的工业企业,将其生产的产品销售给外单位、本企业或本企业其他内部独立核算单位。

2. 机械作业

机械作业指施工企业或其所属内部独立核算的机械施工和运输作业单位等,向外单位、本企业或本企业所属其他内部独立核算单位提供的机械施工、运输作业和提供劳务等。

3. 材料销售

材料销售指施工企业或其所属内部独立核算的材料供应单位,向外单位、本企业或本企业其他内部独立核算单位销售材料的业务。

4. 无形资产转让

无形资产转让指施工企业或其所属内部独立核算单位,将不需用的无形资产转让给外单位、本企业或本企业其他内部独立核算单位等的业务。

5. 固定资产出租

固定资产出租指施工企业或其所属内部独立核算单位,将不需用的固定资产出租给外单位、本企业或其他内部独立核算单位的业务。

二、其他业务收入的确认

尽管企业其他业务收入品目繁多,但按其性质不同进行划分,可分为以下三种类型:

(1)销售商品取得的收入,如产品销售收入、材料销售收入;

(2)提供劳务取得的收入,如机械作业收入;

(3)让渡资产使用权取得的收入,如无形资产出租收入、固定资产出租收入等。

企业应根据收入的性质,分别按照商品销售收入、提供劳务收入、让渡资产使用权取得的收入的确认原则确认其实现的收入。

1. 商品销售收入的确认

企业销售商品时,如同时符合以下四个条件,即确认收入。

(1)企业已将商品所有权上的主要风险和报酬转移给买方;

(2)企业既没有保留通常与所有权相联系的继续管理权,也没有对已售出的商品实施控制;

(3)与交易相关的经济利益能够流入企业;

(4)相关的收入和成本能够可靠地计量。

企业销售商品应同时满足上述四个条件,才能确认收入。任何一个条件没有满足,即使收到货款,也不能确认收入。

2. 提供劳务收入的确认

企业提供劳务的收入,应分别按下列情况确认:

(1)在同一会计年度内开始并完成的劳务,应在劳务完成时确认收入,确认的金额为合同或协议总金额。确认方法可参照商品销售收入的确认原则。

(2)如劳务的开始和完成分属不同的会计年度,且在资产负债表日能对该项交易的结果作出可靠估计的,应按完工百分比法确认收入。确认方法可参照建造合同收入的确认原则。

3. 让渡资产使用权收入的确认

让渡资产使用权而发生的收入包括利息收入和使用费收入。其中,利息收入主要是指金融企业存、贷款形成的利息收入以及同业之间发生往来形成的利息收入等;使用费收入是指转让无形资产(如商标权、专利权、专营权、软件、版权)等资产的使用权而形成的使用费收入。利息收入和使用费收入应按下列原则进行确认:

(1)与交易相关的经济利益很可能流入企业是任何交易在确认收入时均应遵循的一项基本原则。企业应根据对方的信誉情况,当年的效益情况以及双方就结算方式、付款期限等达成的协议等方面进行判断。如果企业估计收入收回的可能性不大,就不应确认收入。

(2)收入的确认能够可靠地计量利息收入应按让渡现金使用权的时间和使用利率计算确定收入;使用费收入应按有关合同或协议规定的收费时间和方法计算确定收入。

三、其他业务收入的核算

其他业务收入的核算包括两个方面:一是核算收入的取得;二是核算相应产生的成本费用。因此,为了核算其他业务收入,施工企业应设置"其他业务收入"和"其他业务支出"两个账户。

1. "其他业务收入"账户

"其他业务收入"账户,核算施工企业除主营业务收入以外的其他销售或其他业务的收入。其贷方登记施工企业取得的各项其他业务收入。期末,应将本账户的余额全部转入"本年利润"账户,结转后应无余额。本账户应按其他业务的种类设置明细账户进行核算,如设置"材料销售收入"、"产品销售收入"、"机械作业收入"、"无形资产出租收入"、"固定资产出租收入"等明细账户。

2. "其他业务支出"账户

"其他业务支出"账户,核算施工企业除主营业务成本以外的其他销售或其他业务所发生的支出,包括销售材料、提供劳务等而发生的相关成本、费用,以及相关税金及附加等。其借方登记施工企业发生的其他业务支出。期末,应将本账户余额全部转入"本年利润"账户,结转后应无余额。本账户应按其他业务的种类设置明细账户进行核算,如设置"材料销售成本"、"产品销售成本"、"机械作业支出"、"无形资产摊销"、"出租固定资产折旧"等明细账户。

现举例说明其他业务收入核算的会计处理。

【例 10-10】 某公路施工企业本月发生如下非主营业务。

(1)某公路施工企业所属预制构件厂对外销售一批钢筋混凝土预制构件,销售价款共计 53 000 元(含 6% 增值税),货物已发出,款项尚未收到。作如下会计分录:

借:应收账款　　53 000
　贷:其他业务收入——产品销售收入　　50 000
　　　应缴税费——应交增值税(销项税额)　　3 000

(2)施工企业所属运输队对外提供运输服务,向对方收取运费 4 000 元,款项已存入银行。作如下会计分录:

借:银行存款　　4 000
　贷:其他业务收入——机械作业收入　　4 000

(3)施工企业出租一台大型施工设备,取得租金收入 5 万元,该设备本月应提固定资产折旧 3 000 元。作如下会计分录:

①取得收入时:

借:银行存款　　50 000
　贷:其他业务收入——固定资产出租收入　　50 000

②计提折旧时:

借:其他业务支出——出租固定资产折旧　　3 000
　贷:累计折旧　　3 000

③计算应缴税金及其附加税时:

借:其他业务支出　　2 750

贷:应缴税费——应缴营业税　　2 500
——应缴城市维护建设税　　175
——应缴教育费附加　　75

(4)月终,结转产品销售成本40 000元,材料销售成本8 000元,运输成本3 000元,转让的无形资产实际成本10 000元,固定资产累计折旧500元。作如下会计分录:

借:其他业务支出——产品销售成本　　40 000
——材料销售成本　　8 000
——机械作业支出　　3 000
——无形资产转让成本　　10 000
——出租固定资产折旧　　500
贷:库存商品　　40 000
原材料　　8 000
机械作业　　3 000
无形资产　　10 000
累计折旧　　500

(5)结转本月取得的其他业务收入78 500元。其中:产品销售收入50 000元,材料销售收入10 000元,机械作业收入6 000元,无形资产转让收入12 000元,固定资产出租收入500元。作如下会计分录:

借:其他业务收入——产品销售收入　　50 000
——材料销售收入　　10 000
——机械作业收入　　6 000
——无形资产转让收入　　12 000
——出租固定资产收入　　500
贷:本年利润　　78 500

(6)结转本月支出61 500元,其中产品销售成本40 000元,材料销售成本8 000元,机械作业支出3 000元,无形资产转让成本10 000元,出租固定资产折旧500元。作如下会计分录:

借:本年利润　　61 500
贷:其他业务支出——产品销售成本　　40 000
——材料销售成本　　8 000
——机械作业支出　　3 000
——无形资产转让成本　　10 000
——出租固定资产折旧　　500

思考与练习

一、思考题

1. 什么是施工企业营业收入?确认施工企业营业收入的主要条件是什么?

2. 什么是主营业务收入和其他业务收入？两者之间的差别是什么？施工企业的主营业务收入和其他业务收入各是什么？

3. 什么是施工企业的工程价款收入？它在确认上有何特点？

4. 施工企业的工程价款收入由哪些内容构成？在不同的结算方式下，如何确认工程价款收入？

5. 什么是建造合同？什么是建造合同的分立与合并？有何意义？

6. 什么是完工百分比法？如何应用？

7. 施工企业通过什么账户核算主营业务收入和其他业务收入？这些账户的性质、作用、结构如何？

8. 如何进行工程价款收入的核算？

9. 如何进行分包工程价款结算的核算？

10. 如何进行建造合同收入的核算？

11. 施工企业其他业务收入主要包括哪些内容？如何进行核算？

二、练习题

1. 资料：某施工企业承包某项建筑工程，2000 年度承包工程合同造价为 2 000 000 元。主要材料储备资金由发包单位以预付备料款供应，经商定预收备料款额度为 25%，在累计已完工程价款达到 1 000 000 元以后，按已完工程价款的 50% 抵作预收备料款归还。工程价款采用按月结算方式。

在 2000 年度内，发生了下列有关工程价款的结算和核算业务：

(1) 从发包单位收入抵作备料款的主要材料 10 000 元。

(2) 根据预收备料款额度，向发包单位收取扣除抵作备料款的主要材料后的预收备料款。

(3) 到 6 月末，累计已完工程价值 1 000 000 元。根据月中预收、按月结算方式，7 月中按实际进度预收工程款 12 500 元。

(4) 7 月末，根据发包单位签证已完工程月报表和工程价款结算账单，应收已完工程款 260 000 元。

(5) 从应收工程款中扣除应归还预收工程款和备料款。

(6) 收到发包单位扣除预收工程款和备料款后的工程款。

(7) 该项工程 7 月份已完工程实际成本经结算为 200 000 元。

(8) 按规定应缴营业税 7 800 元、城市维护建设税 546 元、教育费附加 234 元。

(9) 结转该月该项工程的工程结算收入、工程结算成本、工程结算税金及附加。

要求：

(1) 计算预收备料款。

(2) 计算开始归还预收备料款时的工程价值。

(3) 计算 7 月中预收工程款。

(4) 计算 7 月份应归还预收备料款。

(5) 计算 7 月份该项工程的工程结算利润。

(6) 为各项经济业务作成会计分录。

2. 资料：某造船企业签订了一项总金额为 5 800 000 元的固定造价合同，承建一艘船舶，合同完工进度按照累计实际发生的合同成本占合同预计总成本的比例确定。工程已于2003年2月开工,预计2005年8月完工。最初预计的工程总成本为5 500 000元,到2004年底,由于材料价格上涨等因素调整了预计总成本,预计工程总成本已为6 000 000元。该造船公司于2005年6月提前两个月完成了房屋建筑合同,工程质量优良,客户同意支付奖励款200 000元。建造该艘船舶的其他有关资料如表10-5所示。

单位:元　　**有关资料表**　　表10-5

项　目	2003年	2004年	2005年
累计实际发生成本	1 540 000	4 800 000	5 950 000
预计完成合同尚需发生成本	3 960 000	1 200 000	—
结算合同价款	1 740 000	2 960 000	1 300 000
实际收到价款	1 700 000	2 900 000	1 400 000

要求:试对该造船企业本项建造合同的有关事项进行会计处理,即对三年中以下事项进行逐一核算。

(1)登记实际发生的合同成本。

(2)登记已结算的合同价款。

(3)登记实际收到的合同价款。

(4)确认当年的收入与费用,并登记入账。

(5)编制相关纳税业务会计分录。

(6)作工程完工后的结转分录。

3. 资料:某建筑公司与客户签订一项建造合同,合同总金额500万元,工期两年,最初预计总成本410万元。第一年实际发生成本63万元,预计为完成合同尚需发生成本250万元;第二年实际发生成本200万元。假定该合同的结果能够可靠地估计。

要求:

(1)对各年的合同收入与合同成本进行确认,并作账务处理。

(2)对产生的合同预计损失进行计提,并于合同完工后进行结转,作出账务处理。

4. 资料:某建筑公司本月发生如下非主营业务活动:

(1)施工企业销售一批工程施工剩余材料,价值为116 600元(含6%的增值税)。材料已发出,货款全部收讫并存入银行。

(2)施工企业将一批多余材料对外出售,价款2 000元已存入银行。该批材料计划成本1 800元,应分担的材料成本差异为贷差100元。

(3)施工企业出租一台大型施工设备,取得租金收入50 000元,该设备本月应提固定资产折旧3 000元。

(4)施工企业转让一项专利权的使用权,取得使用费收入150 000元,已存入银行,无形资产每期摊销额20 000元。

(5)期末,结转本期发生的其他业务收入312 000元。

(6)期末,结转本期发生的其他业务支出35 700元。

要求:试为上述施工企业的各项其他业务活动作出相应的会计处理。

第十一章

工程成本和费用

知识目标

1. 费用、成本的概念；
2. 施工企业成本核算的程序；
3. 各项费用界限的划分对成本核算的重要意义；
4. 施工企业成本、费用核算所设置的会计科目；
5. 费用归集和分配的基本原理；
6. 施工产品成本计算的基本原理。

能力目标

1. 对各项成本项目归集与分配进行会计核算的能力；
2. 对辅助生产与待摊、预提费用进行会计核算的能力；
3. 对工程实际成本的计算与结转进行会计核算的能力；
4. 对工程竣工成本进行决算的能力。

•第一节　工程成本和费用概述•

施工企业在施工生产经营过程中所发生的各项耗费，包括物化劳动耗费和活劳动耗费统称为费用。把费用按照是否计入施工生产成本，可以分为生产成本和期间费用两大类。由于费用发生于施工企业生产经营过程的始终，它一方面代表了施工企业的整体耗费水平，另一方面也反映了施工企业的经营管理水平；而生产成本是施工企业生产耗费的补偿尺度，是反映施工企业工作质量的综合指标，同时也是工程结算的重要依据。因此，加强对施工企业成本费用的核算和管理具有非常重要的意义。

一、工程成本与费用的关系

1. 费用的涵义和特征

费用的涵义有广义和狭义之分。广义的费用是指企业在生产经营过程中发生的各项耗费。狭义的费用是指企业为销售商品、提供劳务等日常活动所发生的经济利益的流出，它表示企业为取得一定的收入或进行其他生产经营活动所发生的企业经济资源的牺牲，具体表现为资产的流出或负债的增加。根据我国《企业会计制度》的解释，费用是一个狭义的定义，仅仅指在生产经营过程中所发生的费用，这与我国《企业会计制度》将收入定义为营业收入是相对应的。

费用是企业在一定的会计期间内为生产经营活动所发生的经济资源耗费的货币表现。其必须具备以下特征：

第一，费用最终会导致企业资源的减少或牺牲。费用对于企业而言总是伴随着以资产形式表示的资源减少或牺牲，其具体表现为企业实际的现金或非现金支出。例如，企业支付工人工资，支付管理费用，消耗原材料或机器设备等。也可以是预期的支出，例如，承担一项在未来期间履行的债务等。从这个意义上来说，费用本质上是企业的资源流出，与资源流入企业所形成的收入相配比。具体地说，支付工资、发生管理费用等，是一项现实的现金流出；承担一项在未来期间履行的债务，在未来期间履行时也将导致现金流出；消耗原材料或机器设备等，是由过去的现金流出所转化的未来经济利益的消耗。

第二，费用最终会减少企业的所有者权益。一般而言，企业的所有者权益会随着收入的增长而增加；相反，费用的增加会减少企业的所有者权益。但在企业的生产经营过程中，有两类支出是不应归入费用的：一类是企业的偿债性支出，如以货币资金偿付以前期间所欠的债务，这只是一项资产和一项负债的等额减少，不影响所有者权益，因此，不应作为费用；另一类是企业向所有者分配利润或股利，这一分配活动尽管减少了企业的所有者权益，但其属性是对利润的分配，不是企业经营活动的结果，因此，不应作为费用。

2. 工程成本的概念和分类

施工企业在施工过程中，一方面要生产出建筑产品，另一方面要消耗一定数量的人力、物力和财力，这些消耗的货币表现，叫作施工费用(或生产费用)。将这些施工费用，按照一定的方法归集到各个建筑安装工程中去，就构成了各建筑安装工程成本。

根据建筑安装工程的特点和工程成本管理的要求，施工企业既要计算建筑安装工程的实际成本，又要计算其预算成本，即工程合同成本。因此，施工企业的工程成本一般可分为以下几方面。

1)工程实际成本

工程实际成本是在施工过程中为完成一定建筑安装工程而实际发生的施工费用。它综合地反映了企业进行工程施工活动的个别耗费水平，是影响工程结算利润的基本因素。工程实际成本可以通过工程各项施工费用的归集与分配程序计算确定。

2)工程预算成本

工程预算成本是指施工企业根据施工图设计确定的建筑安装工程实物量和国家或地区制定的预算定额、预算单价以及有关费用标准计算确定的工程成本。它综合地反映了各地区进行工程施工活动的社会平均耗费水平，是施工企业与发包单位结算工程价款的主要依据，也是控制企业成本开支的最高限额和考核工程成本节约或超支的重要尺度。

长期以来，在施工企业成本核算工作中，对于竣工工程或已完工程，都要同时计算工程实际成本和预算成本，并在成本报表中加以揭示。通过实际成本与预算成本的比较，可以确定工程成本的节约或超支，综合反映企业个别耗费水平与社会平均耗费水平的差距，查明工程成本升降对于工程结算利润变动的影响。

3. 施工费用的分类

施工费用是指施工企业在生产经营过程中发生的各种耗费，简称“费用”。施工费用包括工程成本和期间费用两部分。期间费用是一定期间的发生额，与时间相联系，而工程成本按一定的计算对象归集，是对象化的费用。费用是计算成本的基础，成本是费用的对象。

施工费用是形成施工成本的基础，它的节约或浪费直接或间接地影响施工成本的高低。为了便于对生产成本与费用进行管理，就要按照不同的方式对成本与费用进行分类。为了正确区分各种施工费用的性质、用途及其特点，加强对施工费用的管理、控制和核算，正确地归集、分配施工费用和计算工程成本，施工企业必须对施工生产经营过程中所发生的施工费用进行科学、合理的分类，这是正确组织工程成本核算的重要前提。施工费用可以按照不同的标准进行分类，其中主要的分类方法有以下几种。

1）按照施工费用的经济性质分类

施工费用的经济性质是指构成施工费用的具体经济内容，也称为施工费用要素。建筑安装工程的施工生产过程，同时也是劳动对象、劳动手段和活劳动的耗费过程。因此，施工企业在施工生产经营过程中所发生的费用，按照经济性质划分，不外乎分成劳动对象方面的费用、劳动手段方面的费用和活劳动方面的费用三大类。

在实际工作中，为了满足企业成本管理的需要，需要进一步把三大费用要素细分为若干费用要素，其具体包括以下内容：

（1）外购材料　是指施工企业为进行施工生产经营活动而耗用的一切由企业外部购入的以及建设单位等发包商拨入抵作备料款的主要材料、辅助材料、结构件、机械配件、其他材料和修理用备件，以及低值易耗品和周转材料的摊销价值等。

（2）外购燃料　是指施工企业为进行施工生产经营活动而耗用的由企业外部购进的各种燃料。

（3）外购动力　是指施工企业为进行施工生产经营活动而耗用的由企业外部购进的动力，如电力等。

（4）工资　是指施工企业为进行施工生产经营活动而发生的职工工资。

（5）提取的职工福利费　是指施工企业依据有关规定，按照工资总额的一定比例计算提取的职工福利费。

（6）折旧费　是指施工企业按照规定采用一定方法计算的固定资产折旧费。

（7）利息支出　是指施工企业应计入财务费用的银行借款利息支出减去利息收入后的净额。

（8）税金　是指施工企业应计入管理费用的各种税金，如房产税、车船使用税、土地使用税、印花税等。

（9）租赁费　是指施工企业为进行施工生产经营活动而支付的从外部租赁（经营性租赁）施工机械和运输设备以及周转材料等而发生的费用。

（10）其他支出　是指不属于以上各项费用要素的支出，如差旅费、邮电费、保险费以及本期发生的待摊费用和预提费用等。

按照经济性质分类的费用，能够反映施工企业在施工生产经营过程中消耗了哪些性质的费用，消耗了多少，从而可以了解施工企业生产费用的构成，有利于加强费用的核算和管理。

2)按照施工费用的经济用途分类

按照施工费用的经济用途分类,可以将施工企业在施工生产经营过程中所发生的全部施工生产费用划分为应计入工程成本的施工费用(即生产成本)和不计入工程成本的施工费用(即期间费用)两类。其具体包括以下内容:

(1)生产成本　生产成本是指施工企业为生产产品、提供劳务而发生的各种耗费。计入产品成本的费用再按其经济用途进行分类是多数企业计算产品成本时成本分类的依据,因此称为产品成本项目,简称成本项目。施工企业的生产成本一般应设置以下成本项目:

①人工费,是指施工企业从事建筑安装工程施工的生产人员的工资、奖金、职工福利费、工资性质的津贴和劳动保护费等。

②材料费,是指施工企业在施工生产过程中耗用的构成工程实体以及有助于形成工程实体的原材料、辅助材料、构配件、零件、半成品的成本,以及周转材料的摊销额和租赁费用等。

③机械使用费,是指施工企业在施工生产过程中使用自有施工机械所发生的机械使用费和租用外单位施工机械支付的租赁费,以及施工机械的安装、拆卸和进出场费等。

④其他直接费,是指施工企业在施工生产过程中发生的除上述三项直接费用以外的其他可以直接计入工程成本核算对象的费用,主要包括有关的设计和技术援助费用、施工现场材料的二次搬运费、生产工具和用具使用费、检验试验费、工程定位复测费、工程点交费用、场地清理费用、临时设施摊销费用、水电费等。

⑤间接费用,是指施工企业下属各施工单位为组织和管理施工生产活动所发生的费用,包括施工、生产单位管理人员工资、奖金、职工福利费、劳动保护费、固定资产折旧费及修理费、物料消耗、低值易耗品摊销、取暖费、办公费、差旅费、财产保险费、工程保修费、排污费等。

以上前四项构成建筑安装工程的直接成本,第五项为建筑安装工程的间接成本,直接成本加上间接成本,构成建筑安装工程的生产成本,即工程成本。施工企业在核算产品成本时,就是按照成本项目来归集企业在施工生产经营过程中所发生的应计入成本核算对象的各项费用。

(2)期间费用　期间费用是指施工企业当期发生的必须从当期收入得到补偿的费用,期间费用与具体工程没有直接的联系,不计入产品成本,于发生时直接计入当期损益。施工企业的期间费用又具体分为以下内容:

①管理费用,是指施工企业行政管理部门为管理和组织施工生产经营活动而发生的管理费用。它包括企业的董事会和行政管理部门在企业的经营管理中发生的,或者应当由企业统一负担的公司经费(包括行政管理部门职工工资、奖金、职工福利费、差旅费、办公费、折旧费、修理费、物料消耗、低值易耗品摊销等)、工会经费、职工教育经费、劳动保险费、待业保险费、董事费、咨询费、聘请中介机构费、诉讼费、排污费、税金、技术转让费、研究与开发费、无形资产摊销、业务招待费、存货盘亏或盘盈(不包括应计入营业外支出的存货损失)、计提的坏账准备和存货跌价准备等。

②财务费用,是指企业为筹集生产经营所需资金等而发生的各项费用,包括应当作为期间费用的利息支出(减利息收入)、汇兑损失(减汇兑收益),以及相关的手续费等。

③销售费用,是指企业在销售产品或者提供劳务等过程中发生的各项费用,以及专设销售机构的各项费用。包括应由企业负担的运输费、装卸费、包装费、保险费、维修费、展览费、差旅

费、广告费、代销手续费、销售服务费，以及专设销售机构的人员工资、奖金、福利费、折旧费、修理费、物料消耗和其他经费等。

由于施工企业主要从事建筑安装工程的施工生产活动，一般是先有买主（发包单位），后有产品（房屋、建筑物、公路、桥梁），施工企业一般不单独设置销售机构，发生的销售费用数额一般较少，因此，施工企业通常不单独设置“营业费用”科目。在实际工作中，施工企业发生的销售费用可并入“管理费用”科目中核算。

按照经济用途分类的费用，能够合理划分生产成本和期间费用的界限，可以反映工程成本的构成以及各项成本支出是否合理，便于施工企业组织成本核算，加强成本控制，从而进行成本分析考核以及计算盈亏，有利于施工企业降低工程成本。

3）按照施工费用计入工程成本的方法分类

费用按照计入生产成本的方法，可以分为直接费用和间接费用两大类。其具体包括以下内容：

（1）直接费用　直接费用是指直接为某一工程施工而发生的费用，因而在费用发生的当时就可以直接计入该工程的实际成本。例如，工程施工过程中领用的材料，如果在领用时能够分清工程的对象，就可以直接计入工程对象的成本中，成为直接费用。

（2）间接费用　间接费用是指为几项工程施工共同发生的费用，因而在费用发生的当时无法确定该项费用在各个工程上各支出了多少数额，这就需要按照一定的标准、采用适当的方法在受益的所有工程之间进行共同费用分配，以分别计入各个工程的实际成本。例如，在施工现场有若干个工程共同施工所使用的大堆材料，在领用时无法确定各个工程使用的部分，这时需要用一定的方法进行分摊，这种费用就是间接费用。

为了正确地归集和分配施工费用，对各项直接费用支出，在原始凭证上要注明应归属的工程名称；对间接费用支出，在原始凭证上必须写明费用发生地点、用途和受益对象，以便据以登记各个工程应负担的费用。按照计入生产成本的方法分类的费用，便于施工企业合理地选择费用的分配方法，同时有利于施工企业正确、及时地计算工程成本。

4）按施工费用与工程量的关系分类

费用按照其与工程量的关系分类，可以分为变动费用和固定费用两大类。其具体包括以下内容：

（1）变动费用　变动费用是指其总额随着工程量的变化而成正比例变化的费用。变动费用支出的多少与施工企业工程量的增减有着直接的联系，例如，工程成本中的直接材料、直接人工中的计件工资和机械使用费等都属于变动费用。必须指出，变动费用与工程量之间成正比例变动的关系是有一定范围的，超过一定范围，变动费用与工程量之间的比例关系可能会改变。

（2）固定费用　固定费用是指其总额在一定期间和一定工程量范围内，不随工程量的增减变动而变动的费用。例如，施工企业管理人员的工资、按直接法计算的固定资产折旧费等都属于固定费用。

按照与工程量的关系分类的费用，便于计算盈亏临界点，有利于测算实现目标利润所达到的工作量。此外，对于施工企业进行成本预测、决策和分析，特别是对于控制和寻求降低工程成本的途径具有重要的意义。

二、工程成本核算的作用和基本要求

1. 工程成本的意义及工程成本核算的作用

工程成本按其经济实质来说，是工程价值的重要组成部分。工程成本的高低，直接体现着企业工程价款中用于生产耗费补偿数额的大小。在完成的施工工程量不变的情况下，工程成本越低，用于生产耗费补偿的数额就越小，企业的盈利也就越多；反之，企业的盈利就少，甚至连简单再生产也难以维持。因此，节约耗费，降低工程成本，是增加企业利润、提高经济效益、实现企业扩大再生产的重要途径，也是在工程项目实行招标承包制下，增加企业竞争能力的关键。

工程成本又是反映企业工作质量的一个综合指标。它集中地反映了施工企业各方面的工作状况。企业劳动生产率的高低，材料消耗节约或超支，施工机械利用的好坏，间接费用支出是否超支以及施工组织、施工技术与施工管理水平的高低等，最终都要在工程成本水平中反映出来。因此，工程成本又是推动企业全面提高管理水平的一个重要经济杠杆。

由此可见，工程成本既是一个价值范畴，又是一个反映企业经济效益的综合性指标。

工程成本核算，就是对施工企业施工费用支出的归集、分配和工程成本形成的核算，是施工企业会计核算的重要内容，也是企业成本管理的一个十分重要的环节。施工企业的成本预测、成本计划、成本控制、成本分析和成本考核各个环节，都离不开成本核算工作及其所提供的会计信息。因此，做好施工企业的工程成本核算工作，对于改善经营管理，提高经济效益，增强企业在市场经济中的竞争力，都有十分重要的意义。

(1)通过成本核算，可以反映施工耗费和计算工程实际成本，为企业管理提供会计信息。

在施工经营过程中，要运用会计核算及时地记录和反映人力、物力、财力的耗费，将各项施工费用按照一定的方法，直接计入或间接分配计入各项建筑安装工程，正确地计算出各项工程的实际成本，并将它与预算成本和计划成本进行比较，与预算定额、费用标准逐一对比分析，查明成本费用节约或超支的原因。这样，就可以提供各种成本费用信息，促使企业进一步挖掘降低成本的潜力，不断降低工程成本，提高经济效益。

(2)通过成本核算，可以对各项施工费用支出进行严格的控制，力求以最少的耗费，完成和超额完成施工任务。

施工企业在施工过程中，要发生各种物化劳动和活劳动的支出。工程成本核算的重要任务就是要在这些施工耗费发生之际，进行严格的控制和管理。对于工程用工、用料，以及各项费用支出，都要按规定的施工定额、费用定额以及企业自己确定的有关控制指标进行控制，并经常将实际支出与定额、控制指标进行比较，分析其发生差异的原因，及时采取有效措施，促使成本不断降低，达到以最少的施工耗费取得最大的施工成果，不断增加施工利润。

(3)通过成本核算，可以促使企业严格遵守国家规定的成本开支范围和费用开支标准，维护财经法纪。

工程成本的开支范围和开支标准，国家及有关主管部门都有明确规定，企业在进行成本核算时，应严格按照规定办事，凡是符合规定而又合理的支出可以计入成本，对于不符合规定，或者虽然符合规定，但是有随意超支突破定额或控制指标的，应严格控制，不得挤入成本，以保证企业切实遵纪守法。

2. 工程成本核算的基本要求

为了充分发挥工程成本核算的作用，工程成本核算必须做到以下几点：

(1)企业必须加强成本核算的各项基础工作。建立各种资产的收支、领退、转移、报废、清查、盘点制度；建立、健全与成本核算有关的各项原始记录和工程量统计制度；制定或修订工时、材料、费用等各项内部消耗定额以及材料、结构件、作业、劳务的内部结算价格；完善各种计量检测设施，严格计量检验制度，使成本核算具有可靠的基础。

(2)企业必须按季计算施工工程成本，有条件的企业也可以按月计算；内部独立核算的工业企业、机械施工和运输单位以及材料供应部门，应按月计算产品、作业和材料成本的材料消耗和费用开支，应与工程、产品、作业量和材料采购数量的起讫日期一致，不得提前或延后。

(3)企业必须根据计算期内已完工程、完工产品、已完作业和材料采购的数量以及实际消耗和实际价格，计算工程、产品、作业和材料的实际成本。不得以估计成本、预算成本或计划成本代替实际成本。

(4)企业进行成本核算时，其实际成本的核算范围、项目设置和计算口径，应与国家有关财务制度、施工图预算、施工预算或成本计划取得一致。投标承包和投标包干的工程，其实际成本的核算范围、项目设置和计算口径，应与按中标价或合同价编制的施工预算取得一致。

(5)必须划清当期成本与下期成本的界限，不同成本核算对象之间成本的界限，未完施工成本与已完工程成本的界限，在产品成本与产成品成本的界限，承包工程成本与专项工程成本的界限。

(6)企业及其内部独立核算单位对施工、生产经营过程中所发生的各项费用，必须设置必要的账册，以审核无误、手续齐全的原始凭证为依据，按照成本核算对象、成本项目、费用项目和单位、部门进行核算，做到真实、准确、完整、及时。

(7)企业成本核算的各种处理方法，包括材料的计价、材料成本差异的调整，周转材料和低值易耗品的摊销，费用的分配，已完工程和未完工程、完工产品和在产品成本的计算，以及销售产品成本的计算等。前后各期必须一致，不得任意变更。如需变更，需报经主管部门批准，并将变更的原因及其对成本和财务状况的影响，在当期的财务报告中加以说明。

(8)企业有关职能部门，应当按照国家对成本开支范围的规定，及时为成本核算提供真实可靠的有关资料，配合成本核算部门做好成本核算工作。

三、工程成本核算的对象、组织和程序

1. 工程成本核算的对象

建筑安装工程成本核算对象，就是指以什么工程为对象来归集其发生的施工费用和计算其实际成本。

合理地划分工程成本核算对象，是正确组织工程成本核算的前提条件。在实际工作中，如果对工程成本核算对象划分得过粗，就无法正确反映该工程的实际成本水平，成本考核与分析也失去了切实可靠的资料；如果对工程成本核算对象划分得过细，则会出现许多间接费用需要分配，结果虽然增加了核算工作量，但也得不到预期的准确的成本信息。

一般来说，施工企业应该以每一单位工程作为成本核算的对象，这是因为施工图预算是按单位工程编制的，按单位工程来确定它的实际成本的，这样便于与工程的预算成本相比较，以

检查工程预算的执行情况。但是,一个施工企业往往承建许多个建设项目,每个建设项目施工现场的具体情况往往很不相同。有的工程规模很大,工期很长;有的只是一些规模小、工期短的零星改建、扩建工程;还有的建设项目,在一个工地上有若干个结构类型相同的单位工程同时施工,交叉作业,共同耗用现场堆放的大堆材料等。因此,工程成本核算对象的确定,就要根据与施工图预算相适应的原则,并结合施工现场的条件和施工管理的要求来决定。

施工企业的工程成本核算对象,一般有以下几种:

(1)建筑安装工程一般应以每一独立编制施工图预算的单位工程为成本核算对象。

(2)一个单位工程由几个施工单位共同施工时,各施工单位都应以该单位工程为成本核算对象,各自核算自行完成的部分。

(3)规模大、工期长的单位工程,可以结合经济责任制的需要,将工程划分为若干部位,以分部的工程作为成本核算对象。

(4)由同一单位施工的同一建设项目,具有同一施工地点、同一结构类型、开竣工时间相接近的若干个单位工程,可以合并作为一个成本核算对象。

(5)改、扩建的零星工程,可以将开竣工时间相接近、属于同一建设项目的各个单位工程,合并作为一个成本核算对象。

(6)土石方工程、打桩工程,可以根据实际情况和管理需要,以一个单位工程为成本核算对象,或将同一施工地点的若干个工程量较小的单项工程合并作为一个成本核算对象。

(7)独立施工的装饰工程的成本核算对象,应与土建工程成本核算对象一致。

(8)工业设备安装工程,可按单位工程或专业项目,如机械设备、管道、通风设备的安装、工业筑炉等作为工程成本核算对象。变电所、配电站、锅炉房等可按所、站、房等安装工程作为成本核算对象。

工程成本核算对象确定后,企业各有关部门必须共同遵守,不得任意变更。所有原始记录和核算资料,都必须按照确定的成本核算对象填写清楚,以便归集和分配施工费用,保证成本核算的正确性。为了集中地反映和计算各个成本核算对象本期应负担的施工费用,财务会计部门应该为每一成本核算对象设置工程成本明细账,并按成本项目分设专栏,以便组织各成本核算对象的工程成本核算。

2. 工程成本核算的组织

为了有效地组织工程成本核算,施工企业应根据企业成本管理的内容和内部经济责任制的要求,结合企业自身的规模和管理体制,建立和完善相应的成本核算组织体系,使企业的成本核算组织与企业的施工管理体制相适应。目前,我国施工企业一般实行公司、工区(或工程处,分公司等)和施工队(或项目经理部)三级管理;或公司、工区两级管理。与之相适应,施工企业成本核算的组织,一般也实行公司、工区和施工队三级核算或公司、工区两级核算体制。

1)实行三级核算的施工企业

实行三级核算的施工企业,公司一级负责全面领导所属单位的成本核算工作,主要负责指导所属单位建立、健全成本管理制度,核算公司本身的管理费用,汇总整个企业的施工生产成本,审核汇总所属单位的成本报表,全面进行企业施工生产成本分析等。

工区(工程处、分公司)一级是施工企业成本核算体系的中心环节,主要负责核算工区本身的管理费用,对施工工程成本核算工作进行直接指导或直接核算工程成本,编制工程成本报表或竣工决算,并进行工程成本分析等。

施工队(项目经理部)是工区所属基层成本核算单位,是施工企业成本核算体系的基础,主要负责签发工程任务单和定额领料单,登记工程消耗的各种直接费用和间接费用的原始记录,及时登记工程项目台账,办理因设计变更、材料代用等施工生产经营过程中发生的签证手续,核算工程实际成本,分析材料成本和人工成本等超支或降低的原因,并按照工程编制成本报表。

2)实行两级核算的施工企业

实行两级核算的施工企业,公司一级核算的内容,与实行三级核算的施工企业公司一级核算的内容基本相同。公司所属的工区则应同时承担三级核算中的工区与施工队两级成本核算单位的成本核算职责。

3. 工程成本核算的程序

工程成本核算的程序,是指企业及其所属施工单位的成本核算人员,根据成本核算的体制和成本核算的职责,在具体组织工程成本核算时所应遵循的一般顺序和步骤。按照成本核算内容的详细程度,可分为工程成本的总分类核算程序与工程成本的明细分类核算程序两个方面。

1)工程成本的总分类核算程序

公司一级一般不组织施工,所以,在成本核算方面一般只核算公司本身的管理费用。工程成本的总分类核算,主要是在工区一级进行。工区在进行成本核算时,对于施工过程中所发生的各项施工费用,首先应该按照施工费用的用途和发生的地点,进行归集。也就是说,有些施工费用可以直接记入各个成本核算对象的成本中去,有些施工费用要先按发生地点归集,然后再按一定方法分配记入各成本核算对象的成本中去。

为了核算施工费用的发生、汇总与分配的情况,公司应设置“管理费用”账户;工区则应设置“工程施工”、“辅助生产”、“机械作业”、“累计摊销”等账户。这些账户的核算内容如下:

(1)“工程施工”账户　“工程施工”账户是成本类账户,用来核算企业进行建筑安装工程施工所发生的各项费用支出。工程施工费用,包括房屋、建筑物、设备基础等的建筑工程,管道、输电线路、通信导线等的敷设工程,特殊炉的砌筑工程、金属结构工程、上下水道工程、道路工程、桥梁工程、铁路工程、矿山掘进工程,以及生产、动力、起重、运输、传动等各种需要安装设备的装配、装置工程等的施工费用。其中房屋等建筑物工程施工费用,除了包括其本身的施工费用外,还包括列入房屋工程预算内的暖气、卫生、通风、照明、煤气等设备的价值。企业发生的各项施工生产费用,记入本科目的借方。竣工(或按月)结转完工工程的实际成本时,记入本科目的贷方。本科目的月末余额,为未完工程的实际成本。本科目应按成本核算对象设置明细账,并按规定的成本项目分设专栏,进行明细核算。

(2)“辅助生产”账户　“辅助生产”账户是成本类账户,用来核算施工企业非独立核算的辅助生产部门为工程施工、机械作业、固定资产以及临时设施等生产材料提供劳务(如设备维修、构件的现场制作、铁木件加工、固定资产清理、供应水电气、施工机械的安装和拆卸以及辅助设备的搭建工程等)所发生的各项费用。其借方登记实际发生的辅助生产费用支出;贷方登记月末按照受益对象分配结转的辅助生产费用。期末借方余额反映辅助生产部门尚未完工在产品或未完作业、未结算劳务的实际成本。本账户应按车间、单位或部门设置明细账,并在明细账下,按成本核算对象和成本项目进行明细核算。

(3)“机械作业”账户　“机械作业”账户是成本类账户,用来核算施工企业及其内部独立核算的施工单位、机械站和运输队使用自有施工机械和运输设备进行机械作业(包括机械化施工和运输作业等)所发生的各项费用。其借方登记发生的机械作业支出;贷方登记月末按照受益对象分配结转的机械作业支出。期末应无余额,本账户应设置“承包工程”和“机械作业”两个明细账户,并在明细账下,按成本核算对象(按照施工机械或运输设备的种类等作为成本核算对象,一般对大型机械按单机或机组设置,对小型机械按类别设置)和成本项目进行明细核算。

需要强调的是,施工企业及其内部独立核算的施工单位,从外单位或本企业其他内部独立核算的机械站租入施工机械,按照规定的台班费定额支付的机械租赁费,直接计入成本核算对象的“机械使用费”成本项目,不通过本账户进行核算。

(4)“累计摊销”账户　“累计摊销”账户是资产类账户,用来核算施工企业已经支付,但应由本期和以后各期分别负担的各项费用,如一次支付数额较大的财产保险费、排污费、技术转让费以及施工机械安装、拆卸、辅助设施和进出场费等。其借方登记施工企业发生的各项累计摊销费用;贷方登记各项累计摊销费用按照受益期限进行分期摊销的各项费用。期末借方余额反映企业已经支付但尚未摊销的各项累计摊销费用。本账户应按照费用的种类设置明细账户进行核算。

现以工区工程成本总分类核算为例说明其核算程序如下:

①将本期发生的各项施工费用,按其用途和发生地点,归集到有关成本、资产、负债类账户。

②将归集在“辅助生产”账户的生产费用,按照受益对象和受益数量,分配记入“工程施工”、“机械作业”等账户。

③将归集在“待摊费用”账户的各项费用,按照规定的分摊方法,分摊记入“工程施工”、“机械作业”、“辅助生产”等账户。

④按规定预提计入工程成本的费用,分别预提计入“工程施工”、“机械作业”等账户。

⑤月末,将根据归集在“机械作业”账户的各项费用,计算机械作业成本,按照受益对象和受益数量分配记入“工程施工”账户。

⑥工程竣工或报告期末,把计算出来的竣工工程实际成本或已完工程实际成本,从“工程施工”账户的贷方,转入“工程结算”账户的借方。

上述工区工程成本总分类核算的程序,见图11-1。

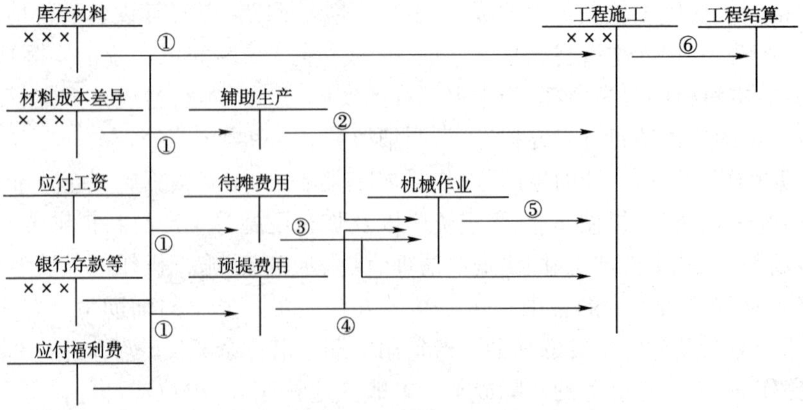

图11-1　工区工程成本总分类核算程序图

2）工程成本的明细分类核算程序

工程成本的明细分类核算程序，应与工程成本总分类核算的程序相适应。公司一般不负责施工，因此，只汇编“工程成本表”，不需组织具体的工程成本核算。而工区一级则应进行全面的工程成本明细分类核算。

工区的工程成本明细分类核算，一般应按工程成本核算对象设置“工程成本明细账（卡）”，归集各工程发生的施工费用。成本核算对象可根据本企业施工组织特点、所承包工程实际情况和工程价款结算办法来确定。

工区除了设置工程成本明细分类账以外，还要设置相关的明细分类账，以便汇总各项工程成本。如设置“待摊费用明细账”、“预提费用明细账”、“机械作业明细账”等，通过这些明细账来归集和分配各项施工费用。

现以工区为例说明工程成本明细分类核算的程序如下：

①根据施工费用的各种原始凭证和有关费用明细表，分别记入“工程成本明细账（卡）”、“辅助生产明细账”、“待摊费用明细账”、“预提费用明细账”、“机械作业明细账”。

②根据“辅助生产明细账”，按各受益对象的受益数量分配费用，编制“辅助生产分配表”，并据以记入“工程成本明细账（卡）”等有关明细账。

③根据“累计摊销费用明细账”，编制“累计摊销费用计算表”，将应由本月成本负担的费用，记入“工程成本明细账（卡）”等有关明细账。

④根据“机械作业明细账”和“机械使用台账”等资料，编制“机械使用费分配表”，将本月各成本核算对象应负担的机械使用费，分别记入各“工程成本明细账（卡）”。

⑤月终，各项施工费用都记入“工程成本明细账（卡）”后，计算出各成本核算对象的已完工程实际成本或竣工成本，从“工程成本明细账（卡）”转出，并据以编制“工程成本表”，报送公司财务会计部门。

上述工区工程成本明细分类核算的程序，见图11-2。

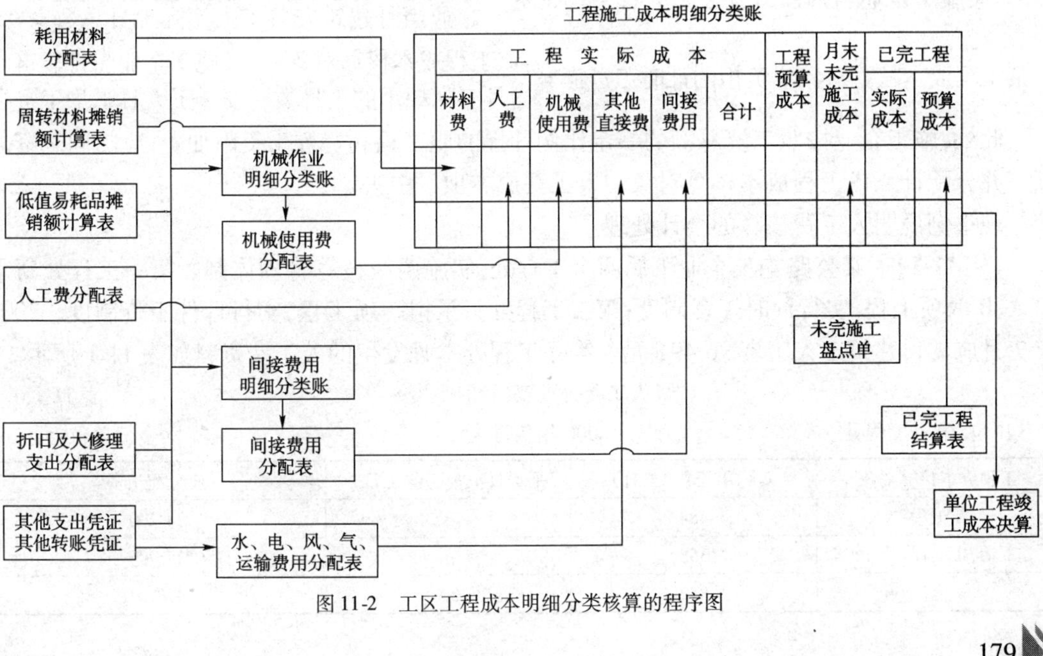

图11-2　工区工程成本明细分类核算的程序图

•第二节 工程成本的核算•

一、工程实际成本的核算

施工企业为了真实地反映施工产品在施工生产过程中的耗费情况,必须正确核算各项施工工程的实际成本。施工企业的工程成本,包括人工费、材料费、机械使用费、其他直接费和间接费用等五个成本项目。施工企业在工程施工过程中发生的各项施工费用,首先应按照确定的工程成本核算对象和成本项目进行归集,凡是能够直接计入有关工程成本核算对象的,直接计入各工程成本核算对象的成本项目;不能直接计入有关工程成本核算对象的,应先计入"工程施工——间接费用"总账账户,然后再采用一定的方法分配计入各工程成本核算对象的成本项目,最后计算出各该工程的实际成本。

1. 人工费的核算

施工企业工程成本中的人工费,是指施工企业从事建筑安装工程施工的生产人员和在施工现场运料、配料等辅助生产人员的工资、奖金、职工福利费、工资性质的津贴和劳动保护费等。

人工费计入成本的分配方法,一般应根据施工企业所实行的具体工资制度来决定。计件工资应根据"工程任务单"和"工资结算汇总表",将其所归集的人工费直接计入各工程成本核算对象的人工费成本项目中去。采用计时工资制度的施工企业,支付给生产工人的工资,如能分清是在哪个工程上施工的,则可以直接计入该工程成本核算对象的人工费成本项目中去;如果建筑安装工人同时在为几项工程工作,这就需要将所发生的工资在各个工程成本核算对象之间进行分配。一般应按照当月工资总额和工人总的出勤工日计算的日平均工资以及各工程当月实际用工数计算分配。分配人工费的计算公式如下:

$$\text{某施工企业当月建筑安装工人日平均工资}=\frac{\text{企业当月建筑安装工人计时工资总额}}{\text{企业当月建筑安装工人实际工日总数}}$$

$$\text{某工程成本核算对象应负担的计时工资额}=\begin{matrix}\text{该工程成本核算对象}\\\text{当月实际耗用的工日数}\end{matrix}\times\begin{matrix}\text{某施工企业当月建筑}\\\text{安装工人日平均工资}\end{matrix}$$

此外,施工企业按照工资总额的一定比例计提的职工福利费等工资附加费,应随同工资总额一并分配计入各工程成本核算对象的人工费成本项目中去。

现举例说明人工费核算的会计处理。

【例 11-1】 某公路施工企业下属两个工程处,实施两级核算管理体制。第一工程处新承担 A、B 两项工程,实行计时工资制度;第二工程处只承担一项工程,实行计件工资制度。2006 年 7 月应支付建筑工人工资 96 491 元。第一工程处本月发生的人工费资料如表 11-1 所示。

人工费分配表(计时工资) 表 11-1

单位:第一工程处 2006 年 7 月 金额单位:元

工程成本核算对象	实际用工数(工日)	平均日工资(元/工日)	应分配工资
A 工程	484		24 200
B 工程	358		17 900
合计	842	50	42 100

(1)对工资总额,作如下会计分录:

借:工程施工——第一工程处——A 工程——人工费 24 200

——第一工程处——B 工程——人工费 17 900

——第二工程处——人工费 96 491

贷:应付职工薪酬——工资 138 591

(2)根据工资总额计提职工福利费。作如下会计分录:

借:工程施工——第一工程处——A 工程——人工费 3 388

——第一工程处——B 工程——人工费 2 506

——第二工程处——人工费 13 509

贷:应付职工薪酬——职工福利费 19 403

根据上述会计分录,分别登记在第一工程处和第二工程处"工程成本明细账"和"工程成本卡"的人工费栏内,如表 11-6 ~ 表 11-9 所示。

2. 材料费的核算

施工企业工程成本中的材料费,是指在工程施工生产过程中耗用的构成工程实体以及有助于形成工程实体的原材料、辅助材料、构配件、零件、半成品的成本,以及周转材料的摊销额和租赁费用等,但不包括被安装设备本身的价值。

材料费在施工企业工程成本中所占的比重较大,工程施工耗用的材料品种繁多,数量较大,领用的次数也比较频繁。因此,施工企业必须建立健全材料物资的管理制度。财务会计部门对于定额领料单、领料单、大堆材料耗用分配表、集中配料耗用分配表、周转材料摊销计算分配表、退料单等自制原始凭证,要认真审核,要严格划清工程用料和非工程用料,非工程用料不得乱挤成本。根据审核无误的各种领料凭证,按成本核算对象进行汇总各类材料的计划成本,并按各类材料的成本差异计算耗用材料的成本差异,编制"材料费用分配表",从而确定各受益工程成本核算对象应分摊的材料费用。

现举例说明材料费核算的会计处理。

【例 11-2】 2006 年 7 月,某施工企业根据所发生的经济业务以及审核无误的各种原始凭证汇总编制了"材料费用分配表",如表 11-2 所示。

金额计量单位:元　　**材料费用分配表**　　表 11-2

工程成本核算对象	主要材料		结构件		其他材料		合计		周转材料摊销
	计划成本	成本差异	计划成本	成本差异	计划成本	成本差异	计划成本	成本差异	
第一工程处	220 000	2 200	40 000	800	40 000	-1 000	300 000	2 000	6 000
A 工程	66 000	660	12 000	240	18 000	-4 900	96 000	-4 000	2 000
B 工程	154 000	1 540	28 000	560	22 000	3 900	204 000	6 000	4 000
第二工程处	265 000	2 950	135 000	1 350	35 000	350	435 000	4 650	7 000
合计	485 000	5 150	175 000	2 150	75 000	-650	735 000	6 650	13 000

(1)领用材料时,作如下会计分录:

借:工程施工——第一工程处——A 工程——材料费 96 000

贷:原材料——主要材料 66 000

——结构件 12 000

——其他材料 18 000

借:工程施工——第一工程处——B 工程——材料费 204 000

贷:原材料——主要材料 154 000

——结构件 28 000

——其他材料 22 000

借:工程施工——第二工程处——材料费 435 000

贷:原材料——主要材料 265 000

——结构件 135 000

——其他材料 35 000

(2)分配材料成本差异时,作如下会计分录:

借:工程施工——第一工程处——A 工程——材料费 -4 000

贷:材料成本差异——主要材料 660

——结构件 240

——其他材料 -4 900

借:工程施工——第一工程处——B 工程——材料费 6 000

贷:材料成本差异——主要材料 1 540

——结构件 560

——其他材料 3 900

借:工程施工——第二工程处——材料费 4 650

贷:材料成本差异——主要材料 2 950

——结构件 1 350

——其他材料 350

(3)周转材料摊销时,作如下会计分录:

借:工程施工——第一工程处——A 工程——材料费 2 000

——第一工程处——B 工程——材料费 4 000

——第二工程处——材料费 7 000

贷:周转材料——周转材料摊销 13 000

根据上述会计分录,分别登记在第一工程处和第二工程处“工程成本明细账”和“工程成本卡”的材料费栏内,如表 11-6 ~ 表 11-9 所示。

3. 机械使用费的核算

施工企业工程成本中的机械使用费,是指在施工过程中使用自有施工机械所发生的机械使用费和租入外单位施工机械所发生的租赁费,以及按照规定支付的施工机械安装、拆卸和进出场费等。

施工机械是施工企业的主要劳动手段。随着工程施工机械化程度的不断提高,机械使用费在工程成本中的比重日益增长。因此,充分、有效地利用施工机械,加强对施工机械使用费的管理和核算,对降低工程成本,提高企业经济效益有着重要的意义。

施工企业在施工生产过程中使用的施工机械,一般可分为自有机械和租用施工机械两种,它们的核算方法有所不同。

1)租入机械费用的核算

施工企业从外单位或本企业其他内部独立核算的机械站租入施工机械支付的租赁费,一般可以根据“机械租赁费结算单”所列的金额,直接记入有关受益工程成本核算对象的“机械使用费”成本项目中。如果租入的施工机械是为两个或两个以上的工程服务,应按照租入施工机械为各个工程成本核算对象所提供的作业台班数量作为基数进行分配,并计入各工程成本核算对象的实际成本。其计算公式如下:

$$\begin{matrix}\text{某工程成本核算对象}\\\text{应负担的租赁费}\end{matrix}=\text{该工程成本核算对象实际使用的台班数量}\times\text{平均台班租赁费}$$

$$\text{平均台班租赁费}=\frac{\text{支付的施工机械租赁费总额}}{\text{租入的施工机械作业总台班数}}$$

2)自有机械费用的核算

施工企业自行管理的施工机械在工程施工过程中所发生的机械使用费,应设置“机械作业”账户进行核算,并按照机械的机组或单机设置“机械作业明细账”,分别计算出各种机械每台班的实际成本,然后再根据“机械使用台账”记录的各个成本核算对象使用的台班数量,编制“机械使用费分配表”进行分配,以确定各受益工程成本核算对象应分摊的机械使用费。

施工企业使用自有施工机械所发生的机械使用费,其分配方法主要包括以下几种:

(1)台班分配法　台班分配法是指根据成本核算对象使用施工机械的台班数进行分配。其计算公式如下:

$$\begin{matrix}\text{某工程成本核算对象}\\\text{应负担的机械使用费}\end{matrix}=\text{该种机械的每台班实际成本}\times\begin{matrix}\text{该工程成本核算对象}\\\text{实际使用的台班数}\end{matrix}$$

$$\text{某种机械的每台班实际成本}=\frac{\text{该种机械本月实际发生的费用总额}}{\text{该种机械本月实际工作的台班总数}}$$

台班分配法主要适用于按单机或机组进行成本核算的施工机械。

(2)预算分配法　预算分配法是指按照实际发生的机械作业费占预算定额规定的机械使用费的比率进行分配的方法。其计算公式如下:

$$\begin{matrix}\text{某工程成本核算对象}\\\text{应负担的机械使用费}\end{matrix}=\text{该工程成本核算对象预算机械使用费}\times\begin{matrix}\text{实际发生的机械使用费}\\\text{占预算机械使用费比率}\end{matrix}$$

其中:

$$\begin{matrix}\text{该工程成本核算}\\\text{对象预算机械使用费}\end{matrix}=\begin{matrix}\text{该工程成本核算}\\\text{对象实际完成的工作量}\end{matrix}\times\text{单位工作量机械使用费预算定额}$$

$$\begin{matrix}\text{实际发生的机械使用费}\\\text{占预算机械使用费比率}\end{matrix}=\frac{\text{实际发生的机械使用费总额}}{\text{工程成本核算对象的预算机械使用费总额}}\times100\%$$

预算分配法主要适用于不便于计算机械使用台班、无机械台班和无台班单价预算定额的中小型施工机械费的分配,如几个成本核算对象共同使用的混凝土搅拌机的费用。

(3)作业量法　作业量法是指以各种机械所完成的作业量为基础进行分配的方法。其计算公式如下:

$$\text{某种机械单位作业量的实际成本}=\frac{\text{该种机械实际发生费用总额}}{\text{该种机械实际完成的作业量}}$$

$$\begin{matrix}\text{某工程成本该算对象}\\\text{应负担的某种机械使用费}\end{matrix}=\begin{matrix}\text{某种机械为该工程成本}\\\text{核算对象提供的作业量}\end{matrix}\times\begin{matrix}\text{某种机械单位作业量}\\\text{的实际成本}\end{matrix}$$

作业量法主要适用于能够计算完成作业量的单台或某类施工机械，如汽车运输作业，按照单台或某类汽车提供的吨公里计算作业量。

现举例说明机械使用费核算的会计处理。

【例 11-3】 某施工企业第一工程处有塔吊一台，第二工程处有挖土机一台。2006 年 7 月份，根据所发生的经济业务以及审核无误的各种原始凭证编制了“机械使用费分配表”，如表 11-3 所示。

金额计量单位：元　　**机械使用费分配表**　　表 11-3

工程成本核算对象	塔吊(182 元/台班)		混凝土搅拌机(分配率 25%)		机械使用费合计
	台班	金额	预算机械使用费	金额	
第一工程处	50	9 100	17 600	4 400	13 500
A 工程	22	4 004	5 104	1 276	5 280
B 工程	28	5 096	12 496	3 124	8 220
第二工程处	30	5 460	24 000	6 000	11 460
合计	80	14 560	41 600	10 400	24 960

作如下会计分录：

借：工程施工——第一工程处——A 工程——机械使用费　　5 280
　　　　　——第一工程处——B 工程——机械使用费　　8 220
　　　　　——第二工程处——机械使用费　　11 460
　贷：机械作业——塔吊　　14 560
　　　　　　——混凝土搅拌机　　10 400

根据上述会计分录，分别登记在第一工程处和第二工程处“工程成本明细账”和“工程成本卡”的机械使用费栏内，如表 11-6 ~ 表 11-9 所示。

4. 其他直接费的核算

施工企业工程成本中的其他直接费，是指在施工过程中直接发生的但不属于材料费、人工费和机械使用费的其他直接施工生产费用。其主要包括材料二次搬运费、临时设施摊销费、生产工具用具使用费、检验试验费、工程定位复测、工程点交、场地清理费等。

其他直接费的分配，凡能分清受益对象的应直接计入受益的成本核算对象，与若干成本核算对象有关的费用项目，可采用合理的分配方法计入有关的成本核算对象中。

现举例说明其他直接费核算的会计处理。

【例 11-4】 2006 年 7 月施工企业发生有关其他直接费用核算的经济业务活动如下：

(1)2006 年 7 月，施工企业第一工程处发生其他直接费 8 500 元，已通过银行存款支付。作如下会计分录：

借：工程施工——第一工程处——其他直接费　　8 500
　贷：银行存款　　8 500

(2)根据分配计算结果，其中 A 工程应分摊其他直接费 3 000 元；B 工程应分摊其他直接费 5 500 元。作如下会计分录：

借:工程施工——A 工程——其他直接费　　3 000

——B 工程——其他直接费　　5 500

贷:工程施工——其他直接费　　8 500

(3)2006 年 7 月,第二工程处发生其他直接费 12 000 元,已通过银行存款支付。作如下会计分录:

借:工程施工——第二工程处——其他直接费　　12 000

贷:银行存款　　12 000

根据上述会计分录,分别登记在第一工程处和第二工程处"工程成本明细账"和"工程成本卡"的机械使用费栏内,如表 11-6 ~ 表 11-9 所示。

5. 间接费用的核算

间接费用是指施工企业各施工单位(包括工程处、施工队、项目经理部等)为组织和管理工程施工所发生的全部支出,包括施工、生产单位管理人员工资、奖金、职工福利费、行政管理用固定资产折旧费及修理费、物料消耗、低值易耗品摊销、取暖费、办公费、差旅费、财产保险费、检验试验费、工程保修费、劳动保护费、排污及其他费用等。

为了归集和分配工区直接发生的管理费用,可以在"工程施工"账户内设置"间接费用"明细账户进行核算,以便汇总当月发生的各项管理费用,月终时,再按一定分配标准分配计入有关工程的成本。

为了使实际成本与预算成本进行比较分析,工区间接费用的分配标准,应与预算间接费用取费标准口径一致。间接费用取费标准是根据不同工程类型和施工地区的具体情况计算确定的。如一般建筑工程以预算直接费的百分比计算确定。因此,实际发生的间接费用也应以实际发生的直接费成本为分配标准;设备安装工程是以预算人工费的百分比计算确定的,所以,实际发生的间接费也应以实际人工费成本为分配标准。如果一个工区同时进行建筑工程和安装工程施工,或者还有对外销售辅助生产的产品或劳务等,它们也应负担一部分间接费用。分配时应进行两次分配,首先按工人工资比例在各工程、产品或劳务之间进行分配,然后按工程对象各自的取费标准进行再分配。

第一次分配间接费用(按人工费标准)的计算公式如下:

$$\text{间接费用分配率}=\frac{\text{企业本期实际发生的间接费用总额}}{\text{各类工程(产品、劳务、作业等)成本中人工费总额}}\times 100\%$$

$$\begin{matrix}\text{某类工程(产品、劳务、作业等)}\\\text{应分配的间接费用}\end{matrix}=\frac{\text{该类工程(产品、劳务、作业等)}}{\text{成本中人工费总额}}\times\text{间接费用分配率}$$

在各类工程(或对外销售产品、劳务)应分配的管理费用数额计算出来以后,再进行第二次分配。第二次分配是按照工程(或产品、劳务、作业)类别不同,分别以直接费或人工费为基础进行分配。其计算公式如下:

1)建筑工程间接费用分配方法

$$\text{建筑工程间接费用的分配率}=\frac{\text{建筑工程本期应分配的间接费用总额}}{\text{全部建筑工程直接费用成本总额}}\times 100\%$$

$$\begin{matrix}\text{某建筑工程成本核算}\\\text{对象应分配的间接费用}\end{matrix}=\frac{\text{该建筑工程成本核算对象}}{\text{本期实际发生的直接费用}}\times\text{建筑工程间接费用的分配率}$$

2)安装工程间接费用分配方法

$$安装工程间接费用的分配率=\frac{安装工程本期应分配的间接费用总额}{全部安装工程人工费成本总额}\times100\%$$

$$\begin{array}{c}某安装工程成本核算\\对象应分配的间接费用\end{array}=\frac{该安装工程成本核算}{对象本期实际发生的人工费}\times安装工程间接费用的分配率$$

现举例说明间接费用核算的会计处理。

【例 11-5】 2007 年 7 月,施工企业共发生间接费用 75 065 元,款项已通过银行支付。假设第一工程处承担的 A、B 工程均为建筑工程;第二工程处承担的工程为安装工程,没有发生对外销售产品、劳务、作业等业务。根据本月所发生的经济业务以及审核无误的各种原始凭证,进行了第一次分配,编制的"间接费用分配表"如表 11-4 所示。

间接费用分配表

表 11-4

金额单位:元　　2006 年 7 月

工程类别	分配标准	分配率(%)	分配金额
第一工程处	340 000		17 000
第二工程处	1 161 300		58 065
合计	1 501 300	5	75 065

(1)间接费用发生时,作如下会计分录:

借:工程施工——间接费用　　75 065

　贷:银行存款　　75 065

(2)第一次间接费用分配时,作如下会计分录:

借:工程施工——第一工程处——间接费用　　17 000

　　　　　——第二工程处——间接费用　　58 065

　贷:工程施工——间接费用　　75 065

第一工程处内部进行了第二次分配,编制的"间接费用分配表"如表 11-5 所示。

间接费用分配表

表 11-5

金额单位:元　　2006 年 7 月

工程类别	分配标准	分配率(%)	分配金额
A 工程	300 000		6 000
B 工程	550 000		11 000
合计	850 000	2	17 000

根据表 11-5,作如下会计分录:

借:工程施工——A 工程——间接费用　　6 000

　　　　　——B 工程——间接费用　　11 000

　贷:工程施工——第一工程处——间接费用　　17 000

根据上述会计分录,分别登记在第一工程处和第二工程处"工程成本明细账"和"工程成本卡"的间接费用栏内,如表 11-6 ~ 表 11-9 所示。

工程成本明细账　　表 11-6

施工单位:第一工程处　　2006 年 7 月　　单位:元

2006 年 月	日	凭证号数	摘　　要	直接费成本 人工费	材料费	机械使用费	其他直接费	间接费用	工程成本合计
7	1		月初余额	3 000	8 000	1 000	500	—	12 500
			分配人工费	42 100					42 100
			分配职工福利费	5 894					5 894
			分配材料费		300 000				300 000
			分配材料成本差异		2 000				2 000
			分配周转材料摊销		6 000				6 000
			分配机械使用费			13 500			13 500
			分配其他直接费				8 500		8 500
			分配间接费					17 000	17 000
			本月生产费用合计	47 994	308 000	13 500	8 500	17 000	394 994
			自开工日起实际成本累计发生额	50 994	316 000	14 500	9 000	17 000	407 494
			减:月末未完施工成本	8 000	18 000	2 500	800	—	29 300
			已完工程成本	42 994	298 000	12 000	8 200	17 000	378 194

工 程 成 本 卡　　表 11-7

施工单位:第一工程处——A 工程　　2006 年 7 月　　单位:元

2006 年 月	日	凭证号数	摘　　要	直接费成本 人工费	材料费	机械使用费	其他直接费	间接费用	工程成本合计
7	1		月初余额						
			分配人工费	24 200					24 200
			分配职工福利费	3 388					3 388
			分配材料费		96 000				96 000
			分配材料成本差异		-4 000				-4 000
			分配周转材料摊销		2 000				2 000
			分配机械使用费			5 280			5 280
			分配其他直接费				3 000		3 000
			分配间接费					6 000	6 000
			本月生产费用合计	27 588	94 000	5 280	3 000	6 000	135 868
			自开工日起实际成本累计发生额	27 588	94 000	5 280	3 000	6 000	135 868
			减:月末未完施工成本	3 000	6 000	1 000	300	—	10 300
			已完工程成本	24 588	88 000	4 280	2 700	6 000	125 568

工 程 成 本 卡

表 11-8

施工单位:第一工程处——B 工程　　2006 年 7 月　　单位:元

2006 年		凭证号数	摘　要	直接费成本				间接费用	工程成本合计
月	日			人工费	材料费	机械使用费	其他直接费		
7	1		月初余额	3 000	8 000	1 000	500	—	12 500
			分配人工费	17 900					17 900
			分配职工福利费	2 506					2 506
			分配材料费		204 000				204 000
			分配材料成本差异		6 000				6 000
			分配周转材料摊销		4 000				4 000
			分配机械使用费			8 220			8 220
			分配其他直接费				5 500		5 500
			分配间接费					11 000	11 000
			本月生产费用合计	20 406	214 000	8 220	5 500	11 000	259 126
			自开工日起实际成本累计发生额	23 406	22 200	9 220	6 000	11 000	271 626
			减:月末未完施工成本	5 000	12 000	1 500	500	—	19 000
			已完工程成本	18 406	210 000	7 720	5 500	11 000	252 626

工程成本明细账

表 11-9

施工单位:第二工程处　　2006 年 7 月　　单位:元

2006 年		凭证号数	摘　要	直接费成本				间接费用	工程成本合计
月	日			人工费	材料费	机械使用费	其他直接费		
7	1		月初余额	40 000	200 000	8 000	6 000	6 000	260 000
			分配人工费	96 491					96 491
			分配职工福利费	13 509					13 509
			分配材料费		435 000				435 000
			分配材料成本差异		4 650				4 650
			分配周转材料摊销		7 000				7 000
			分配机械使用费			11 460			11 460
			分配其他直接费				12 000		12 000
			分配间接费					58 065	58 065
			本月生产费用合计	110 000	446 650	11 460	12 000	58 065	638 175
			自开工日起实际成本累计发生额	150 000	646 650	19 460	18 000	64 065	898 175
			减:月末未完施工成本	2 700	4 000	500	—	—	7 200
			已完工程成本	147 300	642 650	18 960	18 000	64 065	890 975

二、辅助生产与累计摊销费用的核算

1. 辅助生产费用的核算

施工企业的生产按其生产职能可以划分为基本生产和辅助生产。基本生产是指建筑产品的生产活动。辅助生产是指为保证基本生产经营活动正常进行而向施工生产、行政管理部门提供产品和劳务的生产活动。施工企业的辅助生产部门,是指施工企业及其内部独立核算的单位所属非独立核算的辅助生产车间、单位或部门,如机修车间、木工车间、混凝土车间、供水站、运输队等。

辅助生产部门主要是为企业的主营业务(工程施工)服务的。按其服务的内容,可分成为工程施工等生产材料的辅助生产(如砂石采掘、构件现场制作、铁木件加工等)和提供劳务的辅助生产(如设备维修,固定资产清理,供应水、气、电,施工机械的安装、拆卸和辅助设施的搭建等)两大类;按其生产材料和提供劳务的种类多少,可分为只生产一种材料与提供一种劳务的单品种的辅助生产(如供水、供电、供气等)和生产多种材料与提供多种劳务的多品种辅助生产(如砂石采掘、铁木件加工等)两类。

辅助生产部门除了主要为工程施工服务外,还常常为附属企业生产、机械作业、对外承包、多种经营、专项工程等生产材料和提供服务。此外,还可能有一部分材料与劳务销售给外单位或企业的基本建设部门。

辅助生产部门为工程施工而发生的辅助生产费用,即辅助生产成本,是工程成本中间接费用的组成部分,由各受益的工程、部门承担,对工程成本水平有直接的影响;而为行政管理部门服务的辅助生产,其发生的辅助生产费用应记入管理费用,于发生的当期在损益中一次扣除。因此,辅助生产费用归集和分配的正确与否都会影响到工程成本计算的准确性和当期损益计算的准确性。

正确组织辅助生产的核算,严格控制辅助生产费用的发生,对于贯彻经济核算,充分挖掘降低工程成本的潜力,有着重要的意义。另外,从成本核算的程序来看,辅助生产费用的核算,是计算其他费用的前提。所以,在核算工程成本以前,要对辅助生产进行核算。

辅助生产部门所发生的各项费用,首先应通过"辅助生产"账户按照成本核算对象的成本项目进行登记和汇总,计算辅助生产产品或劳务的实际单位成本,然后再按照各个受益对象的受益数量,分配给各个工程和其他核算对象。为了汇总各个辅助生产部门发生的生产费用,施工企业应在"辅助生产"总账账户下,按照车间、单位或部门和成本核算对象(如各种材料和劳务的类别等)设置辅助生产明细账,分别登记当期发生的辅助生产费用。辅助生产明细账的一般格式,见表11-10。

辅助生产明细账的借方,应根据费用分配表等有关凭证登记。同时,还要按照这些辅助生产费用归属的成本项目,登记在"明细账户借方发生额"的有关栏内。

因而,发生辅助生产费用时,借记"辅助生产"账户,贷记"应付工资"、"应付福利费"、"银行存款"、"原材料"等账户。月份终了,按照受益对象分配辅助生产费用时,根据不同情况分别进行处理。首先,属于对外单位提供的部分,借记"其他业务支出"账户,贷记"辅助生产"账户;其次,属于对本单位购建固定资产提供服务的部分,借记"在建工程"账户,贷记"辅助生产"账户;属于对本单位工程施工、机械作业、管理部门等提供的部分,借记"工程施工"、"机械作业"、"管理费用"等账户,贷记"辅助生产"账户。

辅助生产明细账 表 11-10

部门:运输队

材料或劳务类别:运输费 2006 年 7 月 单位:元

日期		凭证号数	摘要	借方	贷方	余额	明细账账户借方发生额				
月	日						人工费	燃料及动力费	折旧及修理费	其他直接费	间接费用
			工资分配表	71 800			71 800				
			材料分配表	136 100				134 500		1 600	
			折旧计算表	17 200					17 200		
			修理费	33 800					33 800		
			低值易耗品摊销	800					800		
			分配制造费用	2 200							2 200
			分配运输费		261 900						
			合计	261 900	261 900		71 800	134 500	51 800	1 600	2 200

在实际工作中,辅助生产费用可采用多种分配方法,主要有直接分配法、一次交互分配法、顺序分配法、计划成本分配法和代数分配法等。但最常见的还是前两种分配法。月终,按照受益对象分配辅助生产费用,编制辅助生产费用分配表,见表 11-11。

辅助生产费用分配表 表 11-11

金额单位:元 2006 年 7 月

受益对象	受益数量(t·km)	分配系数	金额
第一工程部	12 380		61 900
其中:A 工程	9 120		45 600
B 工程	3 260		16 300
第二工程部	18 580		92 900
材料供应站	21 420		107 100
合计	52 380	5	261 900

现举例说明辅助生产费用核算的会计处理。

【例 11-6】 某施工企业运输车队本月发生各种费用共 261 900 元,已根据有关凭证登记入账,如表 11-10 所示。作会计分录如下:

借:辅助生产 261 900

贷:原材料 134 500

应付职工薪酬 71 800

累计折旧 51 800

工程施工——合同成本——其他直接费 1 600

制造费用 2 200

月末，根据各辅助生产明细账借方发生额及实际提供的产品、劳务数量，编制“辅助生产费用分配表”（表11-11）。

根据分配表作会计如下分录：

借：工程施工——合同成本——第一工程部　　61 900
　　　　　　　　　　　——第二工程部　　92 900
　　机械作业　　107 100
　贷：辅助生产　　261 900

2. 累计摊销费用的核算

为了划清各期的费用界限，正确计算工程成本，施工企业按照权责发生制原则将已发生的由本期和以后各期共同负担的费用，即累计摊销费用，在各期之间进行划分，并应计入工程成本。

累计摊销费用是指本期发生的，但应由本期和以后各期工程成本共同负担的费用。这种费用发生后，不仅当期受益，而且以后的其他期间也受益，这就需要在受益期内平均分摊所发生的费用。累计摊销费用包括以下内容：

（1）一次发生数额较大的大型施工机械安装、拆卸、辅助设施和进出场费。

（2）一次发生数额较大的砂石开采剥土费。

（3）新建单位一次大量领用低值易耗品的摊销。

（4）按照规定应分期计入工程成本的技术转让费，包括许可证、专利费、设计费以及为掌握引进技术发生的有关费用。

（5）在施工、生产经营活动中支付数额较大的契约、合同公证费和鉴证费，科学技术和经营管理咨询费。

（6）一次支付数额较大的财产保险费、排污费。

（7）一次支付数额较大的劳动力招募费，职工探亲路费和探亲期间的工资。

（8）一次支付数额较大的职工冬煤补贴。

（9）预付报刊订阅费等。

企业应根据累计摊销费用的实际情况，按受益期限确定推销额，分期摊入成本，分摊期限不超过12个月。摊销期限在一年以上的，属长期推销费用，不应包括在累计摊销费用之中。

累计摊销费用的核算过程并不复杂。会计上设置“累计摊销”账户专门用于归集上述发生的费用。费用发生时，借记“累计摊销”账户，贷记“银行存款”等账户。费用摊销时，借记“工程施工”、“机械作业”、“管理费用”等账户，贷记“累计摊销”账户。“累计摊销”账户下需要按费用的种类设置明细分类账，对各类累计摊销费用进行明细核算。

现举例说明待摊费用核算的会计处理。

【例11-7】 某施工企业第二施工队一次领用低值易耗品的实际成本为60 000元。由于数额较大，分6个月摊入成本。作如下会计分录：

借：累计摊销——低值易耗品摊销　　60 000
　贷：低值易耗品——在库低值易耗品　　60 000

同时，按本次应摊销数额，作如下会计分录：

借：工程施工——间接费用　　10 000

贷:累计摊销——低值易耗品摊销　　10 000

【例11-8】 某施工企业本月一次支付企业的财产保险费为12 000元,按12个月摊销,作如下会计分录:

借:累计摊销——财产保险费　　12 000

贷:银行存款　　12 000

同时按本月应摊销额作如下会计分录:

借:管理费用——财产保险费　　1 000

贷:累计摊销——财产保险费　　1 000

【例11-9】 某施工企业本月一次支付施工机械安装、拆卸及辅助设施费12 000元,其中材料费9 000元,人工费3 000元,按12个月摊销,作如下会计分录:

借:累计摊销——施工机械安装、拆卸及辅助设施费　　12 000

贷:原材料　　9 000

应付职工薪酬　　3 000

同时摊销本月数,作如下会计分录:

借:机械作业　　1 000

贷:累计摊销——施工机械安装、拆卸及辅助设施费　　1 000

三、工程成本的结算

通过以上各成本项目的核算,将本期施工工程应负担的各项费用,都已集中反映在"工程成本明细账"和"工程成本卡"中,为工程成本定期结算和竣工结算提供了必要的核算资料。

1. 已完工程实际成本的确定与结转

施工企业的已完工程,从理论上来说,应指在企业范围内全部竣工,不再需要进行任何施工活动的工程,即竣工工程。但是由于建筑安装工程施工周期长,如果等到工程竣工之后再结算工程成本,从而不能发挥成本核算在企业管理中的作用,也就满足不了企业管理的需要。因此,为了有利于企业经济核算,加速资金周转,及时检查成本计划,考核经济效果,现行制度规定:凡是已经完成预算定额所规定的全部工序,在本企业不需要再进行任何加工的分部分项工程,称为已完工程(或已完施工)。分部分项工程虽不具有完整的使用价值,也不是竣工工程,但是由于在企业内已完成全部施工活动,已可确定工程数量和工程质量,故可将它视为已完工程,计算它的预算成本和预算价值,向客户收取工程价款。对虽已投入人工、材料进行施工,但尚未达到预算定额规定的全部工程内容的一部分工序,则称为未完施工(或未完工程),不能据以收取工程价款。例如砖墙抹石灰砂浆工程,按工程预算定额规定的工程内容为修整表面、清扫、抹灰、抹平、罩面、压光、做护角等工序。如果某房屋砖墙抹石灰浆工程在月末时已完成了上述全部工程内容,就应作为"已完工程"计算;如果只完成了其中一部分工序,则应算作"未完施工"。

正确地计算工程成本是工程成本核算的重要内容。工程实际成本的结算期,原则上应与工程价款的结算期相适应。

1)工程竣工后一次结算工程实际成本的计算方法

工程成本竣工结算法,是以合同工程(一般为单位工程)为对象归集施工过程中发生的施工费用，在工程竣工后按照所归集的全部施工费用，结算该项工程的实际成本总额。在工程竣工以前，所归集的施工费用累计额，即为该项工程的未完工程（在建工程）实际成本。在工程成本竣工结算法下，竣工单位工程的实际成本，就是单位工程从开工到竣工的整个施工期间实际发生的施工费用。为了正确确定竣工工程的实际成本，单位工程竣工后，应及时清理施工现场，盘点剩余材料和残次料，办理退库手续，冲减工程成本。同时应核实所归集的施工费用是否全面、准确，凡应计未计的费用应予补计，凡不应计入的已计费用则应予以冲减，以便保证竣工工程成本卡完整、准确地归集全部施工费用。

2）按月（或按季）结算工程实际成本的计算方法

在采取按月结算工程价款的情况下，已完工程成本的结算也应按月进行，以便计算工程结算利润，考核降低工程成本任务的完成情况。

对按月结算工程成本的施工企业来说，本月施工的工程都是已完工程。如果月初没有未完施工，那么本月发生的生产费用就是本月施工的已完工程的实际成本；如果月初有未完施工，那么，月初的未完施工成本加本月的生产费用，就是当月已完工程的实际成本；如果该施工单位在月份内既有已完工程，又有未完施工，那么月初未完施工成本，加上本月发生的生产费用，减去月末未完施工的实际成本，才是本月已完工程的实际成本，其计算公式如下：

本月已完工程实际成本 = 月初未完施工实际成本 + 本月发生的生产费用
+ 月末未完施工实际成本

在上述公式中，月初未完施工实际成本与本月发生的生产费用都是已知数，可以从工程成本明细账中取得，所以只要算出月末未完施工的实际成本，就能求得本月已完工程的实际成本。这样，就把计算本月已完工程成本转换为计算本月未完工程成本了。

进行工程成本的定期结算，首先必须做好期末未完工程的盘点工作，计算确定未完工程的成本。

在一般的施工单位中，月末未完工程在全月工程中所占的比重都比较小，而且月末数的变化也不大。因此，为了简化核算手续，通常把月末未完施工的预算成本，视同它的实际成本。由于未完施工预算成本中的间接费用比较少，所以在未完施工成本中还可不分摊间接费用。这样，只要确定了月末未完施工的预算成本，也就可以求出当月已完工程的实际成本。

在实际工作中，月末未完施工预算成本的计算方法主要有估量法和估价法两种。

(1)估量法　估量法又称“约当产量法”。是将未完工程和已完工序的盘点数量，按照各工序占分项工程的比重，折合成为已完工程数量，然后乘以分项工程的预算单价，求得未完工程的预算成本。计算公式如下：

未完工程折合的已完工程量 = 未完工程已完工序盘点数量 × 工序比重

未完工程预算成本 = 未完工程折合的已完工程量 × 分预工程预算单价

(2)估价法　估价法是先确定分部分项工程内各个工序耗用的直接费占整个预算单价的百分比，用以计算出每个工序的单价，然后乘以未完工程各工序的完成量，来确定未完工程的预算成本。其计算公式如下：

某工序单价 = 分部分项工程预算单价 × 某工序的费用占预算单价的百分比

未完施工预算成本 = ∑（未完工程中某工序完成量 × 该工序单价）

如果工序很多，应先对工序进行适当归并，而后计算出归并以后的工序单价，再以归并后的工序单价乘未完工程各工序完成量得到未完工程成本。按估价法计算未完工程成本,其计算手续比较复杂,所以在实际工作中,采用此法的不多。

如果施工企业的月末未完施工在当月工作量中所占的比重较大,而且各月月末的未完施工数额相差悬殊,那么,若把月末未完施工的预算成本视同其实际成本,必然要把本月份内生产费用的节约或超支,全部计入当月的已完工程实际成本,从而影响成本计算的正确性。所以,为了合理地分配生产费用,可以采用下列公式,计算确定未完工程的实际成本:

$$\text{期末未完工程实际成本}=\frac{\text{期初未完工程实际成本}+\text{本期实际发生的生产费用}}{\text{本期已完工程预算成本}+\text{期末未完工程预算成本}}\times\text{期末未完工程预算成本}$$

必须指出,未完工程实际成本的计算方法一经确定,就不能随意变动,以保证月份之间成本口径的一致,便于比较分析。

应该指出的是,实行分段结算办法的合同工程,已完工程实际成本的计算原理,与上述月结成本法相似。所不同的是,其已完工程是指已完成的工程阶段或部位,未完工程是指未完成的工程阶段或部位(其中包括已完分部分项工程和未完分部分项工程)。

按照不同的工程价款结算方式,我们计算出各结算期已完工程实际成本,在各结算期末,需进行工程实际成本的结转。结转时,一般按已完工程实际成本,借记"主营业务成本"科目,贷记"工程施工"科目。

在《建造合同》准则应用中,对于尚未竣工的工程,其实际成本计算出来后,不予结转,仍然保留在"工程施工"科目,从而可以反映工程自开工至今累计发生的实际成本;对于已竣工的工程,其实际成本计算出来后,应及时予以结转,即从"工程施工"科目的贷方转入"工程结算"科目的借方。

【例 11-10】 假设某施工单位一工区本月末未完工程盘点单计算结果如表 11-12 所示,编制的"未完工程盘点汇总表"如表 11-13 所示;以未完工程的预算成本代替实际成本,登记"工程成本明细账"和"工程成本卡",见表 11-6 ~ 表 11-8。

未完施工盘点单 表 11-12

金额单位:元 2006 年 7 月

单位工程名称	分部分项工程		已做工程				其中			
	名称	预算单价	工程名称或内容	占分部分项工程的百分率(%)	已做数量	折合分部分项工程量	预算成本	人工费	材料费	机械费
第一工程处 A 工程	砖墙抹灰	6	第一遍	60%	2 000	1 200	7 200	2 700	4 000	500
合计							7 200	2 700	4 000	500

根据表 11-6 ~ 表 11-8"工程成本明细账"和"工程成本卡"的计算结果,作如下会计分录:

借:主营业务成本 378 194

贷:工程施工——A 工程 125 568

——B 工程 252 626

未完工程盘点汇总表　　　　表 11-13

单位:第一工程处　　　　2006 年 7 月　　　　计量单位:元

工程名称	未完工程预算成本	其中				
		人工费	材料费	机械使用费	其他直接费	间接费用
A 工程	10 300	3 000	6 000	1 000	300	
B 工程	19 000	5 000	12 000	1 500	500	
合计	29 300	8 000	18 000	2 500	800	

2. 已完工程预算成本的确定与分析

在已完工程的实际成本计算出来之后,还要与相应的预算成本比较,以考核已完工程实际成本的升降情况。

工程预算成本,是指根据实际完成的分部分项工程量,按预算单价及规定的取费标准计算的工程成本。如果按招标投标时确定的合同价值进行结算,则应按中标价格计算。

确定工程预算成本的主要依据是"工程结算书"。其一般格式见表 11-14。

工 程 结 算 书　　　　表 11-14

工程名称:发达设备厂车间厂房　　　　2006 年 7 月

定额编号	分部分项工程名称	计量单位	数量	单价（元）	金额（元）	其中		
						人工费（元）	材料费（元）	机械费（元）
	直接费:							
	砌内墙	m^3	380	140	53 200			
	砌外墙	m^3	400	150	60 000			
	小计				360 000	55 000	290 000	15 000
	冬雨季施工增加费	2%			7 200			
	小计				367 200			
	间接费:							
	间接费用	10%			36 720			
	其他:							
	临时设施费	2%			7 344			
	劳动保险费	1.2%			4 406			
	合计				48 470			
	计划利润	7%			28 274			
	税金	3.381%			15 010			
	预算总价值				458 954			

"工程结算书"提供的工程预算总价值,即现行工程造价是由工程的直接费、间接费、计划利润和税金构成。工程直接费包括按预算计算的人工费、材料费、机械使用费、其他直接费。间接费包括按间接费取费率计算的管理费和由临时设施费、劳动保险费等构成的其他间接费。已完工程的预算成本,由"工程结算书"中的工程直接费和间接费构成。

在“工程结算书”中，只提供已完工程预算成本一笔总数，要与实际成本按各个成本项目进行比较，还必须进一步把预算总成本按成本预算项目进行分解。在实际工作中，已完工程分项预算成本的确定方法主要有以下两种。

1）固定比例法

固定比例法，是指企业根据近年来的历史资料预先测定的固定百分比，计算出各成本项目的预算成本。成本项目的百分比一经确定后，固定不变。所以，称为“固定比例法”。然后以此比例分别乘以单位工程的预算总成本，即可求得该单位工程各成本项目的预算成本。

2）实算法

实算法，是根据已完分部分项工程实物量，查找单位估价表或单位预算价值进行分析计算。其计算公式如下：

$$\text{本月已完建筑工程预算成本} = \sum(\text{本月实际完成建筑工程量} \times \text{预算单价}) \times (1 + \text{间接费定额})$$

$$\text{本月已完安装工程预算成本} = \sum(\text{本月实际完成安装工程量} \times \text{预算单价} + \text{本月已完安装工程人工费} \times \text{间接费定额})$$

这种方法计算结果比较精确，但工作量较大。此项工作按照企业内部各部门的职责分工，一般应由预算部门负责计算。有的企业，由财会人员配合预算员共同协作完成，即预算员在编制工程结算书时，将各分部分项工程的人工费和机械费单独列出，财会人员再在此基础上加以整理，从而求得各成本项目的预算成本。在计费过程中，一般应编制“预算成本分析表”（表11-15）。

预算成本分析表　　表11-15

工程名称：发达设备厂车间厂房　　2006年7月　　单位：元

费用名称	金额	成本项目分析				
		人工费	材料费	机械使用费	其他直接费	间接费用
直接费用	360 000	55 000	290 000	15 000		
冬雨季施工增加费	7 200	2 520	3 744	216		
间接费用	36 720				720	36 720
合计	403 920	57 520	293 744	15 216	720	36 720

“预算成本分析表”的编制方法如下：

（1）直接费。直接费各项目，按“工程结算书”所列数字填列。

（2）冬雨季施工增加费。冬雨季施工增加费是一项综合费用，包括人工费和材料费等。可以根据取费标准测算出的各项费用比例来计算。假定根据地区取费标准规定，在冬雨季施工增加费中，人工费占35%，材料费占52%，其他直接费占10%，机械费占3％。则：

$$\text{人工费} = 7200 \times 35\% = 2520(\text{元})$$

$$\text{材料费} = 7200 \times 52\% = 3744(\text{元})$$

$$\text{机械使用费} = 7200 \times 3\% = 216(\text{元})$$

$$\text{其他直接费} = 7200 \times 10\% = 720(\text{元})$$

（3）间接费用。施工单位的间接费用，可直接根据工程结算书所列数字列入“间接费用”

栏内。

(4)实行招投标制的工程,应按投标中标额的具体情况,调整预算成本各成本项目数额。

企业可以根据本单位情况自行确定计算方法。一般来说,应按照第二种方法来计算。有条件的企业可以利用电子计算机代替手工操作,以便迅速地计算出各成本项目的预算成本。

对已完工程的预算总成本按成本项目分解后,企业就可以把各个成本项目的实际数,同预算数相比较,来分析考核实际成本的升降情况。根据"预算成本分析表"和"工程成本明细账(卡)"记录,可编制"已完工程成本表",其一般格式,见表11-16。

已完工程成本表　　表11-16

工程名称:发达设备厂车间厂房　　2006年7月　　单位:元

成本项目	预算成本	实际成本	成本降低额	成本降低率
人工费	57 520	58 300	-780	-1.36
材料费	293 744	270 600	23 144	7.88
机械使用费	15 216	6 600	8 616	56.62
其他直接费	720	4 600	-388 0	-538.9
间接费用	36 720	35 050	1 670	4.55
工程成本	403 920	375 150	28 770	7.12

根据"已完工程成本表"资料,可以详细了解当期已完工程成本的升降情况,分析和考核施工经营的经济效益,以便进一步挖掘内部潜力,争取更大的经济效益。

四、竣工工程成本决算

为了全面地反映竣工工程实际成本的升降情况,考核工程预算的完成情况,施工企业对于已竣工的工程,还应编制"竣工成本决算",作为分析考核竣工单位工程成本降低或超支情况的依据,同时也可以为同类型工程成本的计划、分析对比提供参考资料。

在编制"竣工成本决算"之前,必须认真核算竣工单位工程的预算成本和实际成本;对设计变更、材料代用、材料价差等施工变化情况,应根据预算部门提供的补充预算调整预算成本;对现场剩余材料要及时清点退库,或办理工程之间的转移手续;对尚未计入工程成本的各项费用,都要及时清理计入,保证竣工成本正确无误。

编制"竣工成本决算"的主要依据,是该单位工程的"工程成本明细账"和"工程结算书"。

假定某建筑公司一工区承包的光明机床厂一车间厂房工程已全部竣工,可根据有关资料,编制"竣工成本决算"(表11-17)。

上述"竣工成本决算"的编制方法如下:

(1)实际成本各项目,应根据工程成本卡的自开工起实际成本累计发生额填列。

(2)预算成本各项目,应根据预算员提供的竣工工程分项预算成本数额填列。

(3)工、料、机械的用量分析,应根据该工程的"用工台账"、"用料台账"与"使用机械台账"等资料填列(表11-18)。

竣工成本决算　　表 11-17

建设单位:光明机床厂

工程名称:一车间厂房工程　　建筑面积:2 000m²

工程结构:混合　　工程造价:682 986 元

开工日期:2000 年 4 月 1 日　　竣工日期:2001 年 6 月 15 日

单位:元

项目	预算成本	实际成本	降低额	降低率(%)	说　明
人工费	80 000	89 000	-9 000	-11.25	
材料费	442 100	372 050	70 050	15.84	
机械使用费	12 900	12 900	—	—	
其他直接费	10 000	13 400	-3 400	-34	
直接费成本	545 000	487 350	57 650	10.57	
间接费用	54 500	29 015	25 485	46.76	
工程成本	599 500	516 365	83 135	13.87	
补充资料:					
单位成本	299.75	258.18			

制表:　　编制日期:2001 年 7 月 1 日

工、料、机械用量分析　　表 11-18

项　　目	单位	预算用量	定额用量	实际用量	节约或超支	节、超率(%)
一、人工费	工日	15 000	14 800	14 500	500	3.33
二、材料						
水泥	t	120	115	112	8	6.67
钢材	t	40	39	39	1	2.5
木材	m²	21	20	19	2	9.5
……						
三、机械						
大型	台班	25	25	25	—	—
中小型	台班	30	30	27	3	10

在编制单位工程竣工成本决算时,有关人员还要从不同结构、不同用途的单位工程中,选择一些具有代表性的工程进行总结分析,并编制"工、料、机械台班用量比较表",分析工程成本超降的原因,积累工程成本方面的历史资料。

竣工成本决算一般应一式若干份,其中一份连同竣工工程的工程成本卡和工程结算书等资料一起保存,建立竣工工程的技术经济档案,以备日后查阅。

•第三节　期间费用的核算•

期间费用是企业当期发生与本期经营活动有关的不能直接或间接归入某种产品成本的、应直接计入当期损益的各项费用。施工企业的期间费用包括管理费用和财务费用。

一、管理费用

管理费用,是指施工企业为管理和组织企业施工生产经营活动而发生的各项费用。其具体内容如下:

(1)企业的董事会和行政管理部门在企业的经营管理中发生的,或者应当由企业统一负担的公司经费,具体包括行政管理部门职工工资、奖金、职工福利费、差旅费、办公费、折旧费、修理费、物料消耗、低值易耗品摊销以及其他公司经费。

(2)工会经费,是指按职工工资总额的2%计提并拨交给工会的经费。

(3)职工教育经费,是指企业为职工学习先进技术和提高文化水平而支付的费用,按照职工工资总额的1.5%计提。

(4)劳动保险费,是指企业支付离退休职工的退休金(包括提取的离退休统筹基金)、价格补贴、医药费(包括企业支付离退休人员参加医疗保险的费用)、易地安家补助费、职工退职金、6个月以上病假人员工资、职工死亡丧葬补助费、抚恤费、按规定支付给离退休干部的各项经费。

(5)待业保险费,是指企业按照国家规定缴纳的待业保险基金。

(6)董事会费,是指企业最高权力机构(如董事会)及其成员为执行职能而发生的各项费用,包括董事会成员津贴、差旅费和会议费等。

(7)咨询费,是指企业向有关咨询机构进行科学技术、经营管理咨询时支付的费用,包括聘请经济技术顾问、法律顾问等支付的费用。

(8)聘请中介机构费,是指企业聘请中国注册会计师进行查账验资以及进行资产评估等发生的各项费用。

(9)诉讼费,是指企业因起诉或者应诉而发生的各项费用。

(10)排污费,是指企业按规定缴纳的排污费用。

(11)税金,是指企业按照规定支付的房产税、车船使用税、土地使用税、印花税等。

(12)技术转让费,是指企业使用非专利技术而支付的费用。

(13)研究与开发费,是指企业研究开发新产品、新技术、新工艺所发生的新产品设计费,工艺规程制定费,设备调试费,原材料和半成品的试验费,技术图书资料费,未纳入国家计划的中间试验费,研究人员的工资,研究设备的折旧,与新产品试制、技术研究有关的其他经费,委托其他单位进行的科研试制的费用以及试制失败损失。

(14)无形资产摊销,是指专利权、商标权、著作权、土地使用权、非专利技术等无形资产的摊销。

(15)业务招待费,是指企业为施工生产经营活动的合理需要而支付的招待费用,在下列限额内据实列入管理费用:全年营业收入在1 500万元以下的,不超过年营业收入的5‰;全年营业收入超过1 500万元(含1 500万元)但不足5 000万元的,不超过该部分营业收入的3‰;全年营业收入超过5 000万元(含5 000万元)不足1亿元的,不超过该部分营业收入的2‰;全年营业收入超过1亿元(含1亿元)的,不超过该部分营业收入的1‰。

(16)计提的坏账准备和存货跌价准备,是指企业按照规定计提的坏账准备和存货跌价准备。

(17)存货盘亏、毁损和报废(减盘盈)损失,是指企业按照规定应计入管理费用的原材料、周转材料、低值易耗品等的盘亏、毁损和报废损失。发生的盘盈,应当冲减此项损失。本项目不包括应计入营业外支出的存货损失。

(18)其他管理费用,是指不包括在以上项目内的管理费用。

企业发生的管理费用,在“管理费用”科目核算,并在“管理费用”科目中按费用项目设置明细账,进行明细核算。期末,“管理费用”科目的余额结转“本年利润”科目后无余额。

现举例说明管理费用核算的会计处理。

【例 11-11】 某建筑公司本月发生管理费用情况及会计处理如下。

(1)施工企业用银行存款购入办公用品 6 000 元。作如下会计分录:

借:管理费用——公司经费　　6 000
　贷:银行存款　　6 000

(2)企业用银行存款支付咨询费 4 500 元,业务招待费 24 000 元。作如下会计分录:

借:管理费用　　28 500
　贷:银行存款　　28 500

(3)企业分配本月工资,其中管理人员工资 33 000 元。作如下会计分录:

借:管理费用——公司经费　　33 000
　贷:应付职工薪酬　　33 000

(4)期末,将本月发生的管理费用,全部转入“本年利润”户。作如下会计分录:

借:本年利润　　67 500
　贷:管理费用　　67 500

二、财务费用

财务费用是指企业为筹集资金而发生的各项费用,包括企业经营期间发生的利息净支出、汇兑净损失、调剂外汇手续费、金融机构手续费,以及企业筹资发生的其他财务费用。

企业发生的财务费用,在“财务费用”科目核算,并在“财务费用”科目中按费用项目设置明细账,进行明细核算。期末,“财务费用”科目的余额结转“本年利润”科目后无余额。

现举例说明财务费用核算的会计处理。

【例 11-12】 某施工企业本月发生财务费用情况及会计处理如下。

(1)施工企业接到银行通知,本月银行手续费为 2 400 元,已从存款账户中扣除。作如下会计分录:

借:财务费用——利息支出　　2 400
　贷:银行存款　　2 400

(2)施工企业接到银行通知,本月银行存款利息收入为 600 元,已转入存款账户。作如下会计分录:

借:银行存款　　600
　贷:财务费用——利息收入　　600

(3)企业的外币长期借款因汇率变动发生汇兑损失 110 000 元。作如下会计分录:

借:财务费用　　110 000

贷:长期借款 110 000

(4)月末,结转"财务费用"科目余额 144 800 元。作如下会计分录:

借:本年利润 144 800

贷:财务费用 144 800

思考与练习

一、思考题

1. 工程成本核算要完成的主要任务有哪些?

2. 如何对施工企业的生产费用进行分类?各种分类方法的意义是什么?

3. 什么是成本?它包括哪些内容?

4. 什么是成本核算对象?怎样确定工程成本核算对象?

5. 正确计算成本,必须划清哪几方面的费用界限?

6. 如何组织工程成本的总分类核算?总分类核算需要设置哪些账户?如何使用这些账户?

7. 工程成本中的人工费包括什么内容?如何组织人工费的核算?

8. 工程成本中的材料费包括什么内容?如何组织材料费的核算?

9. 施工机械使用费的内容包括哪些?它们经过哪些程序分配计入各项工程成本的?

10. 施工企业自有施工机械和租赁施工机械的使用费各自怎样核算?两者有什么区别?

11. 其他直接费的内容有哪些?它们是怎样分配计入各项工程成本的?

12. 什么是工程间接费用?它们的内容包括哪些?间接费用是怎样分配计入各项工程成本的核算对象的?

13. 什么是辅助生产?如何分配辅助生产费用?

14. 什么是累计摊销费用?

15. 施工企业的生产费用是按什么程序进行汇总并分配计入各项工程成本的?在汇总分配各项生产费用时,通常采用哪些凭证?

16. 什么叫"已完工程"?什么叫"未完工程"?为什么必须将施工工程分为已完工程和未完工程?未完工程成本是怎样进行计算的?

17. 竣工工程决算时,如果遇到工程中某些特殊原因(如个别材料、配件等缺乏)而导致工程不能收尾怎么办?

18. 工程决算的程序是怎样的?在决算中应注意什么?

19. 什么是期间费用?期间费用有什么特点?

二、练习题

习题一:练习工程成本的计算方法

1. 资料

(1)2000 年 7 月,某施工单位继续对 105 宿舍建筑工程及 106 机修车间建筑工程进行施工,并新开工 107 仓库建筑工程。截至 2000 年 6 月 30 日止,105、106 工程的累计实际成本和月末未完施工成本见表11-19。

单位:元　　　　**累计实际成本和未完施工成本**　　　　表11-19

工程项目	材料费	人工费	机械使用费	其他直接费用	间接费用	合计
105工程:						
累计实际成本	331 760	35 200	19 720	6 800	23 120	416 600
其中:月末未完施工成本	6 400	880	480	240	480	8 480
106工程:						
累计实际成本	294 400	40 480	22 080	11 040	25 200	393 200
其中:月末未完施工成本	8 000	1 080	620	300	600	10 600

(2) 7月份内,发生了下列有关经济业务。

①根据主要材料领料凭证,各项工程领用主要材料的金额(按计划价格计算)如下:105工程20 000元,106工程19 000元,107工程13 500元。月末盘点施工现场,107工程有已领未用主要材料1 000元。7月份主要材料成本差异分摊率为+2%。

②根据结构件领用凭证,各项工程耗用结构件实际成本如下:105工程8 674元,106工程27 772元,107工程13 128元。

③7月份各项工程木模立模和竹脚手搭建的面积见表11-20。

单位:m^2　　　　**面　积　表**　　　　表11-20

工程项目	木模立模数量	竹脚手搭建面积
105工程	50	
106工程	200	200
107工程	50	300

木模摊销率为每平方米立模6元;竹脚手摊销率为每平方米搭建面积1元;周转材料成本差异分摊率为+2%。

④根据其他材料领料凭证,各项工程和各个部门领用其他材料的金额(按计划价格计算)见表11-21。

领用其他材料的金额表　　　　表11-21

分类	名称	其他材料的金额(元)
工程施工	105工程	1000
	106工程	1000
	107工程	500
机械作业	塔式起重机	800
	挖土机	100
间接费用	交通车辆油料	400
	烧水用煤	200

7 月份其他材料成本差异分摊率为 +2%。

⑤根据机械配件领料凭证,各类施工机械领用机械配件实际成本如下,塔式起重机 200 元,挖土机 65 元,其他机械 780 元。

⑥根据"一次报耗低值易耗品领用单",领用低值易耗品实际成本,见表 11-22。

低值易耗品实际成本表 表 11-22

分类	名称	实际成本(元)
机械作业	塔式起重机	91
	混凝土搅拌机	46
	挖土机	79
间接费用	工具用具	100
	劳保用品	160

⑦根据分次摊销"低值易耗品借用单"和"报废单",领用和报废低值易耗品的实际成本见表 11-23(采用五五摊销法)。

实际成本表 表 11-23

分类	领用(元)	报废(元)
机械作业、塔式起重机	400	
间接费用:工具用具	1 000	
劳保用品	1 000	680

报废低值易耗品残值 40 元,估价入库。

⑧7 月份的应付工资、实发工资和应付福利费见表 11-24。

单位:元 **实发工资和应付福利费表** 表 11-24

分类	应付工资总额	扣款额	实发工资	应付福利费
建筑安装工程施工工人	11 500	800	10 700	1 500
机械施工机上人员	500	30	470	70
其中:塔式起重机机上人员	300	30	270	42
混凝土搅拌机机上人员	100		100	14
挖土机机上人员	100		100	14
管理人员	3 000	100	2 900	420

⑨7 月份各项工程实际作业工时为 6 500 工时。

其中:105 工程,2 800 工时;106 工程,2 200 工时;107 工程,1 500 工时。

⑩7 月份应计折旧固定资产的原值及其折旧率见表 11-25。

固定资产的原值及折旧率表 表 11-25

分　类	原值(元)	月折旧率
房屋及建筑物	240 000 元	2‰
施工机械:		
塔式起重机	160 000	6‰
混凝土搅拌机	60 000	6‰
挖土机	60 000	6‰
其他施工机械	180 000	6‰
其他固定资产	20 000	6‰

房屋建筑物和其他固定资产折旧记入间接费用。

⑪7 月份应摊销固定资产大修理支出见表 11-26。

固定资产大修理支出摊销表 表 11-26

分　类	月摊销额(元)
房屋及建筑物	240
施工机械:	
塔式起重机	480
混凝土搅拌机	180
挖土机	180
其他施工机械	540
其他固定资产	60

⑫用银行存款支付塔式起重机进场运输费 511 元。

⑬塔式起重机、混凝土搅拌机、挖土机的机械使用费按机械工作台时分配。7 月份上列各类机械对各项工程的实际工作台时见表 11-27。

单位:台时 实际工作台时表 表 11-27

分　类	塔式起重机	混凝土搅拌机	挖　土　机
105 工程	200	56	
106 工程	100	84	
107 工程			90

其他施工机械的机械使用费按各项工程工料费的比例分摊于各项工程成本。

⑭用银行存款支付 7 月份水费 210 元,电费 1 120 元。各项工程及管理部门耗用水电量见表 11-28。

耗 用 水 电 量 表 表 11-28

分　类	用水量(m^3)	用电量(度)
105 工程	250	2 750
106 工程	300	1 200
107 工程	200	1 250
管理部门	300	400

⑮用银行存款支付107工程土方运输费1 210元。

⑯用银行存款支付差旅交通费316元，办公费565元，其他间接费用267元。

⑰7月份应摊销临时设施费800元。

⑱间接费用按各项工程的直接费的比例分摊于各项工程成本。

(3)7月末105工程竣工，汇总该项工程各月已完工程结算表中已完工程的预算成本为474 880元(包括7月份已完工程预算成本43 400元)，其中材料费为372 560元，人工费为42 400元，机械使用费为24 880元，其他直接费为8 160元，间接费用为26 880元。

(4)7月末盘点106、107工程的未完工程和已完工程，其预算成本见表11-29。

预算成本表 表11-29

分　类	未完工程(元)	已完工程(元)
106工程	12 720	62 000
107工程	9 540	27 000

(5)计算各项已完工程预算成本和实际成本，并将本月已完工程实际成本自“工程施工”科目转入“工程结算成本”科目。

2. 要求

(1)编制7月份材料、人工、折旧费用分配表和计算表：

①耗用主要材料、结构件、其他材料、机械配件分配表。

②周转材料摊销额和低值易耗品摊销额的计算表。

③人工费分配表。

④职工福利费计算表。

⑤折旧费用分配表。

(2)根据上列生产费用分配表、计算表及其他有关凭证，登记下列明细分类账：

①塔式起重机、混凝土搅拌机、挖土机和其他施工机械的“机械作业明细分类账”。

②“间接费用明细分类账”。

(3)编制7月份“机械使用费分配表”。

(4)编制7月份“间接费用分配表”(建筑工程间接费用定额为直接费的6%)。

(5)根据各项费用分配表和计算表，登记105、106和107工程的“工程施工成本明细分类账”。

(6)将各项经济业务作成会计分录，并在每笔会计分录前注明经济业务的号数。

(7)编制105工程“竣工成本决算”。

习题二：练习工程成本核算

1. 资料

泰安建筑公司第一项目经理部本月对601号工程连续施工，并在本月内竣工；另有602号工程新开工。本月发生生产费用如下：

(1)由银行提取现金2 000元，供零星开支。

(2)工区工作人员报销差旅费2 388元，预借2 500元，余款交回现金。

(3)由银行提取现金84 560元，以备发放工资。

(4)发放职工工资。

(5)以现金支付办公用零星开支450元。

(6)本月用电11 200度,以银行存款支付电费5 040元;其中:601号工程8 700度,602号工程1 300度,管理用电1 200度。

(7)以银行存款支付本月水费200元。

(8)以银行存款支付本月施工机械租赁费5 040元;其中:601号工程6台班,602号工程42台班。

(9)本月耗用材料108 500元(计划成本),材料成本差异+2%;其中:601号工程用14 000元,602号工程用92 000元,管理费为2 500元。

(10)工程用人工费78 960元(601号工程500工日,602号工程3 260工日),工区管理人员工资5 600元。

(11)按规定比例14%提取职工福利费。

(12)本月摊销工具用具使用费2 400元(601号工程为620元,602号工程为1 780元),临时设施摊销费4 500元(601号工程为3 000元,602号工程为1 500元);

(13)该项目经理部管理部门提取折旧费2 800元。

(14)月终按本月直接费分配本月制造费用。

(15)当月初未完施工成本(601号工程)13 357元,其中:人工费4 560元,材料费6 040元,机械使用费210元,其他直接费1 707元,间接费840元。

(16)当月初累计已完工程实际成本(601号工程)1 063 600元,其中:人工费403 500元,材料费548 690元,机械使用费24 200元,其他直接费14 970元,间接费72 240元。

(17)当月末未完工程实际成本(602号工程)26 220元,其中:人工费9 870元,材料费13 500元,机械使用费640元,其他直接费370元,间接费1 840元。

(18)本月已完工程预算成本,见表11-30。

单位:元　　　　**已完工程预算成本**　　　　表11-30

项目	人工费	材料费	机械使用费	其他直接费	间接费	合计
601号工程	14 850	22 860	920	48 000	2 160	45 590
602号工程	64 500	89 400	3 800	5 420	9 210	172 330

2. 要求

(1)编制材料、人工、机械、用电和间接费分配表。

(2)根据发生业务和费用分配作会计分录。

(3)根据以上(1)、(2)题内容登记成本明细账。

(4)计算已完工程成本和601号工程竣工成本。

(5)编制完工成本比较表。

习题三:练习工程成本计算

1. 资料

某公司本月继续对甲工程施工,并在本月已竣工,另新开乙工程。

(1)本月发生生产费用如下:

①材料费(计划成本)225 750元,其中:甲工程201 350元,乙工程24 400元。材料成本差异率为+2%。

②人工费共 17 825 元。实际耗用工日 775 个,其中:甲工程 628 工日,乙工程 147 工日。

③机械使用费 14 362 元。实际耗用机械台班 167 台班。其中:甲工程 161 台班,乙工程 6 台班。

④现场用电 7 194 元(其他直接费)。实际耗电 16 350 度,其中:甲工程 16 150 度,乙工程 200 度。

⑤间接费 43 143 元。

(2)期初未完工程施工成本(甲工程)10 800 元,累计已完工程实际成本 103 500 元(表 11-31)。

单位:元

未完工程施工成本与已完工程实际成本

表 11-31

成本分类	材料费	人工费	机械使用费	其他直接费	间接费	合计
期初未完工程施工成本	7 560	864	702	24	1 640	10 800
期初累计已完工程实际成本	693 450	101 430	67 275	12 420	160 425	103 500

(3)期末未完工程施工成本(乙工程)3 924 元(表 11-32)。

单位:元

未完工程施工成本

表 11-32

材料费	人工费	机械使用费	其他直接费	间接费	合计
1 680	168	156	1 2	384	2 400

(4)本月已完工程预算成本(表 11-33)。

单位:元

已完工程预算成本

表 11-33

项目	材料费	人工费	机械使用费	其他直接费	间接费	合计
甲工程	217 600	13 800	16 200	7 340	39 760	294 700
乙工程	22 100	2 960	210	100	3 927	29 297

(5)竣工工程(甲工程)预算成本 2 431 557 元(表 11-34)。

单位:元

竣工工程预算成本

表 11-34

材料费	人工费	机械使用费	其他直接费	间接费	合计
1 018 412	112 248	83 493	19 758	197 656	1 431 567

2. 要求

(1)计算甲、乙工程实际成本。

(2)根据有关资料编制费用分配表,并记入建筑安装工程成本明细账。

(3)编制已完工程成本表和竣工工程成本表。

第十二章 利润和利润分配

知识目标

1. 施工企业利润的构成及形成过程；
2. 施工企业的会计利润和应纳税所得额之间的区别；
3. 永久性差异和时间性差异的内容；
4. 利润分配的顺序。

能力目标

1. 对施工企业利润形成进行会计核算的能力；
2. 对施工企业所得税核算的应付税款法和纳税影响法进行会计核算的能力；
3. 对利润分配进行会计核算的能力。

● 第一节 利润的构成 ●

利润是指施工企业在一定时期内从事施工生产经营活动和其他业务活动所取得的经营成果。它是考核和评价施工企业经济效益的一项重要指标。企业只有努力改善和加强施工生产经营管理，充分挖掘内部潜力，节约人、财、物的消耗，提高工程质量，降低工程成本和产品成本，才能增强盈利能力，增加利润，提高经济效益。即：获取最大限度的利润是施工企业生产经营的直接动机和目的之一，利润多少是决定企业对社会贡献大和企业进一步拓展业务的基本条件。

施工企业的利润，主要由营业利润、投资净收益、营业外收支净额三大部分组成，其计算公式如下：

利润总额 = 营业利润 + 投资净收益 + 营业外收支净额

此外，在一个会计年度中，如发生以前年度损益调整事项，也要计入当年损益。

一、营业利润

营业利润是指施工企业在一定时期内从事施工生产经营活动实现的利润，它是施工企业工程结算收入减去工程结算成本、工程结算税金及附加所形成的主营业务利润，加上其他业务利润，减去管理费用和财务费用后的余额，它是施工企业利润总额的主要组成部分。其计算公式如下：

营业利润=主营业务利润+其他业务利润-期间费用-销售费用
-资产减值损失+公允价值变动收益

1. 主营业务利润

主营业务利润是指施工企业因从事工程施工业务而实现的利润，它是企业及其内部独立核算的施工单位已向工程客户办理工程价款结算而形成的利润。其计算公式如下：

主营业务利润=主营业务收入-主营业务成本-主营业务税金及附加

其中：主营业务收入，反映施工企业经营主要业务所取得的收入总额；主营业务成本，反映施工企业经营主要业务所发生的实际成本；主营业务税金及附加，反映施工企业经营主要业务应负担的营业税、消费税、城市维护建设税、资源税和教育费附加等。

2. 其他业务利润

其他业务利润是指施工企业除主营业务以外的其他业务活动取得的收入，减去所发生的相关成本、费用，以及相关税金及附加等的支出后的净额，包括产品销售利润、劳务及作业利润、材料销售利润、其他销售利润、对外承包工程利润、多种经营利润、机具设备租赁利润和其他利润。其计算公式如下：

其他业务利润=其他业务收入-其他业务支出

3. 期间费用

它是指从属于一切的会计期间，应于发生的当期与同期收入相配比的费用，包括管理费用、财务费用以及销售费用。

4. 销售费用

销售费用是指在产品销售过程中为销售产品发生的各种必要费用。包括运输、装卸、包装、保险、商品展销、推销、广告费用以及专设销售机构的职工工资、福利费、业务费等经常费用。

5. 资产减值损失

资产减值损失是指企业各项资产发生的减值损失。包括坏账准备、存货跌价准备、固定资产减值准备、长期投资减值准备等。

6. 公允价值变动收益

公允价值变动收益是指企业按规定应当计入当期损益的资产和负债公允价值变动的收益。包括交易性金融资产、交易性金融负债以及采用公允价值模式计量的投资性房地产、衍生工具、套期保值业务等公允价值变动形成的应计入当期损益的利得或损失。

二、投资净收益

投资净收益是指施工企业对外投资所取得的收益，减去发生的投资损失和计提的投资减值准备后的净额。如果施工企业对外投资发生净损失，则在利润总额中将列为企业利润的减项。

投资收益包括对外投资分得的利润、股利、债券利息，投资到期收回或中途转让取得款项高于账面价值的差额，以及按照权益法核算的股权投资在被投资单位增加的净产值中所拥有的数额等。

投资损失包括对外投资分担的亏损，投资到期收回或中途转让取得款项低于账面价值的差额，以及按照权益法核算的股权投资在被投资单位减少的净产值中所分担的数额等。

三、营业外收支净额

营业外收支是指施工企业发生的与其施工生产经营活动没有直接关系的各项收入和支出，营业外收支净额是营业外收入扣除营业外支出后的差额。营业外收支虽与生产经营活动没有直接关系，但从企业主体来考虑，同样带来收入或给企业形成支出，对企业利润产生影响，是构成企业利润总额的一个要素。

营业外收入是指企业取得的与生产经营活动无关的各项收入（非正常经营业务所引起的偶然性的收入）。包括：固定资产盘盈净收益、处理固定资产净收益、出售无形资产净收益、非货币性资产交换利得、债务重组利得、政府补助、罚款净收入等。

营业外支出是指发生的与企业生产经营无关的各项支出（非正常经营业务所引起的偶然性的支出）。包括：固定资产盘亏净损失、处理固定资产净损失、出售无形资产净损失、非货币性资产交换损失、债务重组损失、公益性捐赠支出、罚款支出、非常损失等。

营业外收入和营业外支出应当分别核算，并在利润表中分列项目反映。营业外收入和营业外支出还应当按照具体收入和支出设置明细项目，进行明细核算。

四、以前年度损益调整

以前年度损益调整是指年度财务报表经有关部门审批后，根据审批意见对以前年度损益进行调整；或在某些情况下，企业可能会在本年度发现上年度或前几年度财务报表中的差错而对以前年度损益进行调整。对以前年度会计事项的调整可分为两类：一类是不影响损益计算，不涉及补交或退还所得税的调整；另一类是影响损益的调整，需要在损益调整后据以补交或退还所得税。根据会计惯例和现行制度规定，对以前年度会计事项的调整，直接在本年度账簿上进行更改，对于影响损益的调整直接计入本年利润，调增以前年度损益的则作为本年度利润的增加，调减以前年度损益的则作为本年度利润减少。

以上营业利润、投资净收益、营业外收支净额以及以前年度损益调整构成企业利润总额，企业实现利润总额应按规定向国家缴纳所得税费用，缴纳所得税费用后的利润额即为净利润。

净利润是指企业最终的财务成果，是利润总额减去所得税费用后的差额。可用计算公式表示为：

$$净利润 = 利润总额 - 所得税费用$$

其中，所得税费用，是指施工企业按照税法规定计算的，应计入当期损益的所得税费用。

企业净利润归企业所有者拥有，为长期发展和保护投资者利益，净利润要在投资者之间合理分配。如提取盈余公积、公益金、向投资者分配利润等。经分配后，仍有结余，属未分配利润，仍属所有者权益。

● 第二节　利润形成的核算 ●

为了核算企业利润的形成过程，施工企业应设置“本年利润”账户和一些损益类账户，即涉及“主营业务收入”、“主营业务成本”、“营业税金及附加”、“其他业务收入”、“其他业务支出”、“管理费用”、“财务费用”、“销售费用”、“投资收益”、“营业外收入”、“营业外支出”、“所得税费用”、“本年利润”、“以前年度损益调整”等损益类账户，其中大部分账户已在前面有关章节介绍过，本节只介绍前面章节未曾涉及的相关损益类账户，即本节要着重说明“营业外收入”、“营业外支出”、“本年利润”、“以前年度损益调整”等账户的核算内容。

一、“营业外收入”账户

“营业外收入”账户属于损益类科目，用来核算企业取得的与生产经营无直接关系的各项收入。其贷方登记企业取得的各项营业外收入；借方登记期末转入“本年利润”科目的营业外收入总额；期末结转后，本科目应无余额。本科目应按营业外收入项目设置明细账，进行明细分类核算。

二、“营业外支出”账户

“营业外支出”账户属于损益类科目，用来核算企业发生的与生产经营无直接关系的各项支出。其借方登记企业发生的各项营业外支出；贷方登记期末转入“本年利润”科目的营业外支出总额；期末结转后，本科目应无余额。本科目应按营业外支出项目设置明细账，进行明细分类核算。

三、“本年利润”账户

为了整体地核算和监督净利润（或亏损）的形成情况，施工企业应设置“本年利润”账户。期末，企业将各收益类科目的余额转入“本年利润”账户的贷方；将各成本、费用类科目的余额转入“本年利润”账户的借方。转账后，“本年利润”账户若为贷方余额，反映本年度自年初开始累计形成的净利润；若为借方余额，反映本年度自年初开始累计形成的净亏损。年度终了，应将“本年利润”科目的全部累计余额结转入“利润分配——未分配利润”科目，如为净利润，借记“本年利润”科目，贷记“利润分配”科目；如为净亏损，则作相反账务处理。年度结账后，“本年利润”科目无余额。

四、“以前年度损益调整”账户

为了反映以前年度损益调整的数额，施工企业应设置“以前年度损益调整”科目进行调整。通过“以前年度损益调整”科目调整时，对企业调整增加的以前年度利润或调整减少的以前年度亏损，应记入有关科目的借方和“以前年度损益调整”科目的贷方。对调整减少的以前年度利润或调整增加的以前年度亏损，应记入“以前年度损益调整”科目的借方和有关科目的贷方。经过上述调整后，应同时将“以前年度损益调整”科目的余额转入“利润分配——未分配利润”科目，结转后，本科目无余额。

现举例说明利润形成核算的会计处理。

1. 营业外收入核算的会计处理

【例 12-1】 某施工企业某月有如下经济业务。

(1)施工企业盘盈一台设备，重置完全价值为 50 000 元，估计已提折旧 30 000 元。

①报经批准前，作如下会计分录：

借:固定资产　20 000

　贷:以前年度损益调整　20 000

②报经批准后或做期末报表时,作如下会计分录:

借:以前年度损益调整　20 000

　贷:利润分配——未分配利润　20 000

(2)施工企业没收存入保证金押金2 000元。作如下会计分录:

借:其他应付款　2 000

　贷:营业外收入——没收保证金押金　2 000

(3)施工企业收到违约罚款40 000元,已存入银行。作如下会计分录:

借:银行存款　40 000

　贷:营业外收入——罚款净收入　40 000

(4)施工企业原欠某单位账款600元,因该单位已撤销无法偿还,经上级主管部门批准,转作营业外收入。作如下会计分录:

借:其他应付款　600

　贷:营业外收入——无法支付的应付款　600

(5)期末,将发生的营业外收入75 600元转入"本年利润"。作如下会计分录:

借:营业外收入　75 600

　贷:本年利润　75 600

2. 营业外支出核算的会计处理

【例12-2】 某施工企业某月有如下经济业务。

(1)施工企业盘亏的固定资产净值10 000元,报经批准后予以转销。作如下会计分录:

借:营业外支出——固定资产盘亏　10 000

　贷:待处理财产损溢——待处理固定资产损溢　10 000

(2)施工企业毁损的固定资产处理后发生净损失6 000元,予以转销。作如下会计分录:

借:营业外支出——处理固定资产净损失　6 000

　贷:固定资产清理　6 000

(3)施工企业计提固定资产减值准备8 000元、无形资产减值准备6 000元。作如下会计分录:

借:营业外支出——计提固定资产减值准备　8 000

　　　　　　——计提无形资产减值准备　6 000

　贷:固定资产减值准备　8 000

　　　无形资产减值准备　6 000

(4)企业由于自然灾害库存材料损失,扣除残料价值和保险公司赔款外净损失5 000元,经批准转作非常损失。作如下会计分录:

借:营业外支出——非常损失　5 000

　贷:待处理财产损溢——待处理流动资产损溢　5 000

(5)企业向"希望工程"捐款50 000元,以银行存款支付。作如下会计分录:

借:营业外支出——公益救济性捐赠　50 000

贷:银行存款 50 000

(6)企业以银行存款拨付技工学校经费 30 000 元。作如下会计分录:

借:营业外支出——技工学校经费 30 000

贷:银行存款 30 000

(7)期末,将本期发生的营业外支出 115 000 元转入"本年利润"账户。作如下会计分录:

借:本年利润 115 000

贷:营业外支出 115 000

3. 本年利润核算的会计处理

【例 12-3】 某施工企业在 2007 年年度决算时,各损益类账户 12 月 31 日余额如表 12-1 所示。

科目余额表

表 12-1

单位:元 2007 年 12 月

会计科目	借方余额	贷方余额
主营业务收入		60 000 000
主营业务成本	42 000 000	
主营业务税金及附加	8 400 000	
其他业务收入		450 000
其他业务支出	328 000	
管理费用	5 700 000	
财务费用	2 115 000	
投资收益		129 000
营业外收入		75 600
营业外支出	115 000	
所得税费用	658 878	

施工企业根据表 12-1 资料,应作如下会计分录:

(1)期末,将各收益类科目的余额转入"本年利润"科目贷方。

借:主营业务收入 60 000 000

其他业务收入 450 000

投资收益 129 000

营业外收入 75 600

贷:本年利润 60 654 600

(2)期末,将各成本费用类科目余额转入"本年利润"科目借方。

借:本年利润 59 316 878

贷:主营业务成本 42 000 000

主营业务税金及附加 8 400 000

其他业务支出 328 000

管理费用 5 700 000

财务费用 2 115 000

营业外支出　　115 000

所得税费用　　658 878

(3)年末,结转“本年利润”科目的贷方余额1 337 722元。

借:本年利润　　1 337 722

　贷:利润分配——未分配利润　　1 337 722

4. 以前年度损益调整核算的会计处理

【例12-4】 如某施工企业将上年12月中旬购入的一辆400 000元的小汽车误作管理费用。

这一错误属于将资本支出误记为收益支出。由于它在上年发生,于本年才被发现,属于以前年度损益调整事项,应从以下两方面进行调整:

一是应将小汽车买价400 000元记入“固定资产”科目的借方,并调整增加以前年度利润,记入“以前年度损益调整”科目的贷方,即作如下的会计处理:

借:固定资产　　400 000

　贷:以前年度损益调整　　400 000

二是应将由于调整增加以前年度利润而相应增加的所得税132 000元(假定该企业所得税税率为33%)记入“以前年度损益调整”科目的借方和“应缴税金——应缴所得税”科目的贷方,即作如下的会计处理:

借:以前年度损益调整　　132 000

　贷:应缴税金——应缴所得税　　132 000

经过上列调整后,“以前年度损益调整”科目结有贷方余额268 000元,应将它转入“利润分配——未分配利润”科目的贷方,即作如下的会计处理:

借:以前年度损益调整　　268 000

　贷:利润分配——未分配利润　　268 000

施工企业本年度发生的调整以前年度损益的事项,应调整本年度会计报表相关项目的年初数或上年实际数。企业在资产负债表日后财务会计报告报出前发生的调整报告年度损益的事项,应调整报告年度会计报表相关项目的数字。

•第三节　所得税费用的核算•

企业的会计核算和税收处理分别遵循不同的原则,服务于不同的目的。在我国,会计的确认、计量、报告应当遵从企业会计准则的规定,目的在于真实、完整地反映企业的财务状况、经营成果和现金流量等,为投资者、债权人以及其他会计信息使用者提供对其决策有用的信息。税法则是以课税为目的,根据国家有关税收法律、法规的规定,确定一定时期内纳税人应缴纳的税额,从所得税的角度,主要是确定企业的应纳税所得额,以对企业的经营所得征税。

所得税会计的形成和发展是所得税法规和会计准则规定相互分离的必然结果,两者分离的程度和差异的种类、数量直接影响和决定了所得税会计处理方法的改进。《企业会计准则第18号——所得税》(以下简称所得税准则)是从资产负债表出发,通过比较资产负债表上列示的资产、负债,按照会计准则规定确定的账面价值与按照税法规定确定的计税基础,对于两者之间的差异分别按应纳税暂时性差异与可抵扣暂时性差异,确认相关的递延所得税负债与递延所得税资产,并在此基础上确定每一会计期间利润表中的所得税费用。

一、所得税费用核算的内容

1. 税前会计利润与应纳税所得的差异

施工企业的利润形成以后,首先要做的是向国家缴纳企业所得税,而后才能进行利润分配。施工企业的所得税按国家税法规定的税率计算。施工企业的应纳税所得额与利润有关,但又不等于利润,通常可对利润进行适当调整得出。应税所得与会计利润不同,应税所得又称"应税利润"、"应纳税所得",是根据税法规定所确认的收入总额与准予扣除项目金额(即可扣除的费用)的差额。会计利润又称"税前会计利润",是根据会计制度所确认的收入与费用的差额。

由于服务的目的不同,会计制度与税法遵循的是不同的原则,从而使得应税所得与会计利润往往不相一致。会计利润的核算必须遵循权责发生制原则、配比原则等一般会计原则,据以确定利润总额。税法是以课税为目的,依据"公平税负,促进竞争"的原则来确定应税所得。会计制度和税法两者的目的不同,对收益、费用、资产、负债等的确认时间和范围也不同,从而导致税前会计利润与应税所得之间产生了差异,这一差异分为永久性差异和时间性差异两种类型。

1)永久性差异

永久性差异是指某一会计期间,由于会计制度和税法在计算收益、费用或确认损失时采用的口径不同,所产生的税前会计利润与应纳税所得额之间的差异。这种差异在本期发生,不会在以后各期转回。永久性差异有以下几种类型:

(1)按会计制度规定核算时作为收益计入会计报表,在计算应税所得时不确认为收益。如会计核算中计入会计利润的已税股利和其他投资收益,免税的国债利息收入以及可减免的民族自治地方企业实行定期减免税期间的利润等,在税法中按规定均不列入应税所得,从而使应税所得小于会计利润。

(2)按会计制度规定核算时不作为收益计入会计报表,在计算应税所得时作为收益,需要缴纳所得税。如施工企业以自己生产的产品用于工程项目,税法上规定应按该产品的售价与成本的差额计入应税所得,但按会计制度规定则按成本转账,不产生利润,不计入当期损益。再如施工企业与关联企业以不合理定价手段减少的工程结算收入和其他业务收入,在税法中规定税务机关有权对其作合理调整,增加应税收入。这样的差异使得应税所得大于会计利润。

(3)按会计制度规定核算时确认为费用或损失计入会计报表,在计算应税所得时则不允许扣减。如会计中确认为费用或损失,计入当期利润表,冲减当期利润的违法经营罚款、被没收财产损失,各项税收的滞纳金、罚金和罚款,非公益、救济性捐赠,各种赞助支出,与取得收入无关的其他各项支出,超过金融机构同类同期贷款利率计算部分的利息支出,超过地区规定计税工资标准部分的工资支出,超过国家规定按计税工资总额的2%、14%、1.5%计算部分的工会经费、职工福利费和职工教育经费,超过国家规定按应税所得额3%计算部分的公益、救济性捐赠,超过限额规定的业务招待费部分等,在税法中均规定不得扣除应税收入,从而使应税所得大于会计利润。

(4)按会计制度规定核算时不确认为费用或损失，在计算应税所得时则允许扣减。如对企业前5年内未弥补的亏损，税法规定可用当年利润弥补，从而使当年应税所得小于会计利润。

上述种种因税法规定与会计制度规定不一致而产生的应税所得与会计利润的差异，一旦发生，即永久存在，故称“永久性差异”。这种差异，只影响当期的应税所得，不会影响以后各期的所得税额，因而不必作账务调整。在仅存在永久性差异的情况下，应按照税前会计利润加减永久性差异调整为应税所得，再将应税所得与适用所得税率相乘计算出应交所得税，确认为当期费用。

2)时间性差异

时间性差异，指税法与会计制度在确认收益、费用或损失时的时间不同而产生的税前会计利润与应纳税所得额的差异。时间性差异发生于某一会计期间，但在以后一期或若干期内能够转回，故又称为暂时性差异。时间性差异主要有以下几种类型：

(1)企业获得的某项收益，按照会计制度应当确认为当期收益，但按照税法规定需待以后期间再确认为应税所得。如按会计制度规定，对股票投资、其他股权投资采用权益法核算的企业，应在期末按被投资企业当期实现的净利润及其持股比例确认投资收益，计入会计利润，而按照税法规定，如果投资企业适用所得税税率大于被投资企业所得税税率，投资企业从被投资企业分得的利润要补交所得税，这部分投资收益补交的所得税要在实际收到股利或投资利润时才确认为应税所得，从而使当期应税所得小于会计利润。

(2)企业发生的某项费用或损失，按照会计制度应当确认为当期费用或损失，但按照税法规定需待以后期间从应税所得中扣减。如会计中对工程质量担保费用在工程点交时可预提作为费用，而税法规定要在以后各期实际发生时才作为费用扣除，从而使当期应税所得大于会计利润。

(3)企业获得的某项收益，按照会计制度应当于以后期间确认收益，但按照税法规定需计入当期应税所得。如某些收益按照税法规定在逾期一定时期后仍然未支付的，应确认为收益，计入应税所得，但按照会计制度的规定，可以视具体情况于以后期间确认收益，从而使应税所得大于会计利润。

(4)企业发生的某项费用或损失，按照会计制度应当于以后期间确认为费用或损失，但按照税法规定可以从当期应税所得中扣减。如计提固定资产折旧，按照税法规定可以采用加速折旧法，出于财务会计目的采用直线法，在固定资产使用初期，从应税所得中扣减的折旧金额会大于计入当期损益的折旧金额，从而使应税所得小于会计利润。

时间性差异的基本特征是某项收益或费用、损失均可同时计入税前会计利润和应税所得，但计入税前会计利润和应税所得的时间不同，从而使得各期应税所得与会计利润不相一致。时间性差异是可以前后各期相互抵减的，需要采用一定的方法进行账务调整。

2. 所得税费用的计算方法

所得税费用是指对施工企业应纳税所得额课征的一种税，是企业资产的流出，属于企业的一项费用。施工企业的利润总额扣除所得税费用后即是企业的净利润。企业所得税费用是指中华人民共和国境内的企业，除外商投资企业和外国企业外，应当就其生产、经营所得和其他所得征收的一种税。施工企业按照税法的规定缴纳所得税是企业应尽的一项社会义务。

施工企业所得税费用的计算,包括应纳税所得额的计算和应纳所得税的计算。

1)应纳税所得额的计算

应纳税所得额是指纳税人在每一纳税年度的收入总额减去准予扣除项目后的余额,它是企业所得税的计税依据。其计算公式如下:

$$应纳税所得额 = 收入总额 - 准予扣除项目余额$$

实际计算中,通常是以税前利润为基础,进行适当的调整计算出来的。

2)应纳所得税额的计算

施工企业应纳所得税额是指根据应纳税所得额和适用的所得税税率计算的税额。其计算公式如下:

$$应纳所得税额 = 应纳税所得额 \times 所得税税率$$

其中,所得税税率一般为33%;对年应纳税所得额在3万元(含3万元)以下的企业,暂减按18%的税率征收所得税;年应纳税所得额在10万元(含10万元)以下至3万元的企业,暂减按27%的税率征收所得税。

3. 所得税费用的核算方法

由于按照会计制度计算的税前会计利润与按照税法规定计算的应税所得之间存在差异,因此,在所得税会计核算中可以采用两种不同的方法进行处理,即应付税款法和纳税影响会计法。

1)应付税款法

应付税款法是将本期税前会计利润与应纳税所得额之间的差异造成的影响所得税的金额直接计入当期损益,而不递延到以后各期的核算方法。

这种核算方法的特点是:以各期应税所得计算的应缴所得税作为当期所得税费用,计入损益表;时间性差异影响所得税的金额直接调整当期的所得税费用,不单独核算,不在资产负债表中反映为一项负债或一项资产。

可见,在此法下,本期发生的暂时性差异不单独核算,与本期发生的永久性差异同样处理。也就是说,不管税前会计利润多少,在计算缴纳所得税时均应按税法规定将税前会计利润调整为应税所得,再按应税所得计算出本期应缴的所得税,作为本期所得税费用,即本期所得税费用等于本期应缴所得税。即:

$$所得税费用 = 应缴所得税 = (税前会计利润 \pm 永久性差异 \pm 时间性差异) \times 所得税率$$

2)纳税影响会计法

纳税影响会计法是将本期税前会计利润与应纳税所得额之间的时间性差异造成的影响所得税的金额,递延和分配到以后各期的核算方法。

这种方法的特点是:计入损益表的所得税费用按税前会计利润调整永久性差异后计算,本期应交所得税按应税所得计算,两者的差额,即暂时性差异影响所得税的金额,单独设置"递延所得税资产"和"递延所得税负债"科目核算,不直接调整当期所得税费用,而是在以后期间转回。即:

$$所得税费用 = (税前会计利润 \pm 永久性差异) \times 所得税率$$

应缴所得税 =［（税前会计利润 ± 永久性差异）± 时间性差异］× 所得税率

所得税费用与应交所得税间的差额，形成递延所得税资产和递延所得税负债。

需要指出的是，从整个周期来看，一个周期内所得税费用之和总是等于应缴所得税之和，递延税款的借方发生额之和正好等于其贷方发生额之和。所以，无论使用应付税款法还是纳税影响会计法，最终计算缴纳的应缴所得税总额是一致的。

在具体运用纳税影响会计法核算时，有两种可供选择的方法，即递延法和债务法。在所得税税率不变的情况下，这两种方法的核算结果是一样的，但在税率变动的情况下，两种方法的结果则不完全相同。

（1）递延法　递延法是把本期由于时间性差异产生的影响所得税的金额，递延和分配到以后各期，并同时转回以前已确认的时间性差异对本期所得税的影响金额。在税率变更或开征新税时，不调整“递延所得税资产”或“递延所得税负债”科目的账面余额。

在采用递延法核算时，资产负债表反映的递延税款余额并不代表收款的权利或付款的义务。在税率变动或开征新税时，对递延税款的账面余额不作调整。本期发生的时间性差异影响所得税的金额，用现行税率计算，以前发生而在本期转回的各项时间性差异影响所得税的金额，用当初原有的税率计算。

施工企业采用递延法时，一定时期的所得税费用包括：

①本期应缴所得税；

②本期发生或转回的时间性差异所产生的递延税款贷项或借项。

（2）债务法　债务法是把本期由于时间性差异产生的影响所得税的金额，递延和分配到以后各期，并同时转回以前已确认的时间性差异对本期所得税的影响金额，在税率变动或开征新税时，需要调整“递延所得税资产”或“递延所得税负债”科目的账面金额。

采用债务法核算，本期的时间性差异预计对未来所得税的影响金额，在资产负债表上作为未来应付税款的债务，或者作为代表预付未来税款的资产。本期发生及转回的时间性差异对所得税的影响金额均用现行税率计算确定。

施工企业采用债务法时，一定时期的所得税费用包括：

①本期应缴纳所得税；

②本期发生或转回的时间性差异所产生的递延所得税负债或递延所得税资产；

③由于税率变更或开征新税，对以前各期确认的递延所得税负债或递延所得税资产账面余额的调整数。

施工企业在对所得税进行核算时，只能选择一种方法。在采用纳税影响会计法时，时间性差异所产生的递延税款为借方金额的情况下，为了慎重起见，如在以后转回时间性差异的时期内（一般为 3 年），有足够的应纳税所得额予以转回的，才能确认时间性差异的所得税影响金额，并作为递延税款的借方反映，否则，应于发生当期视同永久性差异处理。

投资于符合国家产业政策的技术改造项目的施工企业，其项目所需国产设备投资按一定比例可以从企业技术改造项目设备购置当年比前一年新增的企业所得税中抵免的部分，以及已经享受投资抵免的国产设备在规定期限内出租、转让应补交的所得税，均作为永久性差异处理；企业按规定以缴纳所得税后的利润再投资所应退回的所得税，以及实行先征后返所得税的企业，应当于实际收到退回的所得税时，冲减退回当期的所得税费用。

二、所得税核算的会计处理

在进行所得税会计核算时，应根据需要设置以下账户。

1. "所得税费用"账户

"所得税费用"账户用以核算企业按规定从本期损益中扣除的所得税。其借方反映企业计入本期损益的所得税额，贷方反映转入"本年利润"科目的所得税额，期末结转本年利润后，本科目无余额。

2. "递延所得税资产"和"递延所得税负债"账户

"递延所得税资产"和"递延所得税负债"科目在采用纳税影响会计法的企业中使用，核算企业由于暂时性差异造成的税前会计利润与应纳税所得之间的差额所产生的影响纳税的金额，以及以后各期转销的数额。

现举例说明所得税核算的会计处理。

【例 12-5】 某施工公司核定的全年计税工资总额为 4 000 000 元，2006 年实际发放的工资总额为 4 800 000 元。公司会计核算采用直线法计提固定资产折旧，本年折旧额 2 000 000 元；按照税法规定可采用双倍余额递减法计提折旧，本年折旧额 2 600 000 元。购置新产品试制设备 200 000 元，业务招待费超过规定限额多支出 50 000 元。公司当年税前会计利润为 6 000 000 元，适用所得税率 33%。试对公司所得税采用应付税款法核算。

应纳税所得额 = 税前会计利润 ± 纳税调整数

本期应缴所得税和所得税费用如下：

税前会计利润		6 000 000
加：永久性差异	800 000 － 200 000 ＋ 50 000 =	650 000
减：暂时性差异		600 000
应税所得		6 050 000
所得税率		33%

企业应缴所得税额 = 应纳税所得额 × 适用税率，故

本期应缴所得税　　1 996 500

本期所得税费用　　1 996 500

(1)确定本期所得税时，作如下会计分录：

借：所得税费用　　1 996 500

　贷：应缴税费——应缴所得税　　1 996 500

(2)结转本月所得税额，作如下会计分录：

借：本年利润　　1 996 500

　贷：所得税费用　　1 996 500

(3)实际上缴所得税时，作如下会计分录：

借：应缴税费——应缴所得税　　1 996 500

　贷：银行存款　　1 996 500

【例 12-6】 施工企业某项固定资产，按照会计规定采用直线法提取折旧，折旧年限为 3 年；按照税法规定采用直线法提取折旧，折旧年限为 5 年。该项固定资产原值为 30 000 元(不

考虑净残值因素）。假设企业每年实现税前会计利润 100 000 元，所得税税率为 33%。试对公司所得税采用纳税影响会计法进行核算。

企业应作如下的会计处理：

（1）按 5 年提取折旧，

每年应提折旧额 = 30000 ÷ 5 = 6000（元）

按 3 年提取折旧，

每年应提折旧额 = 30000 ÷ 3 = 10000（元）

时间性差异额 = 10000 − 6000 = 4000（元）

（2）按照纳税所得计算，

应缴所得税 =（100000 + 4000）× 33% = 34320（元）

按照税前会计利润计算，

所得税 = 100000 × 33% = 33000（元）

时间性差异对所得税的影响额 = 4000 × 33% = 1320（元）

或 = 34320 − 33000 = 1320（元）

（3）第一年作如下会计分录：

借：所得税费用	33 000	
递延所得税负债	1 320	
贷：应缴税费——应缴所得税		34 320

（4）第二年、第三年作与第一年相同的会计分录。

（5）第四年：

按照纳税所得计算的应缴所得税 =（100000 − 6000）× 33% = 31020（元）

按照税前会计利润计算的所得税 = 100000 × 33% = 33000（元）

转回时间性差异对所得税的影响额 = 6000 × 33% = 1980（元）

或 = 33000 − 31020 = 1980（元）

作如下会计分录：

借：所得税费用	33 000	
贷：应缴税费——应缴所得税		31 020
递延所得税负债		1 980

（6）第五年作与第四年相同的会计分录。

【例 12-7】 施工企业的某项设备，按照税法的规定计提折旧的年限为 3 年；按照会计的规定，计提折旧的年限为 6 年。该项设备的原值为 150 000 元，按直线法计提折旧（不考虑残值因素）。假设企业每年税前会计利润为 400 000 元，所得税税率为 33%。从第三年起所得税税率改为 30%。

（1）企业采用递延法时应作如下会计分录。

第一年：

按 3 年提取折旧，

每年应提折旧额 = 150000 ÷ 3 = 50000（元）

按 6 年提取折旧，

每年应提折旧额 = 150000 ÷ 6 = 25000(元)

时间性差异额 = 50000 − 25000 = 25000(元)

本期应缴所得税 = (400000 − 25000) × 33% = 123750(元)

按税前会计利润计算的所得税 = 400000 × 33% = 132000(元)

时间性差异对所得税的影响额 = 25000 × 33% = 8250(元)

作如下会计分录:

借:所得税费用	132 000	
贷:递延所得税资产		8 250
应缴税费——应缴所得税		123 750

第二年:作与第一年相同的会计分录。

第三年:

本期应缴所得税 = (400000 − 25000) × 30% = 112500(元)

按税前会计利润计算的所得税 = 400000 × 30% = 120000(元)

时间性差异对所得税的影响额 = 25000 × 30% = 7500(元)

作如下会计分录:

借:所得税费用	120 000	
贷:递延所得税资产		7 500
应缴税费——应缴所得税		112 500

第四年:

本期应缴所得税 = (400000 + 25000) × 30% = 127500(元)

转回时间性差异对所得税的影响额 = 25000 × 33% = 8250(元)

作如下会计分录:

借:所得税费用	119 250	
递延所得税资产	8 250	
贷:应缴税费——应缴所得税		127 500

第五年:作与第四年相同的会计分录。

第六年:

转回时间性差异对所得税的影响额 = 25000 × 30% = 7500(元)

作如下会计分录:

借:所得税费用	120 000	
递延所得税资产	7 500	
贷:应缴税费——应缴所得税		127 500

(2)企业采用债务法时应作如下会计分录:

第一年:同递延法。

第二年:作与第一年相同的会计分录。

第三年:

本期应缴所得税 = (400000 − 25000) × 30% = 112500(元)

时间性差异对所得税的影响额 = 25000 × 30% = 7500(元)

由于税率变动，调整递延税款的余额 =（25000 + 25000）×（33% - 30%）= 1500（元）。作如下会计分录：

借：所得税费用　　118 500

　贷：递延所得税资产　　6 000　（7500 - 1500）

　　　应缴税费——应缴所得税　　112 500

第四年：

本期应缴所得税 =（400000 + 25000）×30% = 127500（元）

转回时间性差异对所得税的影响额 = 25000 × 30% = 7500（元）

作如下会计分录：

借：所得税费用　　120 000

　　递延所得税资产　　7 500

　贷：应缴税费——应缴所得税　　127 500

第五年、第六年作与第四年相同的会计分录。

●第四节　利润分配的核算●

一、利润分配核算的内容

施工企业按规定缴纳了企业所得税之后，接下来就要对净利润及以前年度节余下来未分配利润进行分配。利润分配是一项政策性很强的工作，企业必须正确处理国家、企业、其他单位与职工之间的关系，按照税收制度和财务制度，正确、合理地分配企业实现的利润。施工企业利润的分配，既要体现理顺产权关系、充分保障投资者的权益和收益，又要考虑扩大企业生产、改善职工集体福利，并加强国家宏观调控的财力。

施工企业实现的利润总额，先应按照国家规定作相应的调整，然后依照税法缴纳所得税。这里所说的调整，主要是指：

（1）所得税前弥补亏损。

（2）投资收益中已纳税的项目或按照规定只需补交所得税的项目。

因为按照现行财务制度的规定，企业发生的年度亏损，可以用下一年度的税前利润等弥补；下一年度利润不足弥补的，可以在五年内延续弥补；五年内不足弥补的，才用税后利润等弥补。所以施工企业实现的年度利润，要先用以弥补以前五年内发生的亏损，然后据以计算应税所得额。投资收益如为税后利润，应从本年企业利润总额中扣除后计算应缴所得税。否则，纳税时如不扣除，就会出现重复纳税现象。

（1）施工企业缴纳所得税后的利润，一般按照下列顺序分配：

①被没收的财产损失，支付各项税收的滞纳金和罚款。

②弥补企业以前年度亏损。

③提取法定盈余公积金。法定盈余公积金按照税后利润扣除前两项后的10%提取，法定盈余公积金已达到注册资本50%时可不再提取。

④提取法定公益金。按公司法的规定，法定公益金应按税后利润扣除上述①、②项后的

5 % ~10% 提取。

⑤向投资者分配利润。企业以前年度未分配利润,可以并入本年度向投资者分配。

(2)股份有限公司提取法定公益金后,还应按照下列顺序分配:

①支付优先股股利。

②提取任意盈余公积金。任意盈余公积金是指企业出于经营管理等方面的需要,在向投资者分配利润前,按照公司章程或者股东会议决议提取和使用的留存收益。它是为了控制向投资者分配利润水平以及调整各年利润分配的波动,而向投资者分配利润施加限制的手段。

③支付普通股股利。上述利润分配顺序的逻辑关系是:企业以前年度亏损未弥补完,不得提取盈余公积金和公益金。在提取法定盈余公积金和法定公益金前,不得向投资者分配利润。企业向投资者分配利润时,经股东会议决定,可以提取任意盈余公积金,但股份有限公司应先分配优先股股利。

施工企业当年无利润时,不得向投资者分配利润。股份有限公司当年如无利润,原则上不分股利,但为了维护公司股票的信誉,避免股票价格大幅度波动,在用盈余公积金弥补了亏损,并经股东会议决定,可以按照不超过股票面值 6 % 的比率用盈余公积金分配股利。在分配股利后,企业法定盈余公积金不得少于注册资本的 25% 。

企业提取的法定盈余公积金和任意盈余公积金,可用于弥补亏损、扩大企业施工生产经营或用于转增资本金,但转增资本金后,企业法定盈余公积金不得少于注册资本的 25% 。

二、利润分配核算的会计处理

为了总括地核算和监督企业利润分配情况,施工企业应设置"利润分配"科目,核算企业利润的分配(或亏损的弥补)和历年分配(或弥补)后的积存余额。其借方登记分配的利润数及转入的本年亏损;贷方登记转入的本年利润及盈余公积补亏数;年末借方余额反映历年积存的未弥补亏损;年末贷方余额反映历年积存的未分配利润。"利润分配"科目下通常按照利润分配内容设置以下二级明细科目进行核算。

1. 其他转入

核算企业在亏损年度按规定用盈余公积弥补亏损等转入的数额。

2. 提取法定盈余公积

核算企业按照规定提取的法定盈余公积。

3. 提取法定公益金

核算企业按照规定提取的法定公益金。

4. 应付优先股股利

核算股份制企业应分配给优先股股东的现金股利。

5. 提取任意盈余公积

核算股份制企业提取的任意盈余公积。

6. 应付普通股股利

核算股份制企业应分配给普通股股东的现金股利。

7. 应付利润

核算非股份制企业分配给投资者的利润。

8. 转作股本的普通股股利

核算股份制企业分配给普通股股东的股票股利。

9. 转作资本的利润

核算非股份制企业以利润转增的资本。

10. 未分配利润

核算企业全年实现的净利润及历年积存的未分配利润或未弥补亏损。

年终决算时,应将“利润分配”所属各明细科目的余额转入“未分配利润”明细科目借方,同时将“本年利润”、“利润分配——其他转入”科目的余额转入“未分配利润”明细科目贷方。经过上述结转后,本科目贷方余额为企业的未分配利润数,若为借方余额就是企业尚未弥补的亏损数。可见,无论是以税前还是税后利润弥补亏损,都不需进行专门的账务处理。

股份制企业股东大会批准的利润分配方案与已入账的董事会提请批准的报告年度利润分配方案不一致时,其差额应当调整批准年度会计报表有关项目的年初数。调整增加的利润分配数,记入“利润分配——未分配利润”科目的借方和“盈余公积”等科目的贷方;调整减少的利润分配数,作相反分录入账。

现举例说明利润分配核算的会计处理。

【例 12-8】 某施工公司年初有未分配利润 190 000 元,年终分配利润情况及账务处理如下。

(1)年末,将全年税后利润 220 000 元从“本年利润”账户转至“利润分配”账户。作如下会计分录:

借:本年利润	220 000	
贷:利润分配——未分配利润		220 000

(2)提取盈余公积 33 000 元,其中法定盈余公积 22 000 元,法定公益金 11 000 元。作如下会计分录:

借:利润分配——提取盈余公积	33 000	
贷:盈余公积——法定盈余公积		22 000
——法定公益金		11 000

(3)分配给投资人利润 300 000 元,其中投资人甲 160 000 元,投资人乙 140 000 元。作如下会计分录:

借:利润分配——应付股利	300 000	
贷:应付股利——投资人甲		160 000
——投资人乙		140 000

(4)将利润分配上述有关明细账户转入未分配利润明细账户。作如下会计分录:

借:利润分配——未分配利润	333 000	
贷:利润分配——提取盈余公积		33 000
——应付股利		300 000

将上述会计分录登账后,“本年利润”账户以及“利润分配”的各明细账户全部结平,只剩“利润分配——未分配利润” 明细账户有累计未分配利润 77 000 元。

思考与练习

一、思考题

1. 施工企业利润总额是怎么构成的?

2. 施工企业的营业外收入和营业外支出主要包括哪些内容?

3. 施工企业的会计利润和应纳税所得额之间的永久性差异和时间性差异是怎么产生的?

4. 应付税款法与纳税影响会计法在所得税核算上有哪些不同?采用的理论依据是什么?

5. 施工企业的利润是按怎样的顺序进行分配的?

6. 以前年度损益调整在会计上应怎样加以处理?

二、练习题

1. 资料:

(1)某施工企业在2007年初,"利润分配——未分配利润"科目结有贷方余额4 00 000元。

(2)2007年11月30日,该企业有关损益类各科目的本年发生额见表12-2。

损益类各科目的本年发生额 表12-2

科目名称	本年累计发生额(元)	
	借 方	贷 方
工程结算收入		22 552 000
工程结算成本	19 595 834	
工程结算税金及附加	744 216	
其他业务收入		2 400 000
其他业务支出	2 100 000	
管理费用	810 050	
财务费用	170 000	
投资收益	40 000	280 000
营业外收入		5 000
营业外支出	7 900	
所得税(税率33%)	643 500	

(3)2007年12月,该企业发生了下列有关收入、成本、费用、税金及附加业务,将它们结转"本年利润"科目。

①已完工程的工程结算收入为2 400 000元。

②已完工程的工程结算成本为2 061 800元。

③已完工程的工程结算税金及附加为79 200元。

④运输作业收入为230 000元。

⑤运输作业成本为192 350元,经营税金及附加为12 650元。

⑥管理费用为 83 500 元。

⑦财务费用为 18 500 元。

⑧免税国债利息收入为 50 000 元。

⑨营业外支出为 1 000 元。

(4)将"本年利润"科目余额结转"利润分配——未分配利润"科目。

(5)按净利润的 10% 提取法定盈余公积金,净利润的 5% 提取法定公益金。

(6)应分配给投资者利润 1 000 000 元。

(7)将"利润分配"科目所属各二级科目的余额转入"未分配利润"二级科目。

要求:

(1)计算 2007 年度净利润、提取的法定盈余公积金和法定公益金。

(2)为各项利润和利润分配经济业务作成会计分录。

2. 资料:某企业 2006 年利润表上反映的税前会计利润为 600 000 元,所得税率为 33%。其中:本期取得的投资收益中包含国债利息收入 50 000 元;本期营业外支出中包含非公益性捐赠支出 25 000 元;本期按会计选用的折旧年限计算的固定资产折旧费为 50 000 元,按税法规定的折旧年限计算的固定资产折旧费为 70 000 元。

要求:计算 2006 年该企业应纳所得税额并作相关会计分录。

3. 资料:某企业 2002 年 12 月 20 日购入一台价值为 100 000 元的设备,预计可使用 4 年,预计残值为 1 000 元。该企业会计核算中采用直线法计提折旧,但税法要求采用双倍余额递减法计算折旧。假定在其他因素不变的情况下,企业从取得该设备起每年实现的税前会计利润为 30 000 元,所得税率为 33%。2005 年起所得税率改为 30%。

要求:试分别采用递延法与债务法计算该企业 2003 年 ~ 2006 年有关所得税、递延税款、应缴所得税,并作出 2003 年 ~ 2007 年的相关会计分录。

第十三章

非货币性交换

知识目标

1. 非货币性交换的概念、货币性资产和非货币性资产的区别；
2. 非货币性交换中在涉及补价的情况下如何确定交易的性质；
3. 非货币性交换中不涉及补价和涉及补价情况下的会计核算。

能力目标

1. 对非货币性交换中在涉及补价的情况下，换入资产入账价值计算的能力；
2. 对非货币性交换中不涉及补价和涉及补价情况下会计处理的能力。

● 第一节　非货币性交换概述 ●

一、非货币性交换的概念

非货币性交换是指交易双方主要以存货、固定资产、无形资产和长期股权投资等非货币性资产进行的交换，该交换不涉及或只涉及少量的货币性资产（即补价）。

通常情况下，商品交易是用货币性资产来交换非货币性资产，所交换的货币性资产金额，是计量企业收到的非货币性资产成本的基础，也是计量企业转出非货币性资产的收益或损失的基础。但是，非货币性资产交易不同于企业发生的一般交易行为，它是交易双方以非货币性资产进行的交换，它的交易对象是非货币性资产，一般不涉及货币性资产或只涉及少量的货币性资产。

二、货币性资产与非货币性资产的区别

货币性资产，是指企业持有的货币资金及将以固定或可确定金额收取的资产。包括现金、银行存款、应收账款、应收票据以及准备持有至到期的债券投资等。

非货币性资产，是指货币性资产以外的资产。包括存货、固定资产、无形资产、股权投资以及不准备持有至到期的债券投资等。

因此，货币性资产与非货币性资产的区别在于，资产在将来为企业带来的经济利益，即货币金额是否是固定的或可以确定的，如果资产在将来为企业带来的经济利益，即货币金额是固

定的或是可以确定的,则该资产是货币性资产;反之,如果资产在将来为企业带来的经济利益,即货币金额是不固定的或不可确定的,则该资产是非货币性资产。

三、非货币性交换的确定

在非货币性交易中,有可能在换出非货币性资产的同时,也支付一定金额的货币性资产,或者在换入非货币性资产的同时,也收到一定金额的货币性资产,这时所收到或支出的货币性资产称为补价。

在存在补价的情况下确定交易的性质,通常是看补价占整个交易金额的比例。如果支付的补价占换出资产公允价值和支付的补价之和的比例小于或者等于25%,或者收到的补价占换出资产公允价值的比例小于或者等于25%,则认定为非货币性交换;如果这个比例大于25%,则认定为货币性交换。其确定方法如下:

收到补价的企业:收到的补价÷换出资产公允价值≤25%。

支付补价的企业:支付的补价÷(支付的补价+换出资产公允价值)≤25%。

上述比例如果超过25%,则应作为货币性交换处理。

四、非货币性交换的计量

非货币性交换中交易双方的计量应根据非货币性交换的不同情况加以确定。

1. 不涉及补价情况下非货币性交换的计量

在进行非货币性交换时,无论是一项资产换入一项资产,或者是一项资产换入多项资产,均按换出资产的账面价值加上应支付的相关税费,作为换入资产的入账价值。其计算公式如下:

换入资产入账价值=换出资产账面价值+应支付的相关税费

2. 涉及补价情况下非货币性交换的计量

1)支付补价情况下非货币性交换的计量

在进行非货币性交换时,支付补价的企业,应以换出资产的账面价值加上补价和应支付的相关税费,作为换入资产的入账价值。其计算公式如下:

换入资产入账价值 = 换出资产账面价值+补价+应支付的相关税费

2)收到补价情况下非货币性交换的计量

在进行非货币性交换时,收到补价的企业,应以换出资产账面价值减去补价,加上应确认的收益和应支付的相关税费,作为换入资产的价值。其计算公式如下:

换入资产入账价值 = 换出资产账面价值-补价+应确认的收益+应支付的相关税费

应确认的收益 = 补价-(补价÷换出资产公允价值)×换出资产账面价值

式中的公允价值,是指在公平交易中,熟悉情况的交易双方,自愿进行资产交换或债务清偿的金额。

3. 涉及同时换入多项资产情况下非货币性交换的计量

在进行非货币性交换中,如果同时换入多项资产,应按照换入各项资产的公允价值与换入资产公允价值总额的比例,对换出资产的账面价值总额进行分配,以确定各项换入资产的入账价值。其计算公式如下:

换入各项资产入账价值=换出资产入账价值总额

×换入各项资产公允价值÷换入资产公允价值总额

4. 换入资产涉及应收账款情况下非货币性交换的计量

在资产交换中,如果换入的资产中涉及应收款项的,应当分别按以下情况处理:

1)以一项或多项资产换入一项应收账款

企业以一项或多项资产换入一项应收账款的,应当按照换出资产的账面价值作为换入应收账款的入账价值。如果换入的应收账款的原账面价值大于换出资产的账面价值的,应当按照换入应收账款的原账面价值作为换入应收账款的入账价值,换入应收账款的入账价值大于换出资产账面价值的差额,作为坏账准备。

2)以一项或多项资产同时换入应收账款和其他多项资产

企业以一项或多项资产同时换入应收账款和其他多项资产,应当按照换入应收账款的原账面价值作为换入应收账款的入账价值,换入除应收账款以外的其他各项资产的入账价值,按照各项资产的公允价值与换入的其他资产的公允价值总额的比例,对换出全部资产的账面价值加上应当支付的相关税费(如果涉及补价的,还应当减去补价加上应确认的收益,或者加上补价),减去换入的应收账款入账价值后的余额进行分配,并按分配的价值作为其换入的各项其他资产的入账价值。

• 第二节　非货币性交换的核算 •

非货币性交换的核算,应根据非货币性交换的不同情况,作出有关的会计处理。

一、不涉及补价情况下非货币性交换的会计处理

【例 13-1】 某公路施工企业用甲设备一台换入 A 公司乙设备一台,甲设备的账面原值为 20 万元,已提折旧 8 万元;乙设备账面原值 16 万元,已提折旧 3 万元。换入设备时双方均没有发生其他费用。分别作出两个企业的会计处理。

(1)公路施工企业进行会计处理时,作如下会计分录:

借:固定资产清理	120 000	
累计折旧	80 000	
贷:固定资产——甲设备		200 000
借:固定资产——乙设备	120 000	
贷:固定资产清理		120 000

(2)A 公司进行会计处理时,作如下如下会计分录:

借:固定资产清理	130 000	
累计折旧	30 000	
贷:固定资产——乙设备		160 000
借:固定资产——甲设备	130 000	
贷:固定资产清理		120 000

【例 13-2】 某公路施工企业有一台设备,账面原值 20 000 元,已提折旧 7 000 元,已提取的固定资产减值准备 600 元。该企业以此设备换入 B 公司的原材料 4 000kg,每千克售价为

2.5 元,B 公司销售原材料的增值税税率为 17%。交换过程中,双方各自负担了运费 500 元,均以银行存款支付。假设不考虑其他税费。分别作出两个企业的会计处理。

(1)公路施工企业进行会计处理时,作如下会计分录:

借:固定资产清理 13 000

　累计折旧 7 000

　贷:固定资产——甲设备 20 000

借:固定资产减值准备 600

　贷:固定资产清理 600

借:固定资产清理 500

　贷:银行存款 500

换入原材料的入账价值 = 13000 - 600 + 500 - 1700 = 11200(元)

借:原材料 11 200

　应缴税费——应缴增值税(进项税额) 1 700

　贷:固定资产清理 12 900

(2)B 公司进行会计处理时,作如下会计分录:

换入固定资产的入账价值 = 2.5 × 4000 × (1 + 17%) + 500 = 12200(元)

借:固定资产 12 200

　贷:原材料 10 000

　　应缴税费——应缴增值税(销项税额) 1 700

　　银行存款 500

二、涉及补价情况下非货币性交换的会计处理

【例 13-3】 某公路施工企业有一台压路机,账面价值为 200 000 元,已提折旧 80 000 元,已提固定资产减值准备 5 000 元,该压路机的公允价值为 125 000 元。甲公司有一批原材料,单位成本为 33 元/kg,公允市价为 35 元/kg,销售原材料的增值税税率为 17%。公路施工企业以压路机交换甲公司的原材料 3 000kg,同时,公路施工企业收到甲公司支付的补价 25 000 元。交换过程中,双方各自负担运输费用 1 000 元。假设不考虑其他税费。分别作出两个企业的会计处理。

(1)公路施工企业应作出的会计处理如下:

①判断双方交易的性质。

$$\begin{aligned}\text{收到的补价} \div \text{换出资产的公允价值} &= 25000 \div 125000 \times 100\% \\ &= 20\% \leqslant 25\%\end{aligned}$$

由于收到的货币性资产占换出资产公允价值的比例为 20%,低于 25%,因此,这一交易行为属于非货币性交换,应按非货币性交换的原则进行会计处理。

②计算交换中应当确认的收益。

$$\begin{aligned}\text{应当确认的收益} &= (1 - \text{换出资产账面价值} \div \text{换出资产公允价值}) \times \text{补价} \\ &= [1 - (200000 - 80000 - 5000) \div 125000] \times 25000 \\ &= 2000(\text{元})\end{aligned}$$

③确定交换中换入原材料的入账价值。

$$换入原材料的入账价值 = 200000 - 80000 - 5000 - 25000 + 2000 + 1000 - 3000 \times 35 \times 17\% = 75150(元)$$

④会计处理。

a. 换出固定资产转入清理时，作如下会计分录：

借：固定资产清理 115 000
　累计折旧 80 000
　固定资产减值准备 5 000
　贷：固定资产 200 000

b. 收到补价时，作如下会计分录：

借：银行存款 25 000
　贷：固定资产清理 25 000

c. 支付运输费用时，作如下会计分录：

借：固定资产清理 1 000
　贷：银行存款 1 000

d. 原材料入账和收益结转时，作如下会计分录：

借：原材料 75 150
　应缴税费——应缴增值税(进项税额) 17 850
　贷：营业外收入——非货币性交易收入 2 000
　　固定资产清理 91 000

(2)甲公司应作出的会计处理如下：

①判断双方的交易性质。

$$支付的补价 \div (支付的补价 + 换出资产公允价值) = 25000 \div (25000 + 35 \times 3000) \times 100\% = 19.23\% \leqslant 25\%$$

由于支付的货币性资产占换出资产公允价值与支付的货币性资产之和的比例为19.23%，低于25%，因此，这一交易行为属于非货币性交换，应按非货币性交换的原则进行会计处理。

②确定交换中换入固定资产的入账价值。

$$换入固定资产的入账价值 = 33 \times 3000 + 25000 + 1000 + 35 \times 3000 \times 17\% = 142850(元)$$

③会计处理时，作如下会计分录：

借：固定资产 142 850
　贷：原材料 99 000
　　银行存款 26 000
　　应缴税费——应缴增值税(销项税额) 17 850

【例13-4】 甲公路施工企业与乙公路施工企业经协商确定，甲企业以一台推土机交换乙企业的装载机。推土机的原值为200 000元，在交换日的累计折旧为30 000元，该设备的公允价值为180 000元；装载机的原值为300 000元，在交换日的累计折旧为120 000元，该设备的公允价值为200 000元。甲企业用转账支票另外向乙企业支付20 000元。假设在交换中没有发生其他相关税费。分别作出两个企业的会计处理。

(1)甲公路施工企业应作出的会计处理如下。

①判断双方的交易性质。

支付的补价 ÷(支付的补价 + 换出资产公允价值)= 20000 ÷(20000 + 180000)× 100% = 10% ≤25%

由于支付的货币性资产占换出资产公允价值与支付的货币性资产之和的比例为10%,低于25%,因此,这一交易行为属于非货币性交换,应按非货币性交换的原则进行会计处理。

②会计处理。

a. 换出固定资产转入清理时,作如下会计分录:

借:固定资产清理　170 000

　累计折旧　30 000

　贷:固定资产　200 000

b. 支付补价时,作如下会计分录:

借:固定资产清理　20 000

　贷:银行存款　20 000

c. 换入固定资产入账时,作如下会计分录:

借:固定资产　190 000

　贷:固定资产清理　190 000

(2)乙公路施工企业应作出的会计处理如下。

①判断双方的交易性质。

收到的补价 ÷ 换出资产公允价值 = 20000 ÷ 200000 × 100% = 10% ≤25%

由于收到的补价占换出资产公允价值的比例为10%,低于25%,因此,这一交易行为属于非货币性交换,应按非货币性交换的原则进行会计处理。

②计算交换中应当确认的收益。

应当确认的收益 =(1 - 换出资产账面价值 ÷ 换出资产公允价值)× 补价
= [1 -(300000 - 120000)÷ 200000] × 20000 = 2000(元)

③确定交换中换入固定资产的入账价值

换入固定资产的入账价值 =(300000 - 120000)- 20000 + 2000 = 162000(元)

④会计处理。

a. 换出固定资产转入清理时,作如下会计分录:

借:固定资产清理　180 000

　累计折旧　120 000

　贷:固定资产　300 000

b. 收到补价时,作如下会计分录:

借:银行存款　20 000

　贷:固定资产清理　20 000

c. 固定资产入账和收益结转时,作如下会计分录:

借:固定资产　162 000

贷:固定资产清理 160 000

营业外收入——非货币性交换收益 2 000

三、换入资产中涉及应收账款的会计处理

【例 13-5】 某公路施工企业的钢材每吨的实际成本为 3 000 元,该企业以 6t 钢材向甲公司交换应收乙公司的一项应收账款。应收账款的账面价值为 16 000 元,甲公司为此又支付银行存款 3 000 元,若钢材的公允价格为 3 400 元/t,假设在交换中不考虑相关税费,作出公路施工企业的相关会计处理。

(1)公路施工企业应作出的会计处理如下。

①计算换入应收账款应当确认的收益。

$$应当确认的收益 = 3[1-(3000\times6)\div(3400\times6)]\times3000 = 360(元)$$

②确认换入应收账款的入账价值。

$$换入应收账款的入账价值 = (3000\times6)-3000+360 = 15360(元)$$

③会计处理时,作如下会计分录:

借:应收账款——乙公司 15 360

银行存款 3 000

贷:原材料 18 000

营业外收入——非货币性交换收益 360

(2)甲公司进行会计处理时,作如下会计分录:

借:原材料 21 000

贷:应收账款 16 000

银行存款 3 000

营业外收入——非货币性交换收益 2 000

四、非货币性交换中涉及多项资产的会计处理

【例 13-6】 甲公路施工企业以一台重型汽车和一台翻斗汽车与乙公路施工企业交换一台压路机和一台推土机。重型汽车的账面原值为 300 000 元,在交换日的累计折旧为 40 000 元,公允价值为 250 000 元;翻斗汽车的账面原值为 200 000 元,在交换日的累计折旧为 80 000 元,公允价值为 120 000 元;压路机的账面原值为 400 000 元,在交换日的累计折旧为 150 000 元,公允价值为 250 000 元;推土机的账面原值为 300 000 元,在交换日的累计折旧为 130 000 元,公允价值为 180 000 元。甲公路施工企业另外向乙公路施工企业支付现金 50 000 元。假设两个企业都没有计提固定资产减值准备;交易中也没有发生相关税费。分别作出两个企业的会计处理。

(1)甲公路施工企业应作出的会计处理如下。

①判断双方的交易性质。

$$\begin{aligned}&支付的补价\div(支付的补价+换出资产公允价值)\\&=50000\div(50000+250000+120000)\times100\%\\&=11.91\%\leqslant25\%\end{aligned}$$

由于支付的货币性资产占换出资产公允价值与支付的货币性资产之和的比例为11.91%，低于25%，因此，这一交易行为属于非货币性交换，应按非货币性交换的原则进行会计处理。

②计算确定换入各项资产的公允价值占换入资产公允价值总额的比例。

压路机公允价值占换入资产公允价值总额的比例 = 250000 ÷ (250000 + 180000) × 100% = 58.14%

推土机公允价值占换入资产公允价值总额的比例 = 180000 ÷ (250000 + 180000) × 100% = 41.86%

③确定交换中换入各项固定资产的入账价值。

压路机的入账价值 = (260000 + 120000 + 50000) × 58.14% = 250002(元)

推土机的入账价值 = (260000 + 120000 + 50000) × 41.86% = 179998(元)

④会计处理。

a. 换出固定资产转入清理，作如下会计分录：

借：固定资产清理	380 000	
累计折旧	120 000	
贷：固定资产——重型汽车		300 000
——翻斗汽车		200 000

b. 支付补价时，作如下会计分录：

借：固定资产清理	50 000	
贷：银行存款		50 000

c. 换入固定资产入账时，作如下会计分录：

借：固定资产——压路机	250 002	
——推土机	179 998	
贷：固定资产清理		430 000

(2)乙公路施工企业应作出的会计处理如下。

①判断双方的交易性质。

收到的补价 ÷ 换出资产公允价值 = 50000 ÷ (250000 + 180000) × 100%
= 11.63% ≤ 25%

由于收到的补价占换出资产公允价值的比例为 11.63%，低于 25%，因此，这一交易行为属于非货币性交换，应按非货币性交换的原则进行会计处理。

②计算交换中应当确认的收益。

应当确认的收益 = [1 − (250000 + 170000) ÷ (250000 + 180000)] × 50000
= 1162.79(元)

③计算确定换入各项资产的公允价值占换入资产公允价值总额的比例。

重型汽车公允价值占换入资产公允价值总额的比例 = 250000 ÷ (250000 + 120000) × 100% = 67.57%

翻斗汽车公允价值占换入资产公允价值总额的比例 = 20000 ÷ (250000 + 120000) × 100% = 32.43%

④确定交换中换入各项固定资产的入账价值。

重型汽车的入账价值 = (250000 + 170000 − 50000 + 1162.79) × 67.57%
= 250794.70(元)

翻斗汽车的入账价值 = (250000 + 170000 − 50000 + 1162.79) × 32.43%
= 120368.09(元)

⑤会计处理。

a. 换出固定资产转入清理时,作如下会计分录:

借:固定资产清理 420 000
  累计折旧 280 000
 贷:固定资产——压路机 400 000
      ——推土机 300 000

b. 收到补价时,作如下会计分录:

借:银行存款 50 000
 贷:固定资产清理 50 000

c. 换入固定资产入账时,作如下会计分录:

借:固定资产——重型汽车 250 794.70
      ——翻斗汽车 120 368.09
 贷:固定资产清理 371 162.79

d. 结转交换过程中确认的收益时,作如下会计分录:

借:固定资产清理 1 162.79
 贷:营业外收入——非货币性交换收入 1 162.79

思考与练习

一、思考题

1. 什么是非货币性交换?
2. 货币性资产与非货币性资产区别何在?
3. 如何认定一项交易是非货币性交换?
4. 在有补价的情况下,如何确定换入资产的入账价值?
5. 非货币性交换应如何进行会计处理?

二、练习题

1. 资料:甲公路施工企业有一台推土机,账面原值 150 000 元,已提折旧 85 000 元,已提取的固定资产减值准备 1 000 元。该企业以此推土机换入 B 公司的钢材 15t,每吨售价为 4 000 元,B 公司销售原材料的增值税税率为 17%。交换过程中,双方各自负担了运费 1 000 元,均以银行存款支付。假设不考虑其他税费。

要求:分别作出两个企业的会计处理。

2. 资料:甲公路施工企业与乙公路施工企业商定,甲企业以一台压路机交换乙企业的重型汽车。压路机的原值为 300 000 元,在交换日的累计折旧为 60 000 元,该设备的公允价值为

250 000 元；重型汽车的原值为 350 000 元，在交换日的累计折旧为 100 000 元，该设备的公允价值为 260 000 元。甲企业另外向乙企业支付补价 10 000 元。假设在交换中没有发生其他相关税费。

要求：分别作出两个企业的会计处理。

3. 资料：甲公路施工企业以一辆大客车和一台装载机换入丙企业一台振动式压路机和一项非专利技术。甲企业的大客车账面原值为 400 000 元，在交换日的累计折旧为 125 000 元，公允价值为 250 000 元；振动式压路机的账面价值为 250 000 元，在交换日的累计折旧为 150 000 元，公允价值为 120 000 元。丙企业的振动式压路机账面原值为 320 000 元，在交换日的累计折旧为 100 000 元，公允价值为 270 000 元；非专利技术账面价值为 180 000 元，公允价值为 140 000 元。甲企业另外向丙企业支付补价 40 000 元。假设两个企业均未提取减值准备，交换没有发生其他相关税费。

要求：分别作出两个企业的会计处理。

第十四章

债务重组

知识目标

1. 债务重组的概念，债务重组的方式；
2. 债务重组的账务处理方法。

能力目标

1. 对资产清偿债务、债务转为资本进行会计处理的能力；
2. 对修改其他债务条件的债务重组进行会计处理的能力。

• 第一节　债务重组概述 •

一、债务重组的概念

债务重组，是指在债务人发生财务困难情况下，债权人按照其与债务人达成的协议或者法院的裁定作出让步的事项。债务重组的概念说明，不论债务重组的形式如何，只要将原定债务偿还条件进行修改的，也就是债务重组时确定的债务偿还条件不同于原协议的，都作为债务重组。

在市场经济激烈竞争的情况下，个别施工企业可能会因为各方面的不利因素，导致施工生产经营方式亏损，出现资金短缺，无法按期偿还所欠债务；或者是债务人已经进入破产程序，但因为相关的过程持续过长，结果还可能难以保证债权人的债权如数收回。因此，就出现了债务重组这一解决债务纠纷的方法。

二、债务重组的方式

企业会计准则中规定的债务重组方式主要有以下几种。

1. 以资产清偿债务

以资产清偿债务分为以现金或非现金资产清偿。以现金清偿债务，是指债务人以低于债务账面价值的现金来清偿债务。如某公路施工企业欠甲公司材料款 120 万元，在债务重组时，甲公司同意公路施工企业偿还 80 万元现金，余款不再偿还。以非现金资产清偿债务，是指债务人以转让其非现金资产给债权人来清偿债务。如某公路施工企业欠甲公司材料款 120 万元，经双方协商同意后，公路施工企业用一台设备来清偿欠款。因此，甲公司收到的不是偿还的现金，而是固定资产。用于偿债的非现金资产主要有存货、短期投资、长期投资、固定资产、无形资产等。

2. 将债务转为资本

将债务转为资本，是指债务人将债务转为资本，同时债权人将债权转为股本。需要提醒的是，以债务转为资本用于清偿债务，对于股份制企业法律上有一定的限制。

3. 修改其他债务条件

修改其他债务条件，是指不包括以上两种方式以外的其他方式进行的债务重组。如经债权人同意，可以减少债务人所欠债务本金、债务利息等。

4. 以上三种方式的组合

以上三种方式的组合，是指采用以上三种方法组合清偿债务的债务重组方式。如公路施工企业欠甲公司材料款120万元，经甲公司同意后可以以转让非现金资产、债务转为资本等方式的组合清偿此笔债务。

●第二节　债务重组的核算●

一、以资产清偿债务的核算

1. 以低于债务账面价值的现金清偿债务的核算

债务人以低于债务账面价值的现金清偿债务，也就是经债权人同意豁免债务人的部分债务，豁免部分转入资本公积。债权人应将豁免的债务作为损失，计入当期营业外支出。

【例 14-1】 2005 年 2 月，某公路施工企业向甲公司购买沥青，欠购买沥青款 60 万元。由于公路施工企业出现资金短缺，短期内无法支付购买沥青款。2005 年 12 月，经双方协商，甲公司同意某公路施工企业支付购买沥青款 50 万元，余款不再支付。随后公路施工企业支付 50 万元购买沥青款。根据有关凭证，作如下会计处理：

(1)公路施工企业支付沥青款时，作如下会计分录：

借：应付账款——甲公司	600 000	
贷：银行存款		500 000
资本公积——其他资本公积		100 000

(2)甲公司收到沥青款时，作如下会计分录：

借：银行存款	500 000	
营业外支出——债务重组损失	100 000	
贷：应收账款——某公路施工企业		600 000

2. 以非现金资产清偿债务的核算

根据企业会计准则的规定，债务人可以以非现金资产清偿债务，即可以以原材料、固定资产、有价证券等清偿债务。清偿债务中，如应付债务的账面价值小于用于清偿债务的非现金资产账面价值和支付的相关税费的差额，债务人应直接记入营业外支出；如应付债务的账面价值大于用于清偿债务的非现金资产账面价值和支付的相关税费的差额，债务人应直接记入资本公积。

债权人应该按照应收债权的账面价值加上应支付的相关税费,作为所接受非现金资产的入账价值。

【例14-2】 2005年3月,某公路施工企业向乙公司购买施工机械配件15万元,由于公路施工企业资金不足,近期内不能支付配件款。2006年12月,经双方协商,乙公司同意公路施工企业以一台汽车抵偿配件款,该车账面原值为16万元,已提折旧2万元,已提减值准备0.5万元。根据有关凭证,作如下会计处理。

(1)公路施工企业用设备抵偿配件款时,作如下会计分录:

借:应付账款——乙公司	150 000	
固定资产减值准备	5 000	
累计折旧	20 000	
贷:固定资产		160 000
资本公积——其他资本公积		15 000

(2)乙公司接收设备,办完有关手续时,作如下会计分录:

借:固定资产	150 000	
贷:应收账款——某公路施工企业		150 000

二、债务转为资本的核算

在债务重组的债务转为资本的方式中,如果债务人为股份有限公司时,债务人应该将债权人因放弃债权而享有股份的面值总额作为股本(非股份有限公司的企业作为实收资本),按应付债务的账面价值与享有股份面值总额的差额,作为资本公积;债权人应按照应收债权的账面价值加上应支付的相关税费,作为初始投资成本。

【例14-3】 2005年5月,某公路施工股份有限公司因购买材料欠甲公司货款30万元,由于股份公司无法偿还所欠货款,于2005年11月经双方协商同意,公路施工股份有限公司以普通股偿还债务,假设普通股每股面值为1元,公路施工股份有限公司以20万股抵偿此债务(不考虑相关税费)。假设甲公司长期股权投资按成本法核算。根据有关凭证,作如下会计处理。

(1)公路施工股份有限公司以普通股偿还债务时,作如下会计分录:

$$股本溢价 = 300000 - 200000 = 100000(元)$$

借:应付账款——甲公司	300 000	
贷:股本		200 000
资本公积——股本溢价		100 000

(2)甲公司收到抵偿债务的普通股,并办理相关手续后,作如下会计分录:

借:长期股权投资	300 000	
贷:应收账款——公路施工股份有限公司		300 000

三、修改其他债务条件的核算

修改其他债务条件的债务重组分为不附或有条件的债务重组和附或有条件的债务重组。目前,在我们国家附或有条件的债务重组尚不多见,这里只介绍不附或有条件的债务重组。

不附或有条件的债务重组,是指在债务重组中不存在或有事项的重组协议。在这种情况下,如果债权人将来应收金额小于应收债权账面价值,其差额首先冲减已计提的坏账准备,已计提坏账准备不足以冲减将来应收金额小于应收债权账面价值的部分,计入当期损益。

债务人应当将修改其他债务条件后的公允价值作为重组后债务的入账价值。债务人应当将重组债务的公允价值作为将来应付债务的金额,应付债务的账面价值与重组债务的公允价值的差额,作为资本公积处理。

【例 14-4】 某公路施工企业 2003 年 12 月 31 日应付乙公司账款的账面余额为 88 000 元,其中,8 000 元为 1 年未付的利息,票面年利率为 10%。由于该企业资金困难,2003 年 12 月 31 日前无法偿付该项债务。经与乙公司协商同意,在 2003 年年末进行债务重组。乙公司将债务本金减至 60 000 元,并免去 2003 年 12 月 31 日前所欠的全部利息,从 2004 年 1 月起将年利率由 10% 降低至 6%,并将债务到期日延长到 2006 年 12 月 31 日,利息按年支付。根据有关凭证,作如下会计处理。

(1)公路施工企业的会计处理。

①债务重组后,将企业将来应付债务金额重新记录时,作如下会计分录:

$$应计入资本公积的金额 = 88000 - [60000 \times (1 + 6\% \times 3)] = 17200(元)$$

$$债务重组后应付的债务金额 = 88000 - 17200 = 70800(元)$$

借:应付账款　　88 000

　贷:资本公积——其他资本公积　　17 200

　　应付账款——债务重组　　70 800

②2004 年 12 月 31 日计算支付利息时,作如下会计分录:

借:应付账款——债务重组　　3 600

　贷:银行存款　　3 600

③2005 年 12 月 31 日计算支付利息时,作如下会计分录:

借:应付账款——债务重组　　3 600

　贷:银行存款　　3 600

④2006 年 12 月 31 日偿还债务本金和当年利息时,作如下会计分录:

借:应付账款——债务重组　　63 600

　贷:银行存款　　63 600

(2)乙公司的会计处理。

①债务重组后,将公司将来应收债权金额重新记录时,作如下会计分录:

$$将来应收债权金额 = 60000 \times (1 + 6\% \times 3) = 70800(元)$$

$$债务重组后的损失 = 88000 - 70800 = 17200(元)$$

借:应收账款——债务重组　　70 800

　营业外支出——债务重组损失　　17 200

　贷:应收账款　　88 000

②2004 年 12 月 31 日收到利息时,作如下会计分录:

借:银行存款　　3 600

　贷:应收账款——债务重组　　3 600

③2005 年 12 月 31 日收到利息时,作如下会计分录:

借:银行存款　　3 600

　贷:应收账款——债务重组　　3 600

④2006 年 12 月 31 日收到债权本金和当年利息时,作如下会计分录:

借:银行存款　　63 600

　贷:应收账款——债务重组　　63 600

思考与练习

一、思考题

1. 什么是债务重组?债务重组有哪几种方式?

2. 以现金资产清偿债务方式下,债务人和债权人如何进行会计处理?

3. 以非现金资产清偿债务方式下,债务人和债权人如何进行会计处理?

4. 以债务转为资本方式下,债务人和债权人如何进行会计处理?

5. 修改其他债务条件方式下,债务人和债权人如何进行会计处理?

二、练习题

1. 资料:2001 年 2 月 12 日,某公路施工企业销售一批材料给甲企业,价格为 10 万元,按合同规定,甲企业应于 2001 年 4 月 1 日前偿付材料款。由于甲企业发生财务困难,无法按合同规定的期限偿还债务,经双方协议,于 6 月 1 日进行债务重组。按债务重组协议规定,公路施工企业同意减免 2 万元债务,余款甲企业用银行存款立即偿清。

要求:根据上述资料,分别作出两个企业的会计分录。

2. 资料:某公路施工企业欠乙公司购材料款 30 万元。由于公路施工企业财务发生困难,短期内不能支付材料款。经双方协商,公路施工企业以其库存的钢材偿还债务,该种钢材的公允价值为 25 万元,实际成本为 20 万元。乙公司接受以钢材偿还债务时,将该钢材作为原材料入库;乙公司对该项应收账款已计提坏账准备 1 万元。

要求:根据上述资料,分别作出两个企业的会计分录。

3. 资料:甲公司应收某公路施工企业销售材料款 9 万元,因为公路施工企业发生财务困难,现无法偿付该材料款。经双方协商同意,公路施工企业以普通股偿还债务,假设普通股的面值为 1 元,公路施工企业以 4 万股抵偿该项债务,股票每股市价为 2 元。甲公司对该项应收账款已计提坏账准备 8 000 元。

要求:根据上述资料,分别作出两个企业的会计分录。

第十五章 会计调整

知识目标

1. 会计政策变更的概念、特点,会计变更的条件,会计变更的账务处理方法;
2. 会计估计变更的概念、特点,会计估计变更的账务处理方法;
3. 会计差错更正的概念、产生的原因,会计差错更正的账务处理方法;
4. 资产负债表日后事项的概念、内容,资产负债表日后事项的账务处理方法;
5. 或有事项的概念、特点,或有事项的确认、计量方法。

能力目标

1. 对会计调整业务包括会计政策、会计估计、会计差错进行会计处理的能力;
2. 对资产负债表日后事项等进行会计处理的能力。

•第一节 会计政策变更的核算•

一、会计政策变更的概念与特点

1. 会计政策、会计政策变更的概念

会计政策,是指企业在会计核算时所遵循的具体原则以及企业所采用的具体会计处理方法。这里所说的具体原则是指企业按照国家统一的会计核算制度所制定的,适合于本企业的会计制度中所采用的会计原则。具体会计处理方法是指企业在会计核算中对诸多可以选择的会计处理方法中所选择的、适合本企业的会计处理方法。

会计政策变更是指企业对相同的交易事项由原来采用的会计政策改用另外一种会计政策的行为。也就是说,在不同会计期间执行不同的会计政策。会计政策变更,并不意味着以前的会计政策是错误的,只是由于情况发生了变化,或是掌握了新的信息,积累了更多的经验,使得变更会计政策能够更好地反映企业财务状况、经营成果和现金流量。如果企业以前会计政策的运用是错误的,则属于会计差错,应该按会计差错更正的会计处理方法进行账务处理。

2. 会计政策的特点

(1)会计政策包括不同层次,涉及具体会计原则和会计处理方法。

比如,对资产是以市价还是以历史成本计价就属于计价的具体会计原则,而在以市价计价的情况下,重置成本、可变现净值等就属于具体会计处理方法。

(2)会计政策是在允许的会计原则和会计方法中作出的具体选择。

由于施工企业经济业务的复杂性和多样化,某项经济业务可以有多种会计处理方法。比如,存货的计价,可以有先进先出法、加权平均法、后进先出法、个别计价法等。施工企业在发生某些经济业务时,必须从允许选择的会计原则和科技解题处理方法中选出适合本企业实际情况的会计政策。

(3)会计政策是企业会计核算的直接依据。

即使是具体的会计原则,它也是针对某一类会计业务的具体原则,而不是一般会计原则。如客观性、及时性、可比性、一贯性等,就不属于特定会计原则,而是属于一般会计原则,不属于会计政策。施工企业进行会计核算时,应当以一般会计原则为指导,根据具体会计原则和会计处理方法进行确认、计量和报告。具体会计原则和具体会计处理方法,是指导企业进行会计核算的基础。

由于会计政策在具体使用中可以有不同的选择,一般情况下企业应选择最恰当的会计政策反映其经营成果和财务状况。会计政策的选择应考虑谨慎、实质重于形式和重要性三个方面。同时,为了保持会计信息的可比性,企业选用的会计政策一般情况下不能也不应当随意变更。

二、会计政策变更的条件

1. 会计政策变更的必备条件

会计政策变更,必须符合下列条件之一。

(1)国家法律或国家统一的会计制度等行政法规、规章要求变更。这种情况是指按照有关会计法规和国家统一会计制度的规定,要求企业采用新的会计制度,此时企业应该执行新的会计政策。比如,企业要适应会计制度、会计准则的修改和修订等。

(2)这种变更能够提供有关企业财务状况、经营成果和现金流量等更可靠、更相关的会计信息。这种情况是指由于经济环境、客观情况的变化,使企业原来采用的会计政策所提供的会计信息与经济事实不符,按变更后的会计政策能更好地反映企业财务状况、经营成果和现金流量。比如,企业开始计提各项资产减值准备等。

2. 不属于会计政策变更的情况

在会计实务中,必须正确划分哪些情况属于会计政策变更,哪些情况不属于会计政策变更。因为,它直接影响着企业会计处理方法的选择。不属于《企业会计准则》所定义的会计政策变更的情况有以下两种:

(1)当期发生的交易或事项与以前相比具有本质差别而采用新的会计政策。

(2)对初次发生的或不重要的交易或事项而采用新的会计政策。

三、会计政策变更的核算

对会计政策变更的核算,企业应根据不同情况,分别采用不同的方法。常用的是追溯调整法和未来适用法。

1. 追溯调整法

追溯调整法,是指某项交易或事项变更会计政策时,如同该项交易或事项初次发生时就开始采用新的会计政策,并以此对相关项目进行调整的一种方法。在采用这种方法时,应当根据会计政策变更的累积影响数,调整变更年度的期初留存收益以及会计报表的相关项目。

追溯调整法的具体运用通常由以下步骤构成:

第一步,计算会计政策变更的累积影响数;

第二步,进行相关的会计处理;

第三步,调整会计报表相关项目;

第四步,附注说明。

会计政策变更的累积影响数,是以下两个金额之间的差额:一是在变更会计政策的当年,按变更后的会计政策对以前各期追溯计算,所得到的年初留存收益金额;二是变更会计政策当年年初的留存收益金额。

会计政策变更的积累影响数,可以通过以下几个步骤计算获得:

第一步,依据新的会计政策重新计算受影响前期交易或事项;

第二步,计算两种会计政策下的差异;

第三步,计算差异的所得税影响金额(如果需要调整所得税影响金额的);

第四步,确定以前各期的税后差异;

第五步,计算会计政策变更的积累影响数。

【例 15-1】 2003 年 1 月 1 日,某公路施工企业对甲公司投资 800 万元,占甲公司有表决权股份的 30%,按当时会计制度,采用成本法核算该项投资。从 2005 年 1 月 1 日起,采用权益法核算,甲公司适用所得税税率为 15%。

甲公司 2003 年、2004 年的净利润分别为 136 万元、204 万元,公路施工企业于 2004 年从甲公司分得的现金红利为 34 万元。

公路施工企业适用的所得税税率为 33%,并按净利润的 10% 提取法定盈余公积,按 5% 提取法定公益金。该企业所得税采用债务法核算。

(1)计算由成本法改为权益法后累积影响数(表 15-1)。

会计政策变更累积影响数计算表 表 15-1

单位:万元 2005 年 1 月 1 日

年度	按原会计政策确认的投资收益	按变更后的会计政策计算的投资收益	所得税前差异	所得税影响	累积影响数
2003	0	40.8	40.8	8.64	32.16
2004	34	61.2	27.2	5.76	21.44
合计	34	102	68	14.4	53.6

注:8.64 = 40.8/(1 - 15%) × 18%;

5.76 = 27.2/(1 - 15%) × 18%。

(2)对会计政策变更进行相关的会计处理。

调整会计政策变更累积影响数:

借:长期股权投资——甲公司 680 000

贷:利润分配——未分配利润 536 000

递延税款 144 000

调整利润分配:536000 × 15% = 80400(元)

借：利润分配——未分配利润　　　　80 400

　贷：盈余公积　　　　80 400

(3)编制2005年度会计报表相关项目调整表(表15-2)。

单位:元　　**2005年底会计报表相关项目调整表**　　表15-2

项　目	上年数		年初数	
	调增	调减	调增	调减
长期股权投资	—	—	680 000	
递延税款(贷方)	—	—	144 000	
未分配利润	—	—	455 600	
盈余公积	—	—	80 400	
投资收益	272 000		—	—
所得税	57 600		—	—
年初未分配利润	273 360		—	—
提取法定盈余公积	21 440		—	—
提取法定公益金	10 720		—	—

注:273360 = 321600 × 85%。

2. 未来适用法

未来适用法,是指对某项交易或事项变更会计政策时,新的会计政策是适用于变更当期及未来期间发生的交易或事项的一种方法。采用此法时,不需要计算会计政策变更产生的累积影响数,也无需重编以前年度的会计报表。企业会计账簿记录及会计报表上反映的金额,变更之日仍保留原有的金额,不因为会计政策变更而改变以前年度的既定结果,企业应当在现有金额的基础上按新的会计政策进行核算。

这种方法只有当会计政策变更累积影响数不能合理确定的情况下使用。

比如,某公路施工企业对材料采用先进先出法进行核算,由于物价持续上涨,该企业从2003年1月1日起改用后进先出法对材料进行核算,当日材料的账面金额为100万元,这个金额数是按先进先出法计算出来的材料余额。改用后进先出法后,企业对以前年度材料成本不能进行合理的调整,所以,只有采用未来适用法进行处理,即对材料采用后进先出法进行核算,即从2003年度以后才适用。因此,不需要计算2003年1月1日以前按后进先出法计算材料应有的余额,以及留存收益的余额。

•第二节　会计估计变更的核算•

一、会计估计变更的概念和特点

会计估计,是指企业对其结果不确定的交易或事项以最近可利用的信息为基础所作的判断。会计估计变更,是指由于资产和负债的当前状况及预期经济利益和义务发生了变化,从而对资产或负债的账面价值或者资产的定期消耗金额进行调整。

会计估计具有以下几个特点:第一,会计估计的存在是由于经济活动中内在的不确定因素的影响;第二,进行会计估计时,往往以最近可利用的信息或资料为基础;第三,为保证会计信息的可靠性,必须合理地进行会计估计。

需要进行会计估计的项目通常有:坏账;存货遭受毁损、全部或部分陈旧过时;固定资产的耐用年限与净残值;无形资产的受益期;递延资产的摊销期限;或有损失和或有收益等。

由于公路施工企业经营活动中存在不确定因素的影响,某些会计报表项目不能精确地计算,而只能加以估计。如果赖以进行估计的基础发生变化,或者由于取得了新的信息,积累了更多的经验以及后来的发展变化,可能需要对会计估计进行修订,这种对会计估计进行的修订就叫估计变更。

会计估计变更,并不意味着以前期间的会计估计是错误的,只是由于企业情况发生了变化,或者掌握了新的信息,积累了更多的经验,使得变更会计估计能够更好地反映企业财务状况和经营成果。

二、会计估计变更的核算

对于会计估计变更,企业应采用未来适用法,即在企业发生会计估计变更时,不需要计算会计估计变更产生的累积影响数,也不需要重编以前年度会计报表,但应当对变更当期和未来期间发生的交易或事项采用新的估计进行会计核算。如果会计估计变更仅影响变更当期,会计估计变更的影响数应当于当期确认,记入变更当期与前期相同的相关项目中。如果会计估计变更既影响变更当期又影响未来期,会计估计变更的影响数应记入当期和未来期间与前期相同的相关项目中。

会计实务中,如果不易分清是会计政策变更还是会计估计变更,则应该按会计估计变更进行会计账务处理。

【例 15-2】 2000 年 1 月 1 日,某公路施工企业购入一台摊铺机,原价 123 万元,原预计使用年限为 12 年,预计净残值为 3 万元,按直线法计提折旧。2005 年 1 月 1 日,根据企业新的情况,该摊铺机折旧年限改为 10 年,预计净残值 2.6 万元,该摊铺机已提折旧 5 年,累计折旧 50 万元。

改按新的折旧年限计提折旧,每年的折旧额为:

$$(730000-26000)\div(10-5)=140800(\text{元})$$

2005 年 12 月 31 日,企业应进行的会计处理如下:

借:机械作业　　140 800

　贷:累计折旧　　140 800

第三节　会计差错更正的核算

一、会计差错的概念及产生的原因

会计差错,是指在会计核算时,由于计量、确认、记录等方面出现的错误。会计前期差错,是指由于没有运用或错误运用下列两种信息,而对前期财务报表造成省略或错误。两种信息为:一是编报前期财务报表时预期能够取得并加以考虑的可靠信息;二是前期财务报告批准报出时能够取得的可靠信息。前期差错通常包括计算错误、应用会计政策错误、疏忽或曲解事实以及舞弊产生的影响以及存货、固定资产盘盈等。

通常情况下,企业可能由于以下原因而发生会计差错。

(1)会计政策上的差错。也就是采用了法律或会计准则等行政法规、规章不允许的会计政策。

(2)会计估计上的差错。也就是由于经济业务中不确定因素的影响,企业在作出会计估计时发生的差错。

(3)其他差错。比如账户分类及计算的错误等。

二、会计差错更正的核算

公路施工企业对于发生的会计差错,应该区别不同情况,分别采用不同的更正方法进行会计上的账务处理。

(1)企业对于发现属于当期的会计差错,应当调整当期的相关项目。

【例 15-3】 2003 年 12 月 31 日,某公路施工企业发现一台企业管理部门所用的设备本年漏提折旧,折旧提取数为 1 500 元,应补提折旧。作如下会计分录:

借:管理费用　　1 500

　贷:累计折旧　　1 500

(2)企业发现与以前期间相关的非重大会计差错,不调整会计报表相关项目的期初数,但应该调整发现当期与前期相同的相关项目。

【例 15-4】 2004 年 12 月 31 日,某公路施工企业发现 2002 年度一台管理用的计算机设备漏提折旧,折旧提取数为 2 000 元,2004 年将此差错进行更正。作如下会计分录:

借:管理费用　　2 000

　贷:累计折旧　　2 000

(3)企业发现与以前期间相关的重大会计差错,如果影响损益,应该根据其对损益的影响数,调整发现当期的期初留存收益,会计报表其他相关项目的期初数也应一并调整;如不影响损益,应调整会计报表相关项目的期初数。

【例 15-5】 2003 年某公路施工企业发现 2002 年漏提了一项大型施工机械设备的折旧费 200 000 元,所得税申报中也没有包括这项费用。2002 年该企业所得税采用应付税法核算,适用税率为 33%,按净利润的 10% 和 5% 分别提取法定盈余公积金和法定公益金。

根据上述情况,企业对产生的会计差错进行如下会计处理。

①补提 2002 年漏提的折旧,作如下会计分录:

借:以前年度损益调整　　200 000

　贷:累计折旧　　200 000

②调整应缴所得税,作如下会计分录:

借:应缴税费——应缴所得税　　66 000

　贷:以前年度损益调整　　66 000

③将以前年度损益调整科目转入利润分配科目,作如下会计分录:

借:利润分配　　134 000

贷:以前年度损益调整 134 000

④调整利润分配有关数字,作如下会计分录:

借:盈余公积 30 000

贷:利润分配——未分配利润 30 000

第四节　资产负债表日后事项的核算

一、资产负债表日后事项概述

1. 资产负债表日后事项的定义

资产负债表日后事项,是指资产负债表日至财务报告批准报出日之间发生的有利或不利事项。财务报告批准报出日,是指董事会或类似机构批准财务报告报出的日期。

2. 资产负债表日后事项涵盖的期间

资产负债表日后事项准则所指的资产负债表日后事项所涵盖的期间是资产负债表日后至财务报告批准报出日之间。

资产负债表日后事项涵盖的期间应当包括:一是报告年度次年的1月1日至董事会批准财务报告可以对外公布的日期;二是董事会批准财务报告可以对外公布日与实际对外公布日之间发生的与资产负债表日后事项有关的事项,由此影响财务报告对外公布日期的,应该以董事会再次批准财务报告对外公布的日期为截止日期;三是如果由此影响审计报告内容的按照独立审计准则的规定,注册会计师可以签署双重报告日期,即保留原定审计报告日,并就该期日后事项注明新的审计报告日或更改审计报告期。

3. 资产负债表日后事项的内容

资产负债表日后事项的内容包括两个方面:一方面是对资产负债表日存在的情况提供进一步证据的事项,称为调整事项;另一方面是资产负债表日后才发生的情况的事项,称为非调整事项。

1)调整事项

调整事项是指对资产负债表日已经存在的情况提供了新的或进一步证据的事项。其特点是:

(1)在资产负债表日或以前已经存在,在资产负债表日后得以证实的事项。

(2)对按资产负债表日存在状况编制的会计报表产生重大影响的事项。

企业发生的资产负债表日后调整事项,通常包括:

①资产负债表日后诉讼案件结案,法院判决证实了企业在资产负债表日已经存在现实义务,需要调整原先确认的与该诉讼案件相关的预计负债或确认一项新负债。

②资产负债表日后取得确凿证据,表明某项资产在资产负债表日发生了减值或者需要调整该项资产原先确认的减值金额。

③资产负债表如何进一步确定了资产负债表日前购入资产的成本或售出资产的收入。

④资产负债表日后发现了财务报表舞弊或差错。

2)非调整事项

非调整事项是指表明资产负债表日后发生的情况的事项。其特点是：

(1)资产负债表日并未发生或存在,完全是期后新发生的事项；

(2)对理解和分析财务报告有重大影响的事项。企业发生的资产负债表日后非调整事项,通常包括：

①资产负债表日后发生重大诉讼、仲裁、承诺。

②资产负债表日后资产价格、税收政策、外汇汇率发生重大变化。

③资产负债表日后因自然灾害导致资产发生重大损失。

④资产负债表日后发行股票和债务以及其他巨额举债。

⑤资产负债表日后资本公积转增资本。

⑥资产负债表日后发生巨额亏损。

⑦资产负债表日后发生企业合并或处置子公司。

二、资产负债表日后事项的核算

1. 调整事项的核算

资产负债表日后发生的调整事项,应当如同资产负债表所属期间发生的事项一样,要作出相关的会计账务处理,并对资产负债表日后已编制的会计报表作相应的调整。对资产负债表日后发生的调整事项,应当分别按以下情况进行会计账务处理。

(1)涉及损益的事项,通过“以前年度损益调整”科目进行核算。并将“以前年度损益调整”科目的贷方或借方余额,转入“利润分配——未分配利润”科目。

(2)涉及利润分配调整的事项,直接在“利润分配——未分配利润”科目核算。

(3)不涉及损益以及利润分配的事项,调整相关会计科目。

(4)通过上述会计账务处理后,还应同时调整会计报表相关项目的数字。包括：

①资产负债表日编制的会计报表相关项目的数字；

②当期编制的会计报表相关项目的年初数；

③提供比较会计报表时,还应调整相关会计报表的上年数。

【例 15-6】 某股份有限公司所欠某公路施工企业工程价款 200 000 元,应于 2003 年 12 月 12 日支付,由于该股份有限公司经营管理不善,财务状况不佳,至 2003 年底仍未支付。本公路施工企业于 2003 年 12 月 31 日编制 2003 年度会计报表时,已经为该项应收账款提取坏账准备 10 000 元。该股份有限公司于 2004 年 2 月 26 日宣告破产,并通知公路施工企业所欠工程款只能偿还 30%。公路施工企业接到通知后,应根据具体情况,在会计上作如下事项的调整。(该公路施工企业采用应付税款法对所得税进行核算,适用税率 33%。)

(1)补提坏账准备时,作如下会计分录：

$$补提坏账准备 = 200000 \times 70\% - 10000 = 130000(元)$$

借:以前年度损益调整　　　　130 000

　贷:坏账准备　　　　　　　　130 000

(2)调整应缴所得税时,作如下会计分录:(130000 × 33%)

借:应缴税费——应缴所得税　　　　42 900

　贷:以前年度损益调整　　　　　　42 900

(3)将“以前年度损益调整”科目的余额转入“利润分配”科目时,作如下会计分录:

借:利润分配——未分配利润　　87 100

　贷:以前年度损益调整　　87 100

(4)调整利润分配相关数时,作如下会计分录:

借:盈余公积——法定盈余公积　　8 710

　　　　——法定公益金　　4 355

　贷:利润分配——未分配利润　　13 065

【例 15-7】 2004 年 3 月 2 日,某公路施工企业召开董事会,制订 2003 年利润分配方案,2003 年实现净利润 3 000 万元,按 10% 提取法定盈余公积,按 5% 提取法定公益金,向投资者分配现金股利 1 200 万元。

(1)进行利润分配时,作如下会计分录:

借:利润分配——提取法定盈余公积　　3 000 000

　　　　——提取法定公益金　　1 500 000

　贷:盈余公积　　4 500 000

借:利润分配——应付股利　　12 000 000

　贷:应付股利　　12 000 000

(2)结转“利润分配”科目的其他明细科目至“未分配利润”明细科目时,作如下会计分录:

借:利润分配——未分配利润　　16 500 000

　贷:利润分配——提取法定盈余公积　　3 000 000

　　　　　——提取法定公益金　　1 500 000

　　　　　——应付股利　　12 000 000

2. 非调整事项的核算

资产负债表日后发生的非调整事项,不允许资产负债表日存在的状况,不需要对资产负债表日编制的会计报表进行调整。但由于事项重大,如不加以说明,将会影响财务报告使用者作出正确的估计和决策。因此,应在会计报表附注,披露事项的内容以及对财务状况、经营成果的影响。

●第五节　或有事项的核算●

一、或有事项的概述

1. 或有事项的概念及特点

或有事项,是指过去的交易或者事项形成的,其结果需由某些未来事项的发生或不发生才能决定的不确定事项。

从会计的角度去看,或有事项有以下几个特点:一是或有事项是过去交易或事项形成的一种状况;二是或有事项具有不确定性;三是或有事项的结果只能由未来发生的事项证实;四是证实或有事项结果的不确定事项不能完全由企业控制。

2. 或有负债和或有资产的概念

或有负债，是指过去的交易或者事项形成的潜在义务，其存在需通过未来不确定事项的发生或不发生予以证实；或过去的交易或者事项形成的现实义务，履行该义务不是很可能导致经济利益流出企业或该义务的金额不能可靠计量。

或有资产，是指过去的交易或事项形成的潜在资产，其存在需通过未来不确定事项的发生或不发生予以证实。

二、或有事项的核算

1. 或有事项的确认

1）或有事项确认为负债的条件

在具体对于或有事项有关的义务加以确认时，应当同时考虑以下几个条件：一是该项义务为企业承担的现时义务；二是该项义务的了结很可能导致经济利益流出企业；三是该项义务的金额能够可靠地计量。

如果与或有事项有关的义务同时符合以上三个条件，则企业应该将其确认为一项负债。如果与或有事项有关的义务不同时符合以上三个条件，则企业不应该将其确认为一项负债，应将其称为或有负债。因此，或有负债不确认。

2）或有事项确认为资产的条件

在将与或有事项有关的义务确认为负债的同时，企业有时也拥有反诉或向第三方索赔的权利。对于补偿金额，只能在基本确定能够收到时作为资产单独确认，而不能在确认与或有事项有关的义务为负债时，作为扣除项目，减少负债的确认金额。在确认资产的同时，相应地确认一项收益。

2. 或有事项的计量

1）最佳估计数的确定

（1）如果存在一个金额范围，则最佳估计数应是该范围的上、下限金额的平均数。

【例 15-8】 2002 年 12 月 23 日，某公路施工企业因为购买沥青经济合同违约而被对方起诉。据企业判断，最终的判决对公路施工企业不利，很可能败诉。2002 年 12 月 31 日，企业尚未接到法院的判决，因诉讼需承担的赔偿金额也无法准确确定。据估计，赔偿金额大约是 80 万元～100 万元之间。根据制度的规定，公路施工企业应在 2002 年 12 月 31 日的资产负债表中确认一项金额为 90 万元的负债。

（2）如不存在一个金额范围则应该按以下原则确定最佳估计数：

①或有事项涉及单个项目时，按最可能发生的金额确定；

②或有事项涉及多个项目时，按各种可能发生的金额及其发生概率计算确定。

【例 15-9】 2002 年，某公路施工企业工程建造合同收入为 3 000 万元，按建造合同质量保证条款规定，如发生质量问题，公路施工企业将负责进行修理。根据经验，如出现较小的质量问题，则需发生的修理费用为收入的 5%；如出现较大的质量问题，则需发生的修理费用为收入的 10%。根据预测，本项公路工程有 95% 不会发生质量问题，有 4% 将可能发生较小的质量问题，有 1% 将可能发生较大的质量问题。据此估计，2002 年年末公路施工企业应确认的负债金额 $=3000\times4\%\times5\%+3000\times1\%\times10\%=9$（万元）。

2）预期补偿额的确定

【例15-10】 2002年12月2日，某公路施工企业因一座小型桥梁的施工质量问题，被业主提起诉讼，要求赔偿300万元。至12月31日，法院尚未作出判决。公路施工企业预计该项诉讼败诉的可能性较大，赔偿金额估计在200万元~250万元之间，并且还需支付诉讼费用3万元。因此，该公路施工企业在年末应作如下的会计账务处理：

借：营业外支出——诉讼赔偿[（200+250）÷2]	2 250 000	
管理费用——诉讼费用	30 000	
贷：预计负债——未决诉讼		2 280 000

思考与练习

一、思考题

1. 什么是会计政策？企业在哪些情形下可以变更会计政策？

2. 什么是会计估计？企业为何要改变会计估计？

3. 在不易区分会计政策变更和会计估计变更时，应如何进行会计处理？

4. 什么是会计差错？会计差错产生的原因是什么？应如何进行会计处理？

5. 什么是资产负债表日后事项？什么是调整事项，有何特点？什么是非调整事项，有何特点？调整事项和非调整事项的处理方法有何区别？

6. 什么是或有事项？有何特点？什么是或有负债？什么是或有资产？或有事项确认的条件是什么？如何进行或有事项的计量？

二、练习题

1. 资料：2000年1月1日，某公路施工企业对甲公司投资100万元，占甲公司有表决权股份的20%，按当时会计制度，采用成本法核算该项投资，从2002年1月1日起，采用权益法核算，甲公司适用所得税税率为15%。

甲公司2000年、2001年的净利润分别为50万元、80万元，公路施工企业2001年从甲公司分得的现金红利为5万元。

公路施工企业适用的所得税税率为33%，并按净利润的10%提取法定盈余公积、按5%提取法定公益金。该企业所得税采用债务法核算。

要求：根据上述资料，按追溯调整法作出会计政策变更累积影响计算表、有关会计账务处理和相关项目调整表。

2. 资料：1998年年1月1日，某公路施工企业购入一台振动式压路机，原价41万元，原预计使用年限10年，预计净残值1万元，按直线法计提折旧。2003年1月1日，根据企业新的情况，该压路机折旧年限改为8年，预计净残值8 000元，该压路机已提折旧5年，累计折旧20万元。

要求：根据上述资料，作出会计估计变更的会计账务处理。

3. 资料：2001年某公路施工企业发现2000年漏提了5台推土机的折旧费100 000元，所得税申报中也没有包括这项费用。2001年该企业所得税采用应付税法核算，适用税率33%，按净利润的10%和5%分别提取法定盈余公积金和法定公益金。

要求:根据上述资料,作出会计差错变更的会计账务处理。

4. 资料:甲公司所欠某公路施工企业工程价款100 000元,应于2000年12月16日支付,由于甲公司经营管理不善,财务状况不佳,至2000年底仍未支付。该公路施工企业于2000年12月31日编制2000年度会计报表时,已经为该项应收账款提取坏账准备5 000元,甲公司于2001年3月2日宣告破产,并通知公路施工企业所欠工程款只能偿还40%。(该公路施工企业采用应付税款法对所得税进行核算,适用税率33%。)

要求:根据上述资料,作出公路施工企业资产负债表日后调整事项的会计账务处理。

第十六章

财务会计报告

知识目标

1. 财务会计报告的概念、分类、编制要求；
2. 资产负债表、利润表、现金流量表的概念，结构及其编制；
3. 会计报表附注、财务情况说明书的内容。

能力目标

编制资产负债表、利润表、现金流量表及其附表的能力。

● 第一节　财务会计报告概述 ●

公路施工企业财务会计报告是综合反映公路施工企业某一特定日期的财务状况以及某一特定时期的经营成果和现金流动情况的书面文件。编制财务会计报告是公路施工企业会计核算的一项重要内容。因此，为了进一步发挥会计的职能作用，还需要在日常核算的基础上，定期加以系统地归类、整理和汇总，编制成相应的财务会计报告，以便为不同的财务会计报告使用者提供企业综合的财务状况和经营成果的信息资料，所以，正确及时地编制财务会计报告，有着十分重要的意义。

一、财务会计报告的分类

根据《企业财务会计报告条例》和《企业会计制度》的规定，公路施工企业编制报送的财务会计报告分为年度、半年度、季度和月份财务会计报告。

1. 年度财务会计报告

年度财务会计报告是指年度终了对外提供的财务会计报告。企业编制、报送的年度财务会计报告主要包括以下内容。

1）会计报表

会计报表包括资产负债表、利润表和现金流量表主要报表以及利润分配表、资产减值准备明细表、所有者权益增减变动表、分部报表和其他有关附表。

2）会计报表附注

会计报表附注包括不符合会计核算前提的说明，重要科技政策和会计估计的说明，重要科技政策和会计估计变更的说明，或有事项的说明，资产负债表日后事项的说明，关联方关系及其交易的说明，重要资产转让及其出售的说明以及企业合并、分立的说明，会计报表重要项目的说明等。

3）财务情况说明书

财务情况说明书至少包括企业生产经营的基本情况、利润实现和分配情况、资金组建和周转情况以及对企业财务状况、经营成果和现金流量有重大影响的其他事项。

4）比较数据

比较数据包括至少两个年度或相关两个期间的比较数据。

2. 半年度财务会计报告

半年度财务会计报告是指在每个会计年度的前六个月结束后对外提供的财务会计报告。企业编制、报送的半年度财务会计报告主要包括以下内容。

1）会计报表

会计报表至少包括资产负债表、利润表。

2）会计报表附注

会计报表附注主要披露重大事项的说明，如转让子公司等。除特别重大事项外，对于资产负债表日后事项、或有事项等，可以不作调整或披露。

3）比较数据

比较数据包括至少两个年度或相关两个期间的比较数据。

3. 季度、月份财务会计报告

季度、月份财务会计报告是指季度和月份终了提供的财务会计报告。企业编制报送的季度、月份财务会计报告通常仅指会计报表。会计报表至少应该包括资产负债表和利润表。

二、财务会计报告的编制要求

1. 编制财务报告应符合的要求

为了充分发挥财务会计报告的作用，公路施工企业编制财务会计报告时必须符合下列要求。

1）数字真实

财务会计报告的数据必须真实可靠，如实反映企业的经营情况和财务状况，这是编制财务会计报告最基本的要求。为此，企业的财务会计报告必须根据账簿记录如实填写，不估算、推算，更不得伪造，弄虚作假。

2）内容完整

公路施工企业在编制财务会计报告时必须按照规定的种类、格式内容进行编制。凡是会计制度规定应该编制的报表，都应编制齐全，不得漏编；各报表上规定填列的项目，应填写齐全，不得漏填，更不得任意取舍。这样才能保证财务会计报告的完整性，满足财务会计报告使用者对各方面的信息需求。

3）编报及时

公路施工企业要按照规定的报送时间编报各种财务会计报告，只有这样，才能保证财务会计报告的及时性，提高财务会计报告的使用价值。

4)说明清楚

对财务会计报告报送的各项财务指标和财务状况、经营情况以及重要事项的说明要全面详细,便于理解。

2. 编制财务会计报告前应做的工作

为了达到上述要求,在编制财务会计报告之前,公路施工企业要做好下面几项主要工作。

1)认真做好财产物资的清查工作

在编制财务会计报告之前必须对各项财产、物资进行盘点清查,如发现账实不符时,应及时查明原因,并按规定进行账务调整与处理。

2)清理往来账款、核对账目

在编制财务会计报告前,企业应该认真清理往来账款,并与往来单位进行核对,对应收款项要及时催收,对应付款项要主动偿付,清理中发现的问题要及时查明原因,发现坏账应按规定程序报经批准转销。

3)正确计算已完工程量

为了正确地反映财务状况和经营成果,应按规定计算已完工程量,作为与发包单位结算工程价款的依据,防止多算和漏算。

4)做好期末结账工作

编制财务会计报告之前,企业应将本期发生的经济业务,全部登记入账,并在此基础上进行结账和试算平衡,为保证财务会计报告做好准备。

●第二节　资产负债表●

一、资产负债表的概念

资产负债表是反映企业在某一特定日期的财务状况的会计报表。它是企业会计报表的核心报表之一。资产负债表是依据会计等式的基本原理,按照一定的分类标准和程序,将一定时期的资产、负债、所有者权益各项目予以适当排列而编制的。

它表明企业在某一特定日期拥有或控制经济资源,承担现时义务,并具有所有者对净资产的要求权。

二、资产负债表的作用

资产负债表是反映企业在会计期末的全部资产、负债和所有者权益情况的报表。它是一张揭示企业在一定时点上的财务状况的静态报表。通过资产负债表可以提供某一日企业资产总额及其结构、负债总额及其结构以及所有者权益总额及构成情况,了解企业偿债能力,现金支付能力。并通过前后两期或更多期资产负债表资料的比较,可以推断企业财务状况的发展趋势,从而为未来的经济预测、决策提供参考信息,也为企业进行财务分析提供基础资料。

三、资产负债表的结构

资产负债表采用账户式结构,分为左、右两部分,左边列示资产,右边列示负债和所有者权益。从整体上体现“资产 = 负债 + 所有者权益”的会计等式。在资产和负债项目下按其流动性依次排列。所有者权益项目下则按实收资本、资本公积等顺序排列。同时,资产负债表还提供年初和期末数的比较资料,以利于进行纵向的比较分析,考察各项目本期增减变动情况,便于编制现金流量表时获得必要的数据。资产负债表的格式见表16-1。

资 产 负 债 表

表16-1

编制单位: 年 月 日 单位:元

资 产	年初数	期末数	负债和所有者权益	年初数	期末数
流动资产:			流动负债:		
货币资金			短期借款		
交易性金融资产			交易性金融负债		
应收票据			应付票据		
应收账款			应付账款		
预付账款			预收账款		
应收股利			应付职工薪酬		
应收利息			应缴税费		
其他应收款			应付利息		
存货			应付股利		
其中:消耗性生物资产			其他应付款		
一年内到期非流动资产			一年内到期的非流动负债		
其他流动资产			其他流动负债		
流动资产合计			流动负债合计		
非流动资产:			非流动负债:		
可供出售的金融资产			长期借款		
持有至到期投资			应付债券		
投资性房地产			长期应付款		
长期股权投资			专项应付款		
长期应收款			预计负债		
固定资产			递延所得税负债		
在建工程			其他流动负债		
工程物资			非流动负债合计		
固定资产清理			负债合计		
生产性生物资产			所有者(股东)权益		
汽油资产			实收资本(股本)		
无形资产			资本公积		
开发支出			减:库存股		
商誉			盈余公积		
长期待摊费用			未分配利润		
递延所得税资产			所有者(股东)权益合计		
其他非流动资产					
非流动资产合计					
资产总计			负债和所有者权(股东)益总计		

四、资产负债表的编制方法

由于资产负债表是静态的会计报表，因此它的填列依据主要是企业的资产、负债、所有者权益类账户的期末余额。有的项目，可以按相关账户的期末余额直接填列；有的项目，需要根据相关账户的期末余额计算填列；有的项目则需要分析填列。

资产负债表“年初数”栏内各项数字，应根据上年末资产负债表“期末数”栏内所列数字填列。如果本年度资产负债表规定的各个项目的名称和内容同上年度不相一致，应对上年度末资产负债表各项目的名称和数字按照本年度的规定进行调整，填入本表“年初数”栏内。

资产负债表“期末数”栏内各项数字，有的可以直接根据总账的期末余额填列，如应收票据、应收股利、短期借款、应付利息等项目；有的可以根据总账的期末余额计算填列，如货币资金、存货等项目；有的可以根据明细账的期末余额计算填列，如应收账款、应付账款项目等；有的可以根据总账和明细账的期末余额分析计算填列，如持有至到期投资（一年内到期的长期债权投资）等项目；有的可以根据总账余额减去其备抵项目后的净额填列，如固定资产、交易性金融资产、无形资产等项目。

现将资产负债表各项目的内容及填列方法列示说明如下：

（1）货币资金项目。本项目应反映期末企业持有的库存现金、银行存款和其他货币资金等总额。

（2）交易性金融资产、应收票据、预收账款、应收股利、应收利息、其他流动资产、可供出售金融资产、工程物资、固定资产清理、开发支出、商誉、递延所得税资产、其他非流动资产等项目，应反映企业持有的相应资产的期末价值。其中：固定资产清理发生的净损失，以“－”号填列。

（3）应收账款、其他应收款、长期应收款、存货、消耗性生物资产、持有至到期投资、投资性房地产、长期股权投资、固定资产、生产性生物资产、无形资产等项目，反映企业持有的相应资产的实际价值，应当扣除提取的相应的资产减值准备后的净额填列。其中：

①固定资产、生产性生物资产、无形资产项目，还应以减去相应的累计折旧、生产性生物资产累计折旧、累计推销期末余额后的金额填列。

②材料采用计划成本核算的，存货项目应按加上或减去材料成本差异期末余额后的金额填列。

③代理业务资产减去代理业务负债后的余额在存货项目中反映。

④长期应付款项目，应按减去相应的为实现融资收益期末余额的差额填列。

⑤建造承包商的工程施工项目期末余额大于工程结算项目期末余额的差额，应在存货项目反映。

（4）短期借款、交易性金融负债、应付票据、应付账款、预收账款、应付职工薪酬、应交税费、应付股利、应付利息、其他应付款、预计负债、其他流动负债、长期借款、应付债券、专项应付款、递延所得税负债、其他非流动负债等项目，一般应反映企业期末尚未偿还的短期借款、应付未付给职工的各种薪酬、应缴未缴的税费等。其中，应付职工薪酬、应缴税费等项目期末转为债权的以“－”号填列。建造承包商的工程施工项目期末余额小于工程结算项目期末余额的差额,应在应付账款项目反映。递延收益,应在其他流动负债项目反映。

(5)实收资本(股本)、资本公积、盈余公积、库存股等项目,一般反映企业期末持有或接受投资者投入企业的实收资本,从净利润中提取的盈余公积余额,企业收购的尚未转让或注销的本公司股份金额等。其中,期末累计未分配利润、资本公积为负数的以"-"号填列。

(6)企业与同一客户在购销商品结算过程中形成的债权债务关系,应当单独列示,不应相互抵销。也就是说应收账款不能与预收账款、预付账款不能与应付账款、预收账款不能与预付账款相互抵销。

(7)长期应收款中将于一年内到期的部分,在一年内到期的非流动资产项目反映。

(8)长期应付款项目,反映企业除了长期借款、应付债券以外的其他长期应付款减去未确认融资费用。

(9)企业期末持有的衍生工具、套期工具等项目,应在其他流动资产或其他流动负债项目反映。

五、资产负债表附表

公路施工企业资产负债表附表是对资产负债表某些项目进行补充的报表,主要包括资产减值准备明细表和所有者权益增减变动表。

1. 资产减值准备明细表

资产减值准备明细表是反映公路施工企业各项资产减值准备增减变动情况的报表。属于年度报表。

由于在资产负债表中,资产减值准备是作为相关资产项目的抵减金额参与计算填列的,因而单从资产负债表中不能反映出各项资产减值准备的金额。资产减值准备明细表的格式如表16-2所示。

资产减值准备明细表 表16-2

编制单位: 年度 单位:元

项 目	年初余额	本年增减数	本年转回数	年末余额
一、坏账准备合计				
其中:应收账款				
其他应收款				
二、短期投资跌价准备合计				
其中:股票投资				
债券投资				
三、存货跌价准备合计				
其中:库存商品				
原材料				
四、长期投资减值准备合计				
其中:长期股权投资				
长期债权投资				

续上表

项　目	年初余额	本年增减数	本年转回数	年末余额
五、固定资产减值准备合计				
其中：房屋、建筑物				
机器设备				
六、无形资产减值准备				
其中：专利权				
商标权				
七、在建工程建筑准备				
八、委托贷款减值准备				

资产减值准备明细表的编制，一般是根据“坏账准备”、“短期投资跌价准备”、“长期投资减值准备”、“存货跌价准备”、“固定资产减值准备”、“无形资产减值准备”、“专项工程减值准备”以及“委托贷款”的科目的记录分析填列。在资产减值准备明细表中的“三、存货跌价准备合计项目”所属“原材料”项目下，增加合同预计损失准备项目。

2. 所有者权益增减变动表

所有者权益增减变动表是反映公路施工企业年末所有者权益各项目的增减变动情况的会计报表，属于年度报表，本表各项目应根据“实收资本”、“资本公积”、“盈余公积”、“利润分配”科目的发生额分析填列。所有者权益增减变动表的格式见表16-3。

所有者权益（或股东权益）增减变动表　　表16-3

编制单位：　　年度　　单位：元

项　目	行　次	本　年　数	上　年　数
一、实收资本（或股本）			
年初余额	1		
本年增加数	2		
其中：资本公积转入	3		
盈余公积转入	4		
利润分配转入	5		
新增资本（或股本）	6		
本年减少数	10		
年末余额	15		
二、资本公积			
年初余额	16		
本年增加数	17		
其中：资本（或股本）溢价	18		
接受捐赠非现金资产准备	19		
接受现金捐赠	20		
股权投资准备	21		

续上表

项　目	行　次	本 年 数	上 年 数
拨款转入	22		
外币资本折算差额	23		
其他资本公积	30		
本年减少数	40		
其中:新增资本(或股本)	41		
年末余额	45		
三、法定和任意盈余公积			
年初余额	46		
本年增加数	47		
其中:从净利润中提取数	48		
其中:法定盈余公积	49		
任意盈余公积	50		
储备基金	51		
企业发展基金	52		
法定公益金转入数	53		
本年减少数	54		
其中:弥补亏损	55		
转增资本(或股本)	56		
分派现金股利或利润	57		
分派股票股利	58		
年末余额	62		
其中:法定盈余公积	63		
储备基金	64		
企业发展基金	65		
四、法定公益金			
年初余额	66		
本年增加数	67		
其中:从净利润中提取数	68		
本年减少数	70		
其中:集体福利支出	71		
年末余额	75		
五、未分配利润			
年初未分配利润	76		
本年净利润(净亏损以“－”填列)	77		
本年利润分配数	78		
年末未分配利润(未弥补亏损以“－”填列)	80		

•第三节 利 润 表•

一、利润表的概念

利润表是反映企业一定会计期间的经营成果的会计报表。通过此表可以了解企业收入、成本、费用、净利润的实现及构成情况,以及分析企业获利能力及利润的未来的发展趋势,了解投资者投入资本的保值增值情况。

二、利润表的作用

利润表又称损益表,是反映企业一定会计期间的经营成果的会计报表。利润表把企业一定时期的收入与同一会计期间相关的费用进行配比,以计算出企业一定期间的净利润(或净亏损)。通过利润表可以从总体上反映和了解企业的收入、成本和费用、净利润(或净亏损)等的实现及构成情况,能够反映企业生产经营的收益和成本耗费情况,表明企业生产经营成果,同时,通过利润表提供的不同时期的比较数字,可以分析企业今后的发展变动趋势和获利能力。

三、利润表的结构

利润表是通过一定的表格来反映企业的经营成果,是根据"收入 - 费用 = 利润"的会计等式原理,按照一定的标准和顺序,将公路施工企业在一定时期的全部收入、费用项目进行适当的分类、汇总和排列后计算出利润并形成会计报表。收入大于费用,计算的利润为正数,表示盈利;收入小于费用,计算的利润为负数,表示亏损。由于对反映经营成果的信息要求不同,利润表的结构也不相同,按照《企业会计制度》的规定,目前企业的利润表采用多步式利润表。格式见表 16-4。

利 润 表

表 16-4

编制单位: 年 月 日 单位:元

项 目	本期金额	上期金额
一、营业收入		
减:营业成本		
营业税金及附加		
销售费用		
管理费用		
财务费用		
资产减值损失		
加:公允价值变动收益(净损失以"-"号填列)		
投资收益(损失以"-"号填列)		
其中:对联营企业和合营企业的投资收益		

续上表

项 目	本期金额	上期金额
二、营业利润(亏损以"-"号填列)		
加:营业外收入		
减:营业外支出		
其中:非流动资产处置损失(收益以"-"号填列)		
三、利润总额(亏损总额以"-"号填列)		
减:所得税费用		
四、净利润(净亏损以"-"号填列)		
五、每股收益		
1. 基本每股收益		
2. 稀释每股收益		

四、利润表的编制方法

由于利润表是动态会计报表,因而它的填列依据主要是各项损益类会计科目的本期发生额。

利润表的上期金额,反映上年度利润表中本期金额栏各项目实际发生数。

利润表的本期金额,反映本年度利润表中各项目的本期实际发生数。有的可以直接根据有关账户发生数填列,如管理费用等项目;有的可以根据有关账户发生额的差额填列,如投资收益等项目。有的可以根据有关账户的发生额计算填列;如营业收入等项目。有的可以根据表内资料计算填列;如营业利润、利润总额、净利润等项目。

现将利润表各项目的内容及其填列方法列示说明如下:

(1)营业收入项目,应根据主营业务收入科目和其他业务收入科目的发生额填列。

(2)营业成本项目,应根据主营业务成本科目和其他业务支出科目的发生额填列。

(3)营业税金及附加项目,应根据主营业务税金及附加科目和其他业务税金及附加的发生额填列。

(4)销售费用项目,应根据销售费用科目的发生额填列。

(5)管理费用项目,应根据管理费用科目的发生额填列。

(6)财务费用项目,应根据财务费用科目的发生额填列。

(7)资产减值损失项目,应根据各项资产发生的减值的有关科目的发生额分析填列。

(8)公允价值变动收益项目,应根据应当计入当期损益的资产或负债公允价值净收益的有关科目分析填列。如为净损失,以"-"号填列。

(9)投资收益项目,应根据投资收益科目的发生额分析填列;如为投资损失,以"-"号填列。

(10)营业外收入项目和营业外支出项目,应根据营业外收入科目和营业外支出科目的发生额分析填列。其中:非流动资产处置损失应当单独填列(收益以"-"号填列)。

(11)利润总额项目,反映企业实现的利润总额。如为亏损以"-"号填列。

(12)所得税费用项目,应根据所得税费用科目的发生额填列。

(13)净利润项目,反映企业实现的净利润。应根据表中的利润总额减去所得税费用后的差额填列,如为净亏损以"-"填列。

(14)基本每股收益和稀释每股收益项目,应根据每股收益准则的规定计算的所得税费用填列。

五、利润表的附表

利润表附表主要包括利润分配表和分部报表,它们是利润表所列资料的延伸和细化。

1. 利润分配表

1)利润分配表的作用和结构

公路施工企业利润分配表是反映企业利润分配(亏损弥补)情况和年末未分配利润(未弥补亏损)结余情况的会计报表,属于年度报表。通过利润分配表可以了解公路施工企业一定会计期间实现净利润的分配情况或亏损的弥补情况,有利于报表使用者了解和分析企业利润分配的构成是否合理,并对公路施工企业的利润分配政策作出正确的评价。利润分配表的基本格式见表16-5。

利 润 分 配 表 表16-5

编制单位: 年度 单位:元

项　目	行　次	本年实际	上年实际
一、净利润	1		
加:年初未分配利润	2		
其他转入	4		
二、可供分配的利润	8		
减:提取法定盈余公积	9		
提取法定公益金	10		
提取职工奖励及福利基金	11		
提取储备基金	12		
提取企业发展基金	13		
利润归还投资	14		
三、可供投资者分配的利润	16		
减:应付优先股股利	17		
提取任意盈余公积	18		
应付普通股股利	19		
转作资本(或股本)的普通股股利	20		
四、未分配利润	25		

2)利润分配表的编制方法

利润分配表包括"上年实际"栏和"本年实际"栏两栏。其中,"上年实际"栏各项目的填列根据上年度利润分配表中的"本年实际"栏的各数据填列。"本年实际"栏各项目的填列,基本上是根据“利润分配”科目及其所属的明细项目的记录分析填列。

利润分配表其他各项目的内容及填列方法如下：

(1)“净利润”项目，它是反映公路施工企业实现的净利润。如为净亏损，以“-”号填列。本项目的数字应与利润表中的“本年累计数”栏的“净利润”项目一致。

(2)“年初未分配利润”项目，它是反映公路施工企业年初未分配的利润。如为未弥补的亏损，以“-”号填列。

(3)“其他转入”项目，它是反映公路施工企业按照规定用盈余公积弥补亏损转入的数额。应根据“利润分配”科目所属的“其他转入”明细科目的发生额分析填列。

(4)“提取法定盈余公积”和“提取法定公益金”项目，它是反映公路施工企业按照规定提取的法定盈余公积金和法定公益金。应根据“利润分配”科目所属的“提取法定盈余公积”和“提取法定公益金”明细科目的发生额分析填列。

(5)“提取职工奖励及福利基金”、“提取储备基金”、“提取企业发展基金”项目，它们是分别反映了外商投资的公路施工企业按照规定提取的职工奖励及福利基金、储备基金和企业发展基金，应根据“利润分配”科目所属的有关明细科目的发生额分析填列。

(6)“利润归还投资”项目。它是反映中外合作经营的公路施工企业按规定在合作期间以利润归还投资者的投资。应根据“利润分配”科目所属“利润归还投资”明细科目的发生额分析填列。

(7)“应付优先股股利”项目，它是反映公路施工企业应分配给优先股股东的现金股利。应根据“利润分配”科目所属“应付优先股股利”明细科目的发生额分析填列。

(8)“提取任意盈余公积”项目，它是反映公路施工企业提取的任意盈余公积。应根据“利润分配”科目所属“提取任意盈余公积”明细科目的发生额分析填列。

(9)“应付普通股股利”项目，它是反映公路施工企业应分配给普通股股东的现金股利或分配给投资者的利润。应根据“利润分配”科目所属“应付普通股股利”或“应付利润”明细科目的发生额分析填列。

(10)“转作资本(或股本)的普通股股利”项目，它是反映公路施工企业分配给普通股东的股票股利。应根据“利润分配”科目所属“转作资本(或股本)的普通股股利”明细科目的发生额分析填列。

(11)“未分配利润”项目，它是反映公路施工企业年末尚未分配的利润，如为未弥补的亏损，以“-”号填列，应该与“利润分配”科目所属的“未分配利润”明细科目的期末余额一致。

2. 分部报表

1)分部报表的概念与结构

分部报表是反映公路施工企业各行业、各地区经营业务的收入、成本、费用、营业利润、资产总额及负债总额等情况的会计报表。它分为业务分部报表和地区分部报表两种。

业务分部是指企业内可区分的组成部分，该组成部分提供单项产品或劳务，或一组相关的产品或劳务，并且承担着不同于其他业务分部所承担的风险和回报。

地区分部是指企业内可区分的组成部分，该组成部分在一个特定的经济环境内提供产品和劳务，并且承担着不同于其他经济环境中经营的组成部分所承担的风险和回报。

如果有两个或多个本质上相似的业务分部和地区分部，可以合并为单一的业务分部或地区分部。企业应当根据本企业的具体情况，制订适合于本企业的业务分部、地区分部的分部原则，并且一贯性地遵循这一原则。如随着情况的变化而作出调整的，应在会计报表附注中予以说明，并且提供调整后的比较分部报表。

分部报表应该按业务分部和地区分部编制。其基本结构见表 16-6、表 16-7。

分部报表(业务分部) 表 16-6

编制单位： 年度 单位:元

项目	业务		业务		业务		……		其他业务		抵消		未分配项目		合计	
	本年	上年	本年	上年	本年	上年			本年	上年	本年	上年	本年	上年	本年	上年
一、营业收入合计																
其中:对外营业收入																
分部间营业收入																
二、销售成本合计																
其中:对外销售成本																
分部间销售成本																
三、期间费用合计																
四、营业利润合计																
五、资产总额																
六、负债总额																

分部报表(地区分部) 表 16-7

编制单位： 年度 单位:元

项目	地区		地区		地区		……		其他地区		抵消		未分配项目		合计	
	本年	上年	本年	上年	本年	上年			本年	上年	本年	上年	本年	上年	本年	上年
一、营业收入合计																
其中:对外营业收入																
分部间营业收入																
二、销售成本合计																
其中:对外销售成本																
分部间销售成本																
三、期间费用合计																
四、营业利润合计																
五、资产总额																
六、负债总额																

2)分部会计报表编制的范围

凡是满足下列三个条件之一的，应当纳入分部报表编制的范围。

(1)分部营业收入占所有分部营业收入 10%或以上(这里的营业收入包括主营业务收入和其他业务收入，下同)。

(2)分部营业利润占所有盈利分部报的营业利润合计的 10%或以上，或者分部营业亏损总额占所有亏损分部的营业亏损合计的10%或以上。

(3)分部资产总额占所有分部资产总额10%或以上。

如果按上述条件纳入分部报表本范围的各个分部对外营业收入总额低于企业全部营业收入总额75%的,应该将更多的分部纳入分部报表编制范围(即使未满足上述条件)。以至少达到编制分部报表各个分部对外营业收入总额占企业全部营业收入总额的75%及以上。

纳入分部报表的各个分部最多为10个,如果超过,应该将相关的分部予以合并反映;如果某一分部的对外营业收入总额占企业全部营业收入总额的90%及以上,则不需要编制分部报表。

如果前期某一分部未满足上述三个条件之一而未纳入分部报表编制范围,本期因经营状况改变等原因达到上述条件而应纳入分部报表编制范围的,应对上年度数字进行调整,以使数字具有可比性。

3)分部报表的编制

分部报表中所称的"对外营业收入"、"对外销售成本",是指各业务分部对整个企业以外的单位销售所产生的收入、成本;"分部间营业收入"、"分部间销售成本",是指各个业务分部与其他业务分部销售业务所产生的收入、成本。

对外销售成本与分部间销售成本,可以按照对外营业收入占全部业务(或地区)分部营业收入总额的比例进行分配。

企业对于成本的分配,也可以根据其具体情况,采用合理的方法在各分部之间进行分配。

"分部期间费用"是指某一分部在经营活动中发生的、并可以直接归属于该分部的期间费用,以及能按合理的方法分配给该分部的期间费用。分部期间费用,应按集团内部交易抵消之前的数额确定。

"分部营业利润"是指某一分部营业收入,减去该分部销售成本及分部期间费用后的余额。

"分部资产总额"是指分别在其经营活动中使用的并可直接归属于该分部的经营资产总额;"分部负债总额"是指分部在其经营活动中形成的,并可直接归属于该分部的经营负债总额。

如母公司的会计报表和合并会计报表一并提供时,分部报表只需在合并报表的基础上编制。

•第四节 现金流量表•

一、现金流量表的概念和作用

现金流量表是反映企业一定会计期间内有关现金和现金等价物的流入和流出信息的会计报表。

现金流量表中所指的现金,是指企业库存现金以及可以随时用于支付的存款,包括现金、可以随时用于支付的银行存款和其他货币资金。现金流量表中所指的现金等价物,是指企业持有的期限短、流动性强、易于转换为已知金额现金、价值变动风险很小的投资。

通过编制现金流量表，可以反映公路施工企业生产经营过程中现金流入流出情况，评估企业未来会计期间产生净现金流量的能力；可以充分揭示企业偿还债务的能力、变现能力以及盈利能力与变现能力之间的关系。从而反映企业已获取利润的质量；将现金流量表与资产负债表和利润表结合使用，能够提供有关企业资产流动性、变动性和财务适应能力方面的信息。

二、现金流量表的结构

现金流量表主要按照不同类别的现金流量来分类、分项列示，其报表结构也是与现金流量的分类相联系的。主要反映三方面的内容：经营活动产生的现金流量、投资活动产生的现金流量和筹资活动产生的现金流量。其格式见表16-8。

现 金 流 量 表 表16-8

编制单位： 年度 单位：元

项 目	行 次	金 额
一、经营活动产生的现金流量		
承包工程、销售商品、提供劳务收到的现金	1	
收到的税费返还	3	
收到的其他与经营活动有关的现金	8	
现金流入小计	9	
发包工程、购买商品、接受劳务支付的现金	10	
支付给职工以及为职工支付的现金	12	
支付的各项税款	13	
支付的其他与经营活动有关的现金	18	
现金流出小计	20	
经营活动产生的现金流量净额	21	
二、投资活动产生的现金流量		
收回投资所收到的现金	22	
取得投资收益所收回的现金	23	
处置固定资产、临时设施、无形资产和其他长期资产所收回的现金净额	25	
收到的其他与投资活动有关的现金	28	
现金流入小计	29	
购建固定资产、临时设施、无形资产和其他长期资产所支付的现金	30	
投资所支付的现金	31	
支付的其他与投资活动有关的现金	35	
现金流出小计	36	
投资活动产生的现金流量净额	37	

续上表

项 目	行 次	金 额
三、筹资活动产生的现金流量		
吸收投资所收到的现金	38	
借款所收到的现金	40	
收到的其他与筹资活动有关的现金	43	
现金流入小计	44	
偿还债务所支付的现金	45	
分配股利、利润或偿付利息所支付的现金	46	
支付的其他与筹资活动有关的现金	52	
现金流出小计	53	
筹资活动产生的现金流量净额	54	
四、汇率变动对现金的影响	55	
五、现金及现金等价物净增加额	56	
补充资料		
1. 将净利润调节为经营活动的现金流量		
净利润	57	
加:计提的资产减值准备	58	
固定资产折旧	59	
无形资产摊销	60	
长期待摊费用摊销	61	
待摊费用减少(减:增加)	64	
预提费用增加(减:减少)	65	
处置固定资产、临时设施、无形资产和其他长期资产的损失(减:收益)	66	
固定资产、临时设施报废损失	67	
财务费用	68	
投资损失(减:收益)	69	
递延税款贷项(减:借项)	70	
存货的减少(减:增加)	71	
经营性应收项目的减少(减:增加)	72	
经营性应付项目的增加(减:减少)	73	
其他	74	
经营活动产生的现金流量净额	75	
2. 涉及现金收支的投资和筹资活动		
债务转为资本	76	
一年内到期的可转换公司债券	77	
融资租入固定资产	78	

续上表

项　　目	行　次	金　　额
3. 现金及现金等价物净增加情况		
现金的期末余额	79	
减:现金的期初余额	80	
加:现金等价物的期末余额	81	
减:现金等价物的期初余额	82	
现金及现金等价物净增加额	83	

三、现金流量表的编制方法

1. 经营活动产生的现金流量的编制方法

编制现金流量表时,经营活动产生的现金流量的编制方法有两种:一种是直接法;另一种为间接法。直接法是通过现金收入和支出的主要类别反映来自企业生产经营活动的现金流量。一般以利润表中的营业收入为起点,调整与经营活动有关的项目的增减变动,然后计算出经营活动的现金流量。间接法是指以本期净利润为起算点,调整不涉及现金的收入、费用、营业外收支以及应收应付等项目的增减变动,据此计算并列示经营活动现金流量。

2. 现金流量表各项目内容及填列方法

1)经营活动产生的现金流量

(1)承包工程、销售商品、提供劳务收到的现金项目,反映企业承包工程、销售商品、提供劳务实际收到的现金(含销售收入和应向购买者收取的增值税)。具体包括本期承包工程、销售商品、提供劳务收到的现金,以及前期承包工程、销售商品、提供劳务本期收到的现金和本期预收的账款,减去本期退回本期销售的商品和前期销售本期退回的商品支付的现金。企业销售材料和代购代销业务收到的现金也在本项目反映。本项目应根据现金、银行存款、应收账款、应收票据、预收账款、主营业务收入、其他业务收入等科目的记录分析填列。

(2)收到的税费返还项目,反映企业收到返还的各种税费,如收到的增值税、消费税、营业税、教育费附加返还等。本项目应根据现金、银行存款、主营业务税金及附加、补贴收入、应收补贴款等科目的记录分析填列。

(3)收到的其他与经营活动有关的现金项目,反映企业除了上述各项目外,收到的其他与经营活动有关的现金流入,如罚款收入、流动资产损失中由个人赔偿的现金收入等。其他现金流入如价值较大的,应单列项目反映。本项目应根据现金、银行存款、营业外收入、其他应收款等科目的记录分析填列。

(4)发包工程、购买商品、接受劳务支付的现金项目,反映企业发包工程、购买材料、商品、接受劳务实际支出的现金,包括本期发包工程、购入材料、商品、接受劳务支付的现金(包括增值税进项税款),以及本期支付前期购入商品、接受劳务的未付款项和本期预付款项。本期发生的购货退回收到的现金应从本项目内扣除。本项目应根据现金、银行存款、应付票据、应付账款、主营业务成本等科目的记录分析填列。

(5)支付给职工以及为职工支付的现金项目,反映企业实际支付给职工以及为职工支付的现金,包括本期实际支付给职工的工资、奖金、各种津贴和补贴等,以及为职工支付的其他费用。不包括支付的离退休人员的各项费用和支付给专项工程人员的工资等。企业支付给离退休人员的费用,包括支付的统筹退休金以及未参加统筹的退休人员的费用,在“支付的其他与经营活动有关的现金”项目中反映;支付的专项工程人员的工资,在“购建固定资产、无形资产和其他长期资产所支付的现金”项目反映。本项目应根据现金、应付工资、应付福利费、银行存款等科目的记录分析填列。

企业为职工支付的养老、失业等社会保险基金,补充养老保险、住房公积金、支付给职工的住房困难补助,以及企业支付给职工或为职工支付的其他福利费用等,应按职工的工作性质和服务对象,分别在本项目和在“购建固定资产、无形资产和其他长期资产所支付的现金”项目反映。

(6)支付的各项税费项目,反映企业按规定支付的各种税费,包括本期发生并支付的税费,以及本期支付以前各期发生的税费和预缴的税金,如支付的教育费附加、印花税、房产税、土地增值税、车船使用税、预缴的营业税等,不包括计入固定资产价值、实际支付的耕地占用税等;也不包括本期退回的增值税、所得税。本期退回的增值税、所得税在“收到的税费返还”项目反映。本项目应根据现金、应缴税金、银行存款等科目的记录分析填列。

(7)支付的其他与经营活动有关的现金项目,反映企业除上述各项目外,支付的其他与经营活动有关的现金流出,如罚款支出、支付的差旅费等。其他现金流出如价值较大的,应单列项目反映。本项目应根据有关科目的记录分析填列。

2)投资活动产生的现金流量

(1)收回投资所收到的现金项目,反映企业出售、转让或到期收回除现金等价物以外的短期投资、长期股权投资而收到的现金,以及收回长期债权投资本金而收到的现金,不包括长期债权投资收回的利息,以及收回的非现金资产。本项目应根据短期投资、长期股权投资、现金、银行存款等科目的记录分析填列。

(2)取得投资收益所收到的现金项目,反映企业因股权性投资和债权性投资而取得的现金股利、利息,以及从子公司、联营公司和合营企业分回利润收到的现金,不包括股票股利。本项目应根据现金、银行存款、投资收益等科目的记录分析填列。

(3)处置固定资产、临时设施、无形资产和其他长期资产所收回的现金项目,反映企业处置固定资产、临时设施、无形资产和其他长期资产所取得的现金,减去为处置这些资产而支付的有关费用后的净额。由于自然灾害所造成的固定资产等长期资产损失而收到的保险赔偿收入,也在本项目反映。本项目应根据现金、银行存款、固定资产清理等科目的记录分析填列。

(4)收到的其他与投资活动有关的现金项目,反映企业除了上述各项以外,收到的其他与投资活动有关的现金流入。其他现金流入如价值较大的,应单列项目反映。本项目应根据现金、银行存款和其他有关科目的记录分析填列。

(5)购建固定资产、临时设施、无形资产和其他长期资产所支付的现金项目,反映企业购买、建造固定资产、临时设施,取得无形资产和其他长期资产所支付的现金,不包括为购建固定资产而发生的借款利息资本化的部分,以及融资租入固定资产支付的租赁费。借款利息和融资租入固定资产支付的租赁费在筹资活动产生的现金流量中反映。本项目应根据固定资产、临时设施、在建工程、无形资产、现金、银行存款等科目的记录分析填列。

(6)投资所支付的现金项目,反映企业进行权益性投资和债权性投资支付的现金,包括企业取得的除现金等价物以外短期股票投资、短期债券投资、长期股权投资、长期债权投资支付的现金,以及支付的佣金、手续费等附加费用。本项目应根据长期债权投资、长期股权投资、短期投资、现金、银行存款等科目的记录分析填列。

(7)支付的其他与投资活动有关的现金项目,反映企业除了上述各项目外,支付的其他与投资活动有关的现金流出,其他现金流出如价值较大的,应单列项目反映。本项目应根据有关科目的记录分析填列。

3)筹资活动产生的现金流量

(1)吸收投资所收到的现金项目,反映企业收到的投资者投入的现金,包括以发行股票、债券等方式筹集的资金实际收到的款项净额(发行收入减去支付的佣金等发行费用后的净额)。以发行股票、债券等方式筹集资金而由企业直接支付的审计、咨询等费用,在"支付的其他与筹集资金活动有关的现金"项目反映,不从本项目内扣除。本项目应根据现金、银行存款、实收资本(股本)等科目的记录分析填列。

(2)借款所收到的现金项目,反映企业举借各种短期、长期借款所收到的现金。本项目应根据现金、银行存款、短期借款、长期借款等科目的记录分析填列。

(3)收到的其他与筹资活动有关的现金项目,反映企业除上述各项目外,收到的其他与筹资活动有关的现金流入,如接受现金捐赠等。其他现金流入如价值较大的,应单列项目反映。本项目应根据有关科目的记录分析填列。

(4)偿还债务所支付的现金项目,反映企业以现金偿还债务本金,包括偿还金融企业的借款本金、偿还债券本金等。企业偿还的借款利息、债券利息,在"分配股利、利润或偿付利息所支付的现金"项目反映,不包括在本项目内。本项目应根据现金、银行存款、短期借款、长期借款、应付债券等科目的记录分析填列。

(5)分配股利、利润或偿付利息所支付的现金项目,反映企业实际支付的现金股利,支付给其他投资单位的利润以及支付的借款利息、债券利息等。本项目应根据现金、银行存款、财务费用、应付股利、长期借款等科目的记录分析填列。

(6)支付的其他与筹资活动有关的现金项目,反映企业除了上述各项目外,支付的其他与筹资活动有关的现金流出,如捐赠现金支出、融资租入固定资产支付的租赁费等。其他现金流出如价值较大的,应单列项目反映。本项目应根据有关科目的记录分析填列。

(7)汇率变动对现金的影响项目,反映企业外币现金流量及境外子公司的现金流量折算为人民币时,所采用的现金流量发生日的汇率或平均汇率折算的人民币金额与"现金及现金等价物净增加额"中外币现金净增加额按期末汇率折算人民币金额之间的差额。

3. 现金流量表补充资料项目的内容及填列方法

1)"将净利润调节为经营活动的现金流量"各项目的填列方法

(1)计提的资产减值准备项目,反映企业计提的各项资产的减值准备。本项目应根据管理费用、投资收益、营业外支出等科目的记录分析填列。

(2)固定资产折旧项目,反映企业本期累计提取的固定资产折旧和临时设施摊销额。本项目应根据累计折旧和临时设施摊销科目的贷方发生额分析填列。

(3)无形资产摊销和长期待摊费用摊销两个项目,分别反映企业本期累计摊入成本费用的无形资产的价值及长期待摊费用。这两个项目应根据无形资产、长期待摊费用科目的贷方发生额分析填列。

(4)待摊费用减少(减:增加)项目,反映企业本期待摊费用的减少。本项目应根据资产负债表“待摊费用”项目的期初、期末余额的差额填列,期末数大于期初的差额,以“-”号填列。

(5)预提费用增加(减:减少)项目,反映企业本期预提费用的增加。本项目应根据资产负债表“预提费用”项目的期初、期末余额的差额填列,期末数小于期初的差额,以“-”号填列。

(6)处置固定资产、无形资产和其他长期资产的损失(减:收益)项目,反映企业本期处置固定资产、无形资产和其他长期资产而发生的净损失。本项目应根据营业外收入、营业外支出、其他业务收入、其他业务支出等科目所属有关明细科目的记录分析填列;如为净收益,以“-”号填列。

(7)固定资产报废损失项目,反映企业本期固定资产盘亏(减盘盈)后的净损失。本项目应根据营业外收入、营业外支出科目所属有关明细科目中固定资产盘亏损失减去固定资产盘盈后的差额填列。

(8)财务费用项目,反映企业本期发生的应属于投资活动或筹资活动的财务费用。本项目应根据财务费用科目的本期借方发生额分析填列;如为收益,以“-”号填列。

(9)投资损失(减:收益)项目,反映企业本期投资所发生的损失减去收益后的净损失。本项目应根据利润表投资收益项目的数字填列;如为投资收益,以“-”号填列。

(10)递延税款贷项(减:借项)项目,反映企业本期递延税款的净增加或减少。本项目可以根据资产负债表递延税款借项、递延税款贷项项目的期初、期末余额的差额填列。递延税款借项的期末数小于期初数的差额,以及递延税款贷项的期末数大于期初数的差额,以正数填列;递延税款借项的期末数大于期初数的差额,以及递延税款贷项的期末数小于期初数的差额,以“-”号填列。

(11)存货的减少(减:增加)项目,反映企业本期存货的减少(减:增加)。本项目可以根据资产负债表存货项目的期初、期末余额的差额填列;期末数大于期初数的差额,以“-”号填列。

(12)经营性应收项目的减少(减:增加)项目,反映企业本期经营性应收项目(包括应收账款、应收票据和其他应收款中与经营活动有关的部分及应收的增值税销项税额)的减少(减:增加)。

(13)经营性应付项目的增加(减:减少)项目,反映企业本期经营性应付项目(包括应付账款、应付票据、应付福利费、应缴税金、其他应付款中与经营活动有关的部分及应付的增值税进项税额)的增加(减:减少)。

2)“不涉及现金收支的投资和筹资活动”各项目的填列方法

不涉及现金收支的投资和筹资活动反映企业一定期间内影响资产或负债但不形成该期现金收支的所有投资和筹资活动的信息。

(1)债务转为资本项目,反映企业本期转为资本的债务金额。

(2)一年内到期的可转换公司债券项目,反映企业一年内到期的可转换公司债券的本息。

(3)融资租入固定资产项目,反映企业本期融资租入固定资产记入长期应付款科目的金额。

●第五节　会计报表附注●

一、会计报表附注的作用

会计报表附注是为了方便会计报表使用者理解会计报表的内容而对会计报表的编制基础、编制依据、编制原则和方法及主要项目等所作出的解释和进一步的说明。由于会计报表中所规定的内容具有一定的固定性和规定性,只能提供定量的财务信息。其所能反映的财务信息具有一定的限制,而会计报表附注主要是对会计报表不能包括的内容,或者披露不详尽的内容作进一步的解释说明。所以,编制和提供会计报表附注,有利于会计报表使用者全面、正确地理解会计报表。

二、会计报表附注的披露顺序和基本内容

会计报表附注应披露会计报表的编制基础,相关信息应与资产负债表、利润表现金流量表和所有者权益变动表等报表中所列的项目相互参照。

会计报表附注一般应当按下列顺序和内容披露:

(1)企业的基本情况,包括企业注册地、组织形式和总部地址;企业的业务性质和主要经营活动。

(2)会计报表编制基础。

(3)遵循企业会计准则的声明。

(4)重要会计政策和会计估计的说明,以及重大会计差错更正的说明。

在会计报表附注中应披露的重要会计政策主要包括:

①编制合并会计报表所采纳的原则;

②外币折算时所采用的方法;

③收入的确认原则;

④所得税的会计处理方法;

⑤短期投资的期末计价方法;

⑥存货的计价方法;

⑦长期股权投资的核算方法;

⑧长期债权投资溢折价的摊销方法;

⑨坏账损失的具体会计处理方法;

⑩借款费用的会计处理方法;

⑪无形资产的计价及摊销方法;

⑫应付债券溢折价的摊销方法。

(5)重要会计估计的说明,包括下一会计期间内可能导致资产、负债账面价值重大调整的会计估计的确定依据等。

(6)对已在资产负债表、利润表、现金流量表和所有者权益变动表中列示的重要项目的进一步说明,包括终止经营税后利润的金额及其构成情况等。

(7)或有和承诺事项、资产负债表日后非调整事项、关联方关系及其交易等需要说明的事项。

(8)会计报表中重要事项的说明。

会计报表中重要事项主要包括：

①应收款项(不包括应收票据)及计提坏账准备的方法；

②存货的核算方法；

③投资的核算方法；

④固定资产计价和折旧的方法；

⑤无形资产的计价和摊销方法；

⑥长期待摊费用的摊销方法；

⑦确认各项收入的金额；

⑧所得税的会计处理方法。

(9)公路施工企业还应在会计报表附注中披露当期确认的合同收入、合同费用以及确定合同完工进度的方法。

(10)企业应当在会计报表附注中披露在资产负债表日后,财务会计报告批准报出日提议或宣布发放的股利总额和每股股利金额(或向投资者分配的利润总额)。

(11)其他重大事项的说明。

其他重大事项主要包括：

①重要资产的转让和出售情况；

②重大投资、融资活动情况；

③合并会计报表的说明；

④企业合并、分立；

⑤有助于理解和分析会计报表需要说明的其他事项。

第六节　财务情况说明书

财务情况说明书是用文字和数字对公路施工企业一定期间内生产经营、资金周转和利润实现及分配情况,对会计报表及其附注中不能反映的企业财务状况的综合性的书面报告。它也是企业财务会计报告的组成部分。

企业财务情况说明书应包括以下需要说明的情况：

(1)公路施工企业生产经营的基本情况；

(2)企业资金增减和周转情况；

(3)企业利润完成情况和盈利能力及分配情况；

(4)企业资本金保值增值能力情况；

(5)企业资产负债水平和偿债能力情况；

(6)企业工程产品成本降低情况；

(7)对企业财务状况、经营成果和现金流量有重大影响的其他事项。

思考与练习

一、思考题

1. 财务会计报告指什么？如何分类？
2. 什么是资产负债表？怎样编制资产负债表及附表？
3. 什么是利润表？怎样编制利润表及附表？
4. 什么是现金流量表？怎样编制现金流量表及附表？
5. 会计报表附注应披露哪些主要内容？
6. 财务情况说明书一般应对哪些情况进行说明？

二、练习题

1. 资料：某公路施工企业12月31日各账户余额如表16-9所示。

单位：元　　某公路施工企业10月31日各账户余额表　　表16-9

账　户	借或贷	金　额	账　户	借或贷	金　额
现金	借	2 000	短期借款	贷	200 000
交易性金融资产	借	90 000	应付票据	贷	60 000
银行存款	借	1 135 500	应付账款	贷	260 500
应收票据	借	200 000	其中：C公司	贷	60 500
应收账款	借	780 000	D公司	贷	120 000
其中：A公司	借	450 000	E公司	贷	80 000
B公司	借	330 000	预收账款	贷	41 000
预付账款	借	600 000	应付职工薪酬	贷	32 000
原材料	借	9 320 000	应缴税费	贷	18 000
其中：甲材料	借	5 850 000	长期借款	贷	950 000
乙材料	借	1 860 000	实收资本	贷	20 000 000
丙材料	借	1 610 000	资本公积	贷	5 000 000
固定资产	借	19 000 000	盈余公积	贷	267 000
累计折旧	贷	4 653 000	本年利润	贷	800 000
无形资产	借	580 000	利润分配	贷	53 000
在建工程	借	627 000			
合计		27 681 500	合计		27 681 500

要求：根据上述各账户期末余额，编制资产负债表（年初数不填）。资产负债表格式如表16-10所示。

资 产 负 债 表　　表 16-10

编制单位：　　年　月　日　　单位：元

资　　产	年初数	期末数	负债和所有者权益	年初数	期末数
流动资产：			流动负债：		
货币资金			短期借款		
交易性金融资产			交易性金融负债		
应收票据			应付票据		
应收账款			应付账款		
预付账款			预收账款		
应收股利			应付职工薪酬		
应收利息			应缴税费		
其他应收款			应付利息		
存货			应付股利		
其中：消耗性生物资产			其他应付款		
一年内到期非流动资产			一年内到期的非流动负债		
其他流动资产			其他流动负债		
流动资产合计			流动负债合计		
非流动资产：			非流动负债：		
可供出售的金融资产			长期借款		
持有至到期投资			应付债券		
投资性房地产			长期应付款		
长期股权投资			专项应付款		
长期应收款			预计负债		
固定资产			递延所得税负债		
在建工程			其他流动负债		
工程物资			非流动负债合计		
固定资产清理			负债合计		
生产性生物资产			所有者（股东）权益：		
汽油资产			实收资本（股本）		
无形资产			资本公积		
开发支出			减：库存股		
商誉			盈余公积		
长期待摊费用			未分配利润		
递延所得税资产			所有者（股东）权益合计		
其他非流动资产					
非流动资产合计					
资产总计			负债和所有者权（股东）益总计		

2. 资料：某公路施工企业 10 月 31 日有关账户余额如表 16-11 所示。

单位:元　　　　**某公路施工企业10月31日各账户余额表**　　　　表16-11

账户名称	10月份	
	借方余额	贷方余额
主营业务收入		9 000 000
其他业务收入		100 000
营业外收入		30 000
投资收益		200 000
公允价值变动损益		50 000
主营业务成本	7 800 000	
营业税金及附加	420 000	
其他业务成本	80 000	
资产减值损失	43 000	
管理费用	65 000	
财务费用	10 000	
营业外支出	16 000	
所得税费用	312 180	

要求:根据上述各账户期末余额,编制利润表(上期数不填)。利润表格式如表16-12所示。

利　润　表　　　　表16-12

编制单位:　　　　年　　月　　日　　　　单位:元

项　　目	本期金额	上期金额
一、营业收入		
减:营业成本		
营业税金及附加		
销售费用		
管理费用		
财务费用		
资产减值损失		
加:公允价值变动收益(净损失以"-"号填列)		
投资收益(损失以"-"号填列)		
其中:对联营企业和合营企业的投资收益		
二、营业利润(亏损以"-"号填列)		
加:营业外收入		
减:营业外支出		
其中:非流动资产处置损失(收益以"-"号填列)		
三、利润总额(亏损总额以"-"号填列)		
减:所得税费用		
四、净利润(净亏损以"-"号填列)		
五、每股收益		
1. 基本每股收益		
2. 稀释每股收益		

参考文献

[1] 财政部会计司编写组. 企业会计准则讲解2006. 北京:人民出版社,2007.
[2] 王玉红. 施工企业会计. 大连:东北财经大学出版社,2004.
[3] 朱宾梅. 施工企业会计. 北京:冶金工业出版社,2005.
[4] 余文青. 施工企业会计. 上海:立信会计出版社,1999.
[5] 宋本强. 施工企业会计. 上海:立信会计出版社,2006.
[6] 郝建国等. 施工企业会计实务(第二版). 北京:中国市场出版社,2005.
[7] 黄毅勤. 简单轻松学施工企业会计. 北京:中国市场出版社,2007.
[8] 张念等. 93施工企业会计. 成都:四川大学出版社,1993.
[9] 姚梅炎等. 施工企业会计. 北京:中国建筑工业出版社,1993.
[10] 刘晓军等. 施工企业会计实务. 杭州:浙江人民出版社,1998.
[11] 财政部. 企业会计准则2006. 北京:经济科学出版社,2006.
[12] 杨中和. 施工企业会计. 大连:东北财经大学出版社,2005.
[13] 殷惠芬. 企业会计准则与实务操作(第三版). 上海:立信会计出版社,2005.
[14] 樊行健. 基础会计(第二版). 北京:高等教育出版社,2004.
[15] 韩明君. 基础会计(第一版). 北京:经济日报出版社,2007.